KB013235

此の世の果ての殺人

옮긴이 이규원

한국외국어대학교에서 일본어를 전공했다. 문학, 인문, 역사, 과학 등 여러 분야의 책을 기획하고 번역했으며 현재 전문 번역가로 활동중이다. 옮긴 책으로 미야베 미유키의 『이유』, 『얼간이』, 『하루살이』, 『미인』, 『진상』, 『퍼리술사』, 『괴수전』, 『신이 없는 달』, 『기타기타 사건부』, 『인내상자』, 『아기를 부르는 그림』, 덴도 아라타의 『가족 사냥』, 마쓰모토 세이초의 『마쓰모토 세이초 걸작 단편 컬렉션』, 『10만 분의 1의 우연』, 『범죄자의 탄생』, 『현란한 유리』, 우부카타 도우의 『천지명찰』, 구마가이 다쓰야의 『어느 포수 이야기』, 모리 히로시의 『작가의 수지』, 하세 사토시의 『당신을 위한 소설』, 가지야마 도시유키의 『고서 수집가의 기이한 책 이야기』, 도바시 아키히로의 『굴하지 말고 달려라』, 사이조 나카의 『오늘은 뭘 만들까 과자점』, 『마음을 조종하는 고양이』, 하타케나카 메구미의 『요괴를 빌려드립니다』, 아사이 마카테의 『야채에 미쳐서』, 『연가』, 미나미 교코의 『사일런트 브레스』, 오타니 아키라의 『바바야가의 밤』, 미치오 슈스케의 『N』 등이 있다.

《KONO YO NO HATE NO SATSUJIN》
© Akane ARAKI 2022
All rights reserved.
Original Japanese edition published by KODANSHA LTD.
Korean translation rights arranged with KODANSHA LTD.
through JM Contents Agency Co.

이 책의 한국어판 저작권은 KODANSHA LTD.와 JMCA를 통한
Akane ARAKI와의 독점계약으로 도서출판 북스피어에 있습니다.
저작권법에 의해 한국 내에서 보호를 받는 저작물이므로 무단전재와 무단복제를 금합니다.

雪も雨も嫌いだ。先週の金曜日はこぐま座流星群の活動が極大になっていて、
しかも新月で絶好の観測日和だったのに、
分厚い乱層雲のせいで夜明け前の空は灰色一色だった。
この調子で天気が持ち直してくれれば、
今夜は冬の星たちを観測できるかもしれない。
耳元で何かが揺れ、ちゃりん、と安っぽい音を立てた。
助手席に座るイサガワ先生がこっちに手を伸ばしていた。
人差し指と親指でつまんだ鍵を、
わたしの顔のすぐ横で振り回してた。

此の世の果ての殺人

荒木あかね

아라키 아카네

세상 끝의 살인

이규원 옮김

북스오

일러두기

＊작게 표시된 본문의 주는 옮긴이 주입니다.

＊괄호로 표시된 주는 원저자의 주입니다.

此の世の果ての殺人

1
장 ──

위험한 금요일 잠재적으로

밤이 물러간 뒤에도 한동안 날리던 눈발이 8시가 지나서 구름 틈새로 창공이 드러나는 순간 뚝 그쳤다. 앞 유리에 남은 물방울이 아침 햇살에 반짝거린다. 하늘은 서서히 투명함을 되찾고 있었다.

눈이고 비고 다 싫었다. 지난주 금요일은 작은곰자리 유성군의 활동이 최대치에 달한 데다 초승달이어서 관측에 더없이 좋은 날이었지만, 두터운 적란운 탓에 동트기 전 하늘은 온통 잿빛이었다. 이런 상태로 날씨만 나아져 준다면 오늘 밤은 겨울 별들을 관측할 수 있을지 모른다.

귓가에서 뭔가가 흔들리며 짤랑, 하는 가벼운 소리를 냈다. 조수석에 앉은 이사가 강사가 이쪽으로 팔을 뻗고 있다. 검지와 엄지로 쥔 키를 내 얼굴 바로 옆에서 뱅뱅 돌리고 있었다.

"자. 시동 걸어."

차 키—32번 교습차량의 키는 어울리지 않게 커다란 키홀더에 매달려 있었—다. 선명한 분홍색 털과 동그랗게 부릅뜬 눈동자가 특징적인 원숭이 마스코트. 운전학원 이미지 캐릭터치고는 튀는 디자인에, 전혀 귀엽지 않다. 나는 룸미러 미세 조정을 중단하고 강사의 손을 건드리지 않도록 조심하며 키를 받았다.

"내가 산을 좋아하거든."

이사가 강사는 가벼운 투로 말했다.

"고등학교 때 산악부원이었어. 부원이 세 명밖에 없었지만."

"……유도부였다고 하지 않았나요?"

"아, 그래, 잘 기억하네. 산악부는 쪽수 채워주려고 가입했던 거야."

내가 꾸물거리며 준비하는 동안 강사는 거침없이 이야기를 늘어놓았다. 강사가 산을 화제로 택한 이유를 왠지 알 것 같았다. 오늘이 자동차운전면허 교습 제2단계 13과정—흔히 말하는 '산길 실습' 날이기 때문일 것이다.

"하루 짱은 어때? 등산 좋아해? 우리 현만 해도 호만잔도 있고 히코산도 있는데."

"아뇨."

"소풍 같은 거 싫어하는 타입?"

"아, 예."

"나도 그런 건 싫었어. 소풍 갈 때면 모두 발 맞춰 가야 하잖아. 취미로 등산할 때는 코스도 페이스도 내 마음대로 할 수 있어서 편하지만."

강사의 이야기를 거반 흘려들으며 키를 꽂았다. 시트가 진동하고 미터기 바늘이 흔들렸다. 자동차도 운전도 영 좋아지지 않지만 엔진을 켜는 이 순간만큼은 무기물에 생명을 불어넣는 것 같아서 기분이 좋았다.

사이드브레이크를 내리고 변속 레버를 드라이브에 넣자 액셀을 밟지도 않았는데 교습차가 천천히 움직이기 시작했다. 자동변속 차량 특유의 클리프 현상이라는 것이다.

드넓은 주차 공간을 빠져나와 운전학원 밖으로 차를 몰았다. 느린 속도로 달리며 주위를 살펴보고 앞 범퍼를 살짝 일반 도로로 내밀었다.

다자이후 운전학원은 현도35호 지쿠시노고가선 옆에 있었다. 다자이후시 시내를 지나 지쿠시노시와 고가시를 잇는 현도35호는 국도3호선이나 규슈 자동차도로의 지름길로 이용되는 경우가 많아서 교통량이 제법 많다. 특히 운전학원 주변은 다자이후텐만구를 찾는 관광객으로 북적여서 평소에도 차량 왕래가 많다.

하지만 이제 시내 풍경은 달라졌다. 눈앞 도로에는 차량은커녕 인기척도 없다. 이사가와 강사는 진행 방향으로 얼굴을 향한 채 말했다.

"나가서 우회전."

나는 지시대로 깜빡이를 켜고 좌우를 꼼꼼히 확인한 다음 핸들을 돌렸다.

"잠시 이대로 달려. 꺾어질 때 얘기할 테니까."

태양을 향해 달리자 곧 다자이후텐만구 서문 안내소가 보였다. 도로변에 유료주차장이 죽 늘어서 있어서 카페와 선물가게가 줄지어 있는 번화한 참배길과는 또 다른 분위기를 자아냈다.

오늘은 십이월 삼십일, 수험 시즌이 한창일 때다. 본래는 수험생과 그 가족이 학문의 신에게 은혜를 빌기 위해 구름처럼 몰려들 때이지만 세상이 이 지경이어서 어느 주차장이나 텅텅 비었다.

후쿠오카현 중서부에 있는 다자이후시. 스가와라 미치자네 공을 기리는 다자이후텐만구 등 많은 사적이 있는 관광도시이다. 고대에는 '서쪽 서울'이라 불리며 규슈의 정치와 문화의 요충지로 크게 번영했다고 하지만, 지금은 근방에 이렇다 할 상업시설도 없고 사영철도나 버스 환승이 복잡하고 번거롭다. 내가 나고 자란 곳은 어중간하게 촌스럽고 갑갑한 시골마을이다.

이사가와 강사는 속도계를 가리키며,

"아직 시속 30킬로밖에 안 되네. 조금 더 밟아볼까."

어딘지 즐거워하는 음색이다. 옆을 힐끔 보니 강사는 한쪽 볼만 치켜 올리며 웃고 있었다.

이 사람을 조수석에 앉히고 하는 드라이브는 늘 묘하게 긴장된다. 내가 속도 내기를 무서워한다는 것을 알면서도 강사는 연방 "더 밟아"를 연발하기 때문이다. 게다가 이사가와 강사는 입담이 좋아 운전 중인 나에게도 쉼 없이 말을 건다. 그런 점도 곤혹스럽다.

"……오늘의 목적지는 어디죠?"

"기타다니 댐이야. 알지? 이 지역이니까."

호만잔 국유림에 접해 있는 한적한 댐이다. 여기서 차로 10여 분쯤 걸릴까.

"산길 실습이란, 쉽게 말해서 엔진브레이크 쓰는 연습이거든. 긴 고갯길 정상까지 올라갔다가 내려갈 때 엔진브레이크를 활용해서 속도를 적절하게 떨어뜨리는 연습이지. 자, 그럼 내리막길에서 풋 브레이크만 이용하면 어떤 일이 일어날까요?"

"페이드 현상이나 베이퍼 록 현상이 일어날 가능성이 있습니다."

"정답. 그러니까 오늘은 엔진브레이크를 의식하며 가자고. 특히 하루 짱은 겁이 많아 여차하면 풋 브레이크를 밟아버리니까."

운전학원 이론 수업에서 배운 용어를 섞어가며 대화하는 것이 왠지 우스워서 나는 살짝 쓴웃음을 지었다. 쓸모가 없어진 지식일수록 기억에 잘 정착하는 것은 왜일까. 학과시험 치를 일은 절대로 있을 수 없는데.

4년 전 이웃 시에서 옮겨온 다자이후 운전학원은 다자이후시의 유일한 운전학원이다. 집에서 걸어서 몇 분밖에 안 걸리는 후쿠오카현 공안위원회 지정학원. 학원 다니는 데 아쉬울 게 없는 조건이었다.

대학에 입학하자 친구들은 모두 운전학원에 다니기 시작했지만 나는 차에 흥미가 생기지 않았다. 취직이 눈앞에 닥쳐서야 '면허증도 없으면 곤란하겠다'며 급하게 근처 운전학원에 달려갔지만, 아무래도 나의 둔한 반사 신경과 엉성한 감각을 너무 가볍게 보았던 것 같다. 교습은 연장에 연장을 거듭했고, 결국 사회인이되고 나서도 이렇게 운전학원에 다니는 신세가 되고 말았다.

유료주차장이 늘어서 있는 거리를 지나 자동차 속도에도 익숙해졌다. 이사가와 강사가 태평한 말투로 물었다.

"밥은 잘 먹고 있나?"

"아…… 예."

역시 운전하면서 대화하는 것은 몹시 힘들다. 안 그래도 말주변이 없는데 핸들을 잡고 있으니 더욱 말문이 막힌다.

"어…… 저희가 편의점을 해서요, 식료품을 쌓아 두었거든요. 먹는 데는 어려움이 없어요."

"어? 편의점을 해? 처음 듣네."

돌이켜보니 이 강사에게는 집안 사정을 이야기한 적이 없었다. 좁은 차 안에서 몇 시간이나 나란히 앉아 있었으면서.

"부모님하고 지내는군. 형제는?"

"남동생이 하나 있어요."

"오. 동생하고는 몇 살 차이?"

"동생이 열일곱이에요. 여섯 살 터울이죠."

"—가족들은 피난 가지 않았어?"

웬일로 오늘은 꼬치꼬치 캐묻네, 하고 생각했다.

개인정보를 묻는 것은 싫었다. 실은 가족 이야기도 하고 싶지 않았다. 불과 몇 개월 전이었다면 운전학원 강사 따위한테 왜 내가 가족 구성까지 말해야 하나, 하고 내심 반발했을 것이다. 그런데 지금은 상황이 상황이었다.

"엄마는 도망쳤어요. 꽤 일찍. 스마트폰, 지갑, 통장, 차 키 같은 건 전부 그냥 놔두고 입은 옷차림 그대로 뛰쳐나간 것 같아요."

"흐음. 가족을 버리고?"

"아마, 그런 것 같아요. 혼자 나가버린 거예요."

어머니에게 버림받았다. 막상 말로 하고 보니 새삼 그 생생한 감정에 가슴이 저렸다.

"아버지는?"

"그저께 자살했어요. 지금은 저와 남동생뿐입니다."

내 말을 곱씹듯 고개를 두어 번 주억거린 이사가와 강사는 "말하지 그랬어" 하고 혼잣말처럼 말했다. 더 요란하게 반응할 줄 알았는데 의외로 건조한 반응이었다.

"죄송해요."

"사과할 일은 아니지. 그래, 그저께라. 하루 짱이 평소와 다름

없는 모습이어서, 생각도 못했네."

"……죄송합니다."

"아버지, 잘 묻었어?"

조심성이라고는 요만큼도 없는 질문이지만 불쾌하지는 않았다.

"아직 아무것도 못했어요. 그게, 천장 들보에 목을 맸는데, 그냥 내려서 바닥에 눕혀둔 상태예요."

"들보에 매달린 시신이라니. 힘들었겠다."

다다미에 눕혀둔 채 이틀이 지난 시신이 머리에 떠올랐다. 아버지를 생각하자 슬픔과 생리적 혐오가 뒤섞인 듯한 이상한 기분이 되었다.

들보에서 사람을 끌어내리느라 한참을 고생해야 했다. 아버지는 체구가 남들보다 크고 근육질이어서 더 힘들었다. 거실 소파를 다다미방까지 끌고 가 아버지 하반신을 얹어 놓고 밧줄을 그냥 잘라버렸는데, 전혀 제어할 수 없는 시신은 소파에서 굴러 떨어져 바닥에 머리를 대고 절하는 듯한 묘한 자세로 엎어지고 말았다. 나는 그것만으로도 지칠 대로 지쳐서 아버지는 그대로 방치되었다.

생각해보니 운전학원을 출발한 지 10분쯤 지났다. 주위 풍경에서 아파트나 주차장이 사라지고 도로변에 공장이나 운송회사, 자재창고 등이 늘어나고 있었다.

"그런데, 하루 짱."

이사가와 강사는 물빠진 긴 머리를 만지며 나에게 뭐라고 말하려다가 '전방에 기타다니 댐'이라는 표지판이 나타나자 "우회전!"이라고 지시하더니 더는 말이 없었다.

산 풍경이 점점 다가오고 있다. 역시 이곳은 한적한 곳이다.

우회전을 하자 완만한 오르막길이 나왔다. 휑뎅그렁한 야구장 옆을 지나 마침내 댐으로 이어지는 산길이 시작되었다. 관리소가 설치한 펜스는 활짝 열려 있어 자유롭게 드나들 수 있었고 철망에 걸린 간판은 녹으로 뒤덮였다.

'이 도로는 7시부터 18시까지 이용할 수 있습니다. 기타다니 댐 관리소'

긁힌 자국투성이 글자들이 뭐라 표현하기 힘든 으스스한 분위기를 풍겼다.

구불구불 휘어진 고갯길을 올랐다. 도로는 포장되어 있지만 도로변에 자라는 너도밤나무 거목들이 도로로 가지를 내밀어 터널처럼 뒤덮고 있어서 시야가 좋지 않았다. 게다가 몹시 어둑했다.

도로 폭도 문제였다. 산을 올라갈수록 점점 좁아져서 마침내 차 한 대가 겨우 지나갈 만한 폭밖에 되지 않았다. 산길 실습의 핵심은 내리막길이지만, 정상에 닿기도 전에 기력이 바닥나버릴 것 같았다.

"어깨에 힘 빼고. 그렇게 심한 커브 길은 아니잖아."

"어두우니까 무섭네요."

"그럼 적당한 곳에 세워. 라이트 켜고. 그런데, 무슨 이상한 냄새 안 나?"

나도 모르게 앞쪽을 보던 시선을 거두어 이사가와 강사 쪽을 돌아보자 냉큼 "앞을 봐!"라는 주의가 날아왔다. 강사는 조수석 유리를 내리고 코를 킁킁거렸다.

"그래, 역시 이 근방에서 냄새가 나."

"정말 이상한 냄새가 나는 것 같네요. 비릿한 냄새 같기도 하고."

"누가 쓰레기라도 버리고 갔나?"

"설마요. 이 근방에는 아무도 남아 있지 않은데요."

강사 말을 듣고 보니 과연 산속에 이상한 냄새가 감돌고 있었다. 게다가 냄새는 점점 짙어져 어느새 콧구멍을 바늘로 찌르는 듯한 자극적인 악취로 변해갔다.

아무도 다니지 않는 산속에서 악취가 발생한다면 무엇 때문일까. 마침내 숨쉬기도 불편해져서 창유리를 그만 올려달라고 강사에게 부탁할까 생각하며 핸들을 돌리는데 커브 길 앞쪽에 뭔가 검은 물체가 보였다.

눈앞에 뭔가가 있다. 크기는 1, 2미터 정도. 도로를 뒤덮듯이 뻗은 나뭇가지 터널에 정체를 알 수 없는 뭔가가 매달려 있었다.

"멈춰!"

날카로운 목소리가 날아왔다. 내가 액셀에서 발을 떼기도 전에 이사가와 강사가 조수석 보조 브레이크를 밟았다.

그래도 차는 즉각 멈추지 않는다. 운전학원 교재에서 배운 문장을 인용하자면, '운전자가 위험을 감지하고 브레이크를 밟으면 차량은 완전히 멈추기까지 공주거리에 제동거리를 더한 정지거리를 더 달리게 된다.' 멈추고 보니 우리가 탄 운전학원 차량은 나뭇가지에 매달린 물체 바로 밑에 있었다.

뚜둑! 하는 불쾌한 소리가 바로 위쪽에서 울렸다. 무게를 버티지 못하게 된 나뭇가지의 비명. 강사가 앞 유리를 들여다보듯 상체를 숙이고 머리 위쪽으로 시선을 향하는 순간, 물체를 지탱하던 나뭇가지가 마침내 뚝 부러져 무언가 떨어졌다.

떨어진 물체가 앞 유리에 부딪혀 거미줄 같은 금이 갔다. 내 비명이 차 안에 울려 퍼졌다. 물체는 보닛에 부딪히며 튀어 올라 차량 전진방향으로 뒹굴었다.

떨어진 것은 남자의 사체였다. 이미 죽은 상태라는 것은 금방 알 수 있었다.

목에 감긴 밧줄이 멋 부린 스카프 같았다. 목을 맬 때 아래턱에서 귀 뒤쪽까지 새끼줄 같은 것이 격하게 스친 생생한 흔적이 깊이 남아 있었다. 까까머리 남자는 아직 어리다. 고등학생, 아니 어쩌면 중학생일까. 허공을 응시하는 눈은 생기를 잃고 탁해져 있었다.

나는 크게 당황했다.

"어떡해요, 강사님. 내가, 사람을⋯⋯."

"침착해, 하루 짱. 침착해."

이사가와 강사가 내 어깨에 살짝 손을 얹었다. 그제야 조금 차분해졌다.

"저거, 이미 죽은 사람이야. 우리 차에 치어 죽은 게 아닌 건 분명해. 괜찮아, 일단 사이드브레이크를 당기고. 좋아. 자, 그럼 라이트를 켤까? 어두워서 잘 보이질 않으니까."

놀란 탓인지 한순간 차량 조작 요령이 머리에서 깨끗하게 사라져버렸다. 라이트 켜는 순서를 기억해내려고 안간힘을 쓰며 떨리는 손으로 핸들 왼쪽 레버를 내리자 비나 눈이 오지도 않는데 와이퍼가 움직이기 시작했다.

강사가 후훗, 하고 웃었다. 바로 눈앞에 사체가 뒹굴고 있는데 어떻게 그런 여유가 나올까.

"하루 짱, 라이트는 핸들 오른쪽 레버야. 왼쪽 레버는 와이퍼, 오른쪽 레버는 라이트. '라이트는 라이트'로 기억해두면 돼. 그렇지, 그렇지, 그쪽이야. 아, 하이빔으로 하지 않아도 돼."

어렵게 라이트를 켜자 나무 그늘에 묻혀 있던 남자의 사체가 환하게 드러났다. 나를 운전석에 남겨둔 채 이사가와 강사가 시트벨트를 풀고 조수석 도어를 열었다.

"어디 가세요?"

"사체를 옆으로 치워야지. 이대로는 유턴이 안 되잖아. 하루 짱은 그냥 앉아 있어."

그 말을 남기고 강사는 검은 다운재킷의 지퍼를 목까지 올리며 교습용 차량에서 내렸다.

남자의 사체를 도로 옆으로 옮기자면 혼자서는 힘들 텐데, 하고 새삼 생각했다. 그런데 강사는 사체를 바로 누운 자세로 돌려놓고 양 겨드랑이 밑으로 팔뚝을 집어넣어 상반신을 가볍게 들어 올리더니 뒷걸음질로 도로 옆으로 끌고 갔다. 너무나 쉽게 옮겨서, 끌려가는 사체가 마네킹처럼 보였다.

남자 목에 감긴 밧줄을 풀어낸 강사가 눈꺼풀을 들어 올려보고 요령 좋게 옷을 벗기기 시작했다. 대체 무엇을 하려는 것일까.

겁에 질린 채 차를 내린 나는 남자를 시야에 넣지 않으려고 얼굴을 돌린 채 그쪽으로 다가갔다.

"뭐 하세요?"

"정말 자살인지 아닌지 알아보려고. 발판이 안 보이잖아."

나도 모르게 "네?" 하고 물었다. 강사는 뚝 부러진 나뭇가지를 올려다보며 담담하게 대답했다.

"이렇게 높은 나뭇가지에 어떻게 목을 맬 수 있었을까? 설마 점프한 건 아닐 테고. 청년이 저 높이에 목을 매려면 디디고 올라설 발판이 필요했을 거야. 하지만 봐, 주위에 그럴 만한 물건이 보이지 않잖아. 제삼자가 개입했을 가능성이 있어."

"아, 그러니까, 이 사람이 죽은 뒤 누군가 발판을 가져가버렸다는 건가요?"

"혹은 누가 자살로 위장해서 살해했거나."

"진심으로 하는 말이에요?"

"내가 방금 그렇게 말해놓고 또 이런 말 하기는 뭣하지만, 살해 가능성은 희박할지 몰라. 사체를 간단히 조사해보니 수상한 점은 없어. 색구素溝가 깊고 안면에 울혈이 보이지 않아. 이렇다 할 손상도 보이지 않고. 자살한 것 같아."

목매달아 자살한 사체의 특징을 어떻게 알고 있을까. 경찰이나 의사도 아니고, 이사가와 씨는 운전학원 강사가 아닌가. 그러나 대놓고 물어볼 만한 분위기는 아니었다.

"누가 무엇 때문에 발판을 치웠을까."

"이 도로를 지나가던 누군가가 길을 막고 있는 물건을 치운 게 아닐까요?"

나의 대답이 마음에 들지 않았는지 강사가 고개를 저었다.

"이 도로 앞쪽에는 댐밖에 없어. 가령 길을 막은 발판을 치운 사람이 있다고 해도, 이런 시절에 무슨 일로 이 깊은 산까지 올라왔을까."

솔직히 그런 의문은 관심없으니 얼른 돌아가자고 말하고 싶었지만 목까지 올라온 말을 가까스로 삼켰다. 요즘 상황에 도로변에 누가 죽어 있다고 한들 아무도 신경 쓰지 않겠지만, 그렇게 말하기는 꺼려졌다.

바람이 불었다. 나는 두 팔로 어깨를 꼭 안고 몸을 부르르 떨었다.

라이트를 받고 있는 청년. 그 사체를 보았을 때 다다미에 눕혀 둔 아버지가 먼저 떠올랐지만, 바로 다음으로 떠오른 것은 동생이었다. 여기 자살한 사람은 아마 동생보다 어릴 것이다.

강사의 머리카락이 바람에 나부꼈다. 가볍게 고갯짓을 하여 앞

머리를 치우려고 하는 이사가와 강사의 시선이 어느 한 지점에 딱 멈추었다. 숲 깊은 곳을 지그시 쳐다보고 있다. 강사가 낮게 중얼거리는 소리가 바람을 타고 내 귀에 닿았다.

"그래, 나중에 올라온 사람이 사용한 건가."

강사의 시선 끝을 바라보니 가지를 잘 뻗은 나무가 밀집한 잡목림이다. 가늘고 길게 생긴 물체가 나무들 사이의 공간을 누비듯이 숲 속에 붕 떠 있었다—아니, 나뭇가지에 매달려 있다. 얼른 헤아려 봐도 스무 개는 돼 보였다.

얼핏 거대한 과일처럼 보이기도 했다. 그러나 찬찬히 살펴보니 사람 형태임이 분명했다.

숲 속에 수십 명이 목을 매달아 죽어 있었다.

아무리 겨울이라지만 일정 기간 방치해두면 사람 몸도 부패한다. 차량 위로 떨어진 청년처럼 비교적 새로운 사체도 있지만 대부분은 부패가 상당히 진행된 상태였다. 복부가 풍선처럼 부푼 자, 눈동자가 튀어나오고 온몸이 암갈색으로 변한 자, 물러터진 과일처럼 땅바닥에 떨어진 자. 새가 쪼아 먹었는지 살점이 떨어져나가 백골이 드러난 사체도 있었다. 나무들 밑동 쪽에는 크고 작은 다양한 잡동사니—의자나 발판 같은 것들이 주변에 많이 흩어져 있었다. 대형 오토바이, 자전거 등을 나무줄기에 기대어 놓고 발판으로 삼은 자도 있는 것 같았다.

강사가 했던 말을 그제야 이해했다. '나중에 찾아온 사람', 즉 이 청년이 죽은 뒤 산에 올라온 사람들 중 누군가가 청년이 사용한 발판을 가져다가 사용한 것이다. 높은 나뭇가지에 목을 매려고. 나무에 매달린 사람들은 모두 같은 목적으로 여기에 찾아왔으니까.

토할 것 같았지만 다행히 아침을 먹지 않아서 위장의 내용물이 역류하는 일은 없었다. 강사는 별일 아니라는 듯이 말했다.

"못 들어봤어? 오지 자살."

"……깊은 산에서 죽어 자연으로 돌아간다는 그거 말인가요?"

"맞아. 아마 이 지역에서도 유행하는 모양이네."

이 세계 최후의 베스트셀러는 자살 매뉴얼 북이다. '그것'이 지구에 떨어질 예정이라는 것을 알고 절망과 공포와 무력감에 빠진 사람들은 입이라도 맞춘 것처럼 자살을 택했다. 특히 인기를 모은 것이 자연에 둘러싸인 환경에서 자살하기—오지 자살이었다. 광활한 숲이나 계곡, 푸른 초원 같은 곳에서 목숨을 끊음으로써 초목이 쓰러져 대지로 돌아가듯 위대한 자연과 자신의 영혼을 하나로 만들겠다는 둥 하는 이야기를 들은 적이 있다.

일본보다 외국에서 유행하는 인상이었는데, 설마 이런 외진 곳에서도 벌어지고 있을 줄이야. 웅대한 자연 속이라면 몰라도 그리 넓지도 않은 이런 산속을 죽을 자리로 택하다니, 조금 불쌍하다는 생각이 들었다.

"알고 계셨어요?"

"아니. 알았으면 하루 짱을 데려오지 않았지. 뭐, 타살이 아니라 다행이네, 다행이야."

강사는 평소와 같은 얼굴로 "그럼, 차로 돌아가지"라고 말했다. 아무리 세상이 파멸로 향하고 있다지만 사건에 너무 익숙해져버린 모습 아닌가.

나는 이사가와 강사의 풀네임을 알지 못한다. 다자이후 운전학원 강사들이 달고 다니는 명찰에는 성만 가타카나로 표기되어 있기 때문이다. 나이도 모른다. 삼십대 중반 정도로 보이지만, 직접 물어본 적은 없다. 사는 곳도 가족이 있는지도 모른다.

전에 유도를 했다거나 밥을 엄청 빨리 먹는다거나 야쿠르트 스왈로우즈의 골수 팬이라거나 하는 아무렴 상관없는 정보들만 실컷 들었다.

타살이 아니라니 다행이다. 만약 타살이었다면 강사는 어떻게 할 생각이었을까.

*

"산에서 죽어 자연으로 돌아가겠다는 건 듣기 좋으라고 하는 소리야."

"속마음은 따로 있다는 건가요?"

"그래. 어차피 죽을 거면 민폐 끼치지 말고 밖에 나가서 죽으라는 식으로는 차마 말할 수 없잖아."

우리는 오지 자살의 핫 스폿을 지나 산길 실습을 재개했다. 댐 관리소 부근 주차장에서 유턴하여 내리막길을 주행하며 엔진브레이크를 연습했다.

엔진브레이크란 엔진의 회전 저항을 이용하는 브레이크를 말한다. 주행 중에 액셀 페달에서 발을 떼어 타이어의 회전력만으로 차량을 움직이는 상태로 두면 알아서 부하가 걸린다는 것이다. 요는 풋 브레이크를 자주 쓰지 않고 시프트다운하여 액셀을 놔두기만 하면 되는데, 아까 본 광경이 자꾸 플래시백하는 통에 솔직히 운전할 정신이 아니었다.

"두 달 전—하루 평균 자살자가 천 명을 넘을 즈음부터 갑자기 오지 자살이라는 묘한 말이 퍼지기 시작했어. 수습할 일손이 없어 방치된 사체들 때문에 아파트나 연립주택에서 악취 소동이 자주 일어난 모양이야. 그 대안이 깊은 산속에서 자살하기라는 말이지. 죽을 때까지 타인을 배려하겠다니, 정말 눈물겨운 얘기 아냐?"

"……그랬군요."

강사는 호흡을 한 번 하고 나서 "아!" 하며 무릎을 쳤다.

"하루 짱 아버님이 배려심 없는 사람이라는 말은 아냐."

차량 안에는 여전히 시취가 남아 있었다. 창문을 내려 환기를 해보지만 생물이 썩어 문드러지는 악취는 교습차량 시트에 깊이 배었는지 바깥의 차가운 공기를 아무리 받아들여도 가시지 않았다. 그제야 집 안에 방치해둔 아버지 시신이 마음에 걸리기 시작했다.

"왜 자살 같은 걸 하는지."

이사가와 강사의 말에는 냉소적인 잔혹한 울림이 있었지만, 말하고자 하는 바는 알 것도 같았다.

들보에 매달린 아버지를 발견했을 때 나도 어이가 없었다. 왜 이런 바보 같은 짓을 하지? 앞으로 두 달 후면 일본 열도가 산산조각나 고통도 괴로움도 못 느끼고 죽을 수 있는데. 도로 위 나뭇가지에 목을 맨 청년도 아버지도 굳이 아프고 고통스러운 길을 택할 필요는 없었는데.

"하지만, 두려움에 사로잡히는 심정도 알 것 같아요."

"스스로 죽는 게 훨씬 더 무섭지 않아?"

"뭐, 그건 그렇죠."

산길을 다 내려온 뒤 기어를 다시 주행으로 바꾸었다. 좌회전하여 현도에 합류하고 한동안 달리는데 문득 거무튀튀한 갈색 물체가 시야 구석을 스쳐지나갔다. 그때는 작은 개라도 죽어 있나 하고 생각했지만—요즘 길가에서 굶어 죽은 개를 종종 보았던 것이다—시야에 들어온 것은 도로변 가드레일에 바친 추모 꽃다발이었다. 리본이 풀리고 꽃잎은 갈변해 있었다. 덴만구에서 그리 멀지 않은 이 주택가는 2년 전 안타까운 사고가 일어난 현장이다. 재작년 오월 중순경이었나, 학교에서 줄지어 귀가하던 초등학생 무리를 음주운전 트럭이 덮쳐 3학년 소녀와 운전자가 사망했다.

사고 현장에는 늘 생화가 공양되어 있었지만, 그 꽃다발도 이제는 바짝 말랐다. 꽃을 가져다놓던 누군가는 무사히 이 지역을 떠나 피난했을까.

돌아올 때는 별일이 없어 딱 20분 만에 학원에 도착했다.

학원 주차장에는 교습차량 49대가 나란히 주차되어 있었다. 하얗고 각진 차체에 '다자이후 운전학원'이란 글자가 프린트되어 있는 것만 빼면 택시를 꼭 닮았다. 강사에 따르면 다자이후 운전학원의 교습차량은 전부 도요타 콤포트라는 차종이며, 애초에 교습차량이나 택시용으로 제작되었다고 한다.

아스팔트에는 라인이 그어져 50대분의 교습차량 번호가 각각 적혀 있었지만, 내가 운전하는 32번 차량 자리를 제외하면 주차 공간에 빈 자리가 없었다. 어렵게 주차를 마치자 옆에서 "좋아, 수고했습니다"라는 맥 빠진 목소리가 들려왔다.

손목시계를 보니 정각 10시였다. 참으로 바른생활인 시간대였다. 산길 실습을 정확히 1시간 만에 마친 것이다.

악취가 밴 차에서 한시라도 빨리 탈출하려고 도어에 손을 대는 순간 강사가 불렀다.

"집까지 데려다줄까?"

"네? 어떻게요?"

"그야 물론 차를 타고 가야지."

조수석에서 손을 뻗어 핸들을 가볍게 두드렸다. 운전학원에서 매일같이 얼굴을 마주하고는 있지만 차량으로 바래다주겠다는 제안을 받은 것은 처음이다.

"괜찮아요. 걸어서 5분이면 되니까요."

"거리 문제가 아니라. 그러니까, 오늘 아버님을 마당에 묻을 건가?"

고개를 끄덕이자 질문이 이어졌다. "동생과 둘이서?"

강사의 시선이 똑바로 날아왔다. 사람 얼굴은 완전한 좌우대칭
이 아니라고 하지만, 이사가와 강사는 그 비대칭이 특히 두드러
졌다. 오른쪽 눈은 쌍꺼풀이고 왼쪽 눈은 외까풀이다. 게다가 오
른쪽 볼만 치켜 올리며 웃는 버릇이 있어서인지 좌우 표정이 사
뭇 다르다.

"저 혼자 하려고요. 동생이 늘 방 안에 틀어박힌 채 밖에 나오
질 않아서요."

"내가 같이 해줄까?"

나는 강사의 제안을 정중히 거절하고 차에서 내렸다. 혼자 작
업하자면 고생이 낳겠지만 타인을 집 안에 들이는 게 조금 번거
롭게 느껴졌다.

거짓말. 실은 집까지 바래다주기를 바랐고 아버지를 묻는 작업
을 도와주었으면 했다. 죽어도 못할 말이었지만.

'임시면허 교습 중'이라 적힌 푯말을 힐끔 보고 나서 트렁크를
열고 배낭을 꺼냈다. 나보다 늦게 내린 이사가와 강사가 루프에
팔꿈치를 괴고 손을 살랑살랑 흔들었다. 중지에 걸린 키가 흔들
려 눈에 거슬리는 분홍색 원숭이가 이쪽을 향했다.

"자, 그럼. 내일 아침 9시에 보자."

"감사합니다. ……그럼 내일 봐요."

"그래. 내일은 고속도로 실습이니까."

교습 스케줄을 까맣게 잊고 있던 나는 놀라서 뚝 멈춰 섰다. 산
길 다음이 고속도로 실습이었나? 마침내 기능교육도 끝이 보이고
있었다.

고속도로는 제대로 이용할 수나 있는 상태일까, 라는 걱정도
있지만, 이제 와서 자잘한 걱정을 하고 있을 수는 없었다. 나는
강사에게 인사하고 집으로 향했다.

덴만구 참배길에서 그리 멀지 않은 미카사가와 강변에 우리 가
족이 살던 단독주택이 있다. 가족이 운영하던 편의점 뒤에 살림
집과 주차장을 겨우 배치한 탓에 전체적으로 답답한 인상을 주는
외관이지만, 주차장에 차 한 대 들어갈 공간이 비어 있는 덕분에
조금은 여유가 있었다.

원래는 어머니 차와 아버지 차 두 대를 위한 주차장이었다. 지
금은 아버지의 N-BOX만 주차되어 있다. 어머니가 사라지고 네
달이 지났다.

"다녀왔습니다"라는 인사 대신 나는 문을 일부러 세게 여닫아
커다란 소리를 냈다. 2층에서 의자 끄는 소리와 희미한 발소리가
들렸다. '어서 와'라는 인사를 대신하는 소리인지 우연히 그때 자
리에서 일어섰을 뿐인지는 알 수 없다.

내가 집에 돌아오면 동생은 2층에서 소리를 내서 존재를 알린
다. 1층은 나의 영역이고 2층은 동생 세이고의 거처였다.

운전학원에서 귀가할 때마다 나는 늘 동생이 집에 있다는 사실
에 신선한 놀라움을 느낀다. 그 아이는 어디 먼 데로 도망치고 싶

지 않았을까? 2년 전부터 거의 대화가 없는 누나와 이대로 한 지붕 아래서 최후의 시간까지 함께 지낼 생각일까?

67일 후면 하늘에서 그것이 떨어져 내릴 거라고 하는데.

직경 7.7km를 넘는 소행성 2023NQ2—통칭 '테로스'는 오는 이천이십오년 삼월 칠일, TNT화약으로 환산하면 4500만 메가톤에 상당하는 운동에너지를 띠고 지구 궤도와 교차한다. 지표에 대하여 20도 정도의 낮은 각도로 돌입하여 중국 상공을 남동쪽으로 통과해 구마모토현 아소군에 충돌할 것이다.

테로스가 발견된 것은 오늘로부터 약 1년 5개월 전인 이천이십삼년 칠월 십오일. 관측 장소는 크로아티아 비슈냑 천문대이다.

지구 궤도 가까이 접근하는 천체를 지구접근천체라고 하는데, 그중에 특히 충돌을 경계해야 할 천체를 Potentially Hazardous Asteroid '잠재적으로 위험한 소행성'이라고 한다. 스미소니언 천문대의 마이너 플래닛 센터는 2023NQ2를 잠재적으로 위험한 소행성 목록에 올렸지만, 당초에는 다른 대부분의 '잠재적으로 위험한' 천체와 동일한 수준으로 간주할 뿐 크게 주목하는 일은 없었다.

2023NQ2의 궤도를 관측할 때마다 충돌 확률은 지속적으로 높아졌지만, 그 위험성이 세상에 공표된 적은 없었다. 나중에 각국 정부 관계자는 '국민 불안을 부채질하는 것을 경계했다'고 말했지

만, 결국은 임시미봉책으로 일관한 데 대한 변명일 뿐이었다.

마침내 사실이 공표된 것은 이천이십사년 구월 칠일—지금으로부터 약 4개월 전. 국제우주방위재단의 회견은 세계 각국에 생중계되었다.

—침착하게 들어주십시오. 지금부터 정확히 반년 후인 이천이십오년 삼월 칠일, 소행성이 지구에 충돌할 것입니다.

아무 소식도 듣지 못하고 있던 사람들은 크게 동요하여 혼란을 일으키고 착란 상태에 빠졌다. 2023NQ2는 원일점이 화성 궤도 바깥쪽이고 근일점이 지구 궤도 안쪽일 만큼 대단히 거대한 타원형 궤도로 공전하고 있었기 때문에 발견이 지극히 어려웠고, 관측되었을 때는 이미 늦은 상태였다는 설명이지만 그저 심술궂은 농담으로밖에 들리지 않았다. 각국에서 대규모 폭동이 일어나, 구월 칠일 회견—흔히 그날을 '불행한 수요일'이라고 한다—으로부터 불과 3주 동안에 1억 5천만 명이 사망했다고 한다.

그중에서도 일본의 혼란이 처참했다. 이유는 단순명쾌하다. 공표된 충돌 예측 지점이 일본이었기 때문이다. 세계에서 가장 불행한 장소는 구마모토현 북동부에 있는 아소군이었다. 아시아와 오세아니아 주민은 충돌 예측 지점에서 멀리 도망치려고 남미 대륙으로 대거 이동하기 시작했다. 십이월 삼십일 현재 일본에 남아 있는 사람은 많지 않다. 하물며 규슈 같은 지역은 말할 것도 없었다.

어느 연구자는 브라질도 구마모토보다 나을 것이 없다고 말한다. 테로스가 충돌하면 그 충격파로 먼저 30억 명 이상이 사망할 것이다. 그 후 크레이터에서 방출된 대량의 분진이 대류권 주변에 정체하며 태양광을 차단하면서 전세계 기상과 환경에 막대한 영향을 미친다. 살아남은 약 50억 명의 인류를 기다리는 것은 아사나 동사. 어차피 인류는 멸명하게 되어 있다는 것이다. 그래도 사람들은 일본에서 멀어질수록 안전하다는 모종의 신앙 같은 것을 품고 길을 떠났다.

아버지는 원체 소심한 사람이었다. 그동안 가족 앞에서는 의젓한 척했지만 아마 '죽고 싶지 않아, 어서 규슈를 나가자'라고 소동을 피울 게 틀림없다. 그러면 어머니도 찬성하여 우리 가족 네 명은 해외 도망을 시도할 것이다. 소행성의 존재가 공표된 직후 나는 그런 전개를 믿어 의심치 않았다.

행동력 있고 자기애 강한 아버지와 걱정 많고 아무한테나 꾸벅꾸벅 고개를 숙이고 보는 어머니. 20년 전 우리 집은 대형 체인과 프랜차이즈 계약을 맺고 편의점을 개업하여 부모가 전업으로 매달렸다. 시내 최고 관광지에서 도보로 5분 이내라는 좋은 입지 때문인지 가정 경제는 비교적 안정적이었던 것 같다. 애정이 돈독한 단란한 가족이라고는 장담할 수 없지만 냉랭한 가족이라고 할 정도도 아니었다. 평범한 가정이라고 나는 믿고 있었다.

실제로 구월 칠일 텔레비전 중계가 끝나자 아버지는 편의점으로 달려가 통조림과 냉동식품, 샴푸, 린스, 비누 등 온갖 물품을 확보할 수 있는 만큼 확보해 두었다. 주위 주민들에게 약탈당하기 전에 챙겨둔 것이다. 아버지는 온가족이 해외로 피할 생각으로 물품을 모았다고 했다.

그런데 이튿날 아침 어머니가 보이지 않았다.

지구가 멸망하기 전에 마지막으로 만나고 싶은 사람이라도 있었거나 최후의 시간을 혼자 느긋하게 보내고 싶었는지도 모른다. 어느 쪽이든 어머니가 최후의 시간을 함께하고 싶어한 상대는 아버지도 동생 세이고도 아니고 물론 나도 아니었다. 어머니에게서는 그 후 아무런 기별이 없었다.

아버지는 깊은 충격을 받고 매미 허물처럼 얌전해졌다. 한동안 하는 일도 없이 멍하니 시간만 보내다가 마침내 그제 자살했다.

나로 말하면 생각했던 것보다는 태연했다. 아버지의 최후도 어머니와의 이별도 조금 빨라진 것뿐이고 몇 개월 차이일 뿐이라고 스스로를 납득시키니 의외로 버틸 만했다.

문득 허기가 느껴졌다. 오지 자살 현장을 목격하고 식욕이 싹 사라졌다고 생각했는데 신체는 착실하게 생리 현상을 전하고 있었다.

아버지가 편의점에서 식료품을 옮겨다 놓을 때는 통조림, 병입제품, 건빵, 컵라면, 냉동식품, 과자류, 젤리음료 등 비상식량이 주방에 산더미처럼 쌓여 있었지만, 지금은 절반 이하로 줄어들었다. 잠시 눈싸움을 하다가 돈코쓰 컵라면을 두 개 집어 들었다.

욕실 욕조에서 주전자로 물을 퍼다가 휴대용 풍로로 물을 끓였다. 가스는 없다. 수도도 전기도 끊겼다. 욕조에 받아둔 물도 강에서 퍼온 것이다.

시월 삼일, 규슈 전역과 주고쿠, 시코쿠 지방의 일부 지역에 피난 권고가 발표되었다. 어디까지나 '권고'일 뿐 명령은 아니다. 권고에 따르지 않고 규슈에 남은 주민에게 벌칙을 내리는 일도 없고 피난한다고 해서 식료품이나 주거가 보장되는 것도 아니다. 나처럼 후쿠오카에서 계속 생활하고 있는 기특한 주민이 있다는 것을 아마 국가에서는 파악도 못하고 있을 것이다.

시월 십구일 정전이 일어난 뒤로 전기는 복구되지 않았다. 그리고 그 직후에 수도와 가스도 끊겼다. 이사가와 강사에게 들은 바로는 규슈전력이 일부 지역을 제외하고 철수한 탓에 기업과 일반 가정에 전력 공급이 끊겼다고 한다.

생활 인프라를 대부분 잃었다고 해서 바로 죽는 것은 아니다. 나는 양동이나 비닐 끈으로 물을 퍼 올리는 도구를 만들어 집 가까이 흐르는 미카사가와 강물을 욕조에 가득 담아두고 조금씩 여과하여 끓여서 이용하고 있다. 귀찮아도 목욕과 머리감기를 정기적으로 하고 양치질도 해서 인간다운 생활을 유지하려 노력하는 중이다.

주전자가 삐익삐익 시끄럽게 울기 시작해 첫 번째 돈코쓰 라면에 끓는 물을 부었다. 따뜻한 김이 올라와 얼굴을 부드럽게 쓰다듬고 돼지 뼈 육수 특유의 누릿한 냄새가 콧구멍으로 들어왔다. 후각을 자극받은 탓인지 오늘 아침 산에서 맡았던 악취가 뇌 속에서 저절로 되살아났다. 내 식사는 포기하고 세이고가 먹을 것만 만들기로 했다.

냉장고를 쓸 수 없게 된 뒤로 식사는 통조림이나 인스턴트식품으로만 해결하고 양을 조금 줄여 하루 두 끼만 먹었다. 음식에 대한 소소한 아쉬움은 나날이 쌓여가지만 마지막 날까지 계속 먹으려면 어쩔 수 없는 제한이었다.

컵라면 얹은 쟁반을 한 손에, 물을 담은 2리터들이 페트병을 다른 손에 들고 조심스레 계단을 올랐다. 2층 막다른 곳에 있는 세이고 방 앞에 다다르자 나는 애써 헛기침을 했다.

"라면."

밥 먹자, 라는 식으로 말하고 싶지 않았다. 짜증이 나서다. 아니나 다를까 아무 대답이 없다.

내가 가져다주는 비상식을 자기 편할 때 들여다가 먹고 쓰레기만 방 바깥에 던져두는 동생. 아예 손도 대지 않고 복도에 방치해둔 날도 있다. 그럴 수만 있다면 나도 너처럼 내키는 대로 지내고 싶다. 그런 불만 한 마디라도 쏘아붙이고 싶었지만 공교롭게 세이고는 나를 철저히 피했다.

나는 굳이 소리가 나도록 쟁반을 방문 앞에 놓았다.

"지금부터 아버지를 묻을 건데."

묻을 건데. 묻을 건데 뭘 어쩌라고. 뒤를 이을 말이 생각나지 않아 입을 다물었다. "도와줄래?"라고 하면 되나? 아니면,

"작별인사 안 할래?"

역시 대답은 없고 문 하나를 사이에 두고 의자 삐걱거리는 소

리만 들렸다.

기대는 없었다. 동생은 아버지를 싫어했고 아버지가 죽은 정도로 방에서 나온다면 그야말로 해가 서쪽에서 뜰 일이다.

사실 동생은 인류의 운명을 비관해서 방 안에 틀어박힌 게 아니다. 훨씬 전부터—소행성 충돌이 공표되기 전부터 2층 끝에 있는 방은 바깥 세상과의 관계를 단절했다.

작업하기로 마음을 굳힌 나는 혼자 계단을 내려와 아버지가 누워 있는 다다미방으로 들어갔다. 올해는 예년보다 기온이 많이 낮다고 하는데, 그 덕분인지 아버지 시신은 부패하지도 악취를 풍기지도 않았다. 그러나 시신의 무게는 변함없이 무거웠다. 독특한 자세로 다다미에 웅크린 시신은 팔다리를 아무리 당겨도 바로 누워주지 않았다. 이래서는 도저히 옮길 수 없다.

공처럼 굴리는 방법도 생각해보았지만 다다미가 거칠거칠해 내 힘으로 미는 정도로는 꼼짝도 하지 않는다. 하는 수 없이 발로 차보았지만 역시 소용없었다. 시신과 다다미 사이에 모포를 끼워 넣고 지렛대 원리를 활용해 봐도 움직이지 않았다. 편의점 창고에서 수레를 가져다가 사용하려 해도 시신 밑으로 수레를 집어넣는 것부터 막막했다. 역시 강사에게 도와달라고 할 걸 그랬나, 하며 절절하게 후회했다.

속으로 나 자신에게 욕을 퍼부었다. 힘도 없고 근성도 없는 주제에 덩치 큰 남자를 혼자서 묻으려 했다고? 애초에 묻을 자리도 정하지 못했으면서 나는 대체 무엇을 하고 싶은 것일까.

이 집에는 정원도 없고 바깥 도로는 아스팔트로 덮여 있다. 근처 초등학교 운동장이나 모래밭이라면 구덩이를 팔 수 있을지 모르지만, 거기까지 어떻게 운반한다? 아버지를 발로 마구 차면서 옮길 건가?

새삼 깨달았다. 나는 정말 생각이 없구나.

밀어보고 때려보고 발로 차보고 해서 가까스로 문 밖까지 옮겼을 때는 이미 땀이 폭포처럼 흐르고 있었다.

"아버지, 그냥 여기로 해야겠어요."

나는 쓰레기봉투가 흩어져 있는 도로에 아버지를 방치했다. 구월 중순부터 쓰레기 수거차량이 오지 않는다. 대량으로 발생한 날벌레를 양손을 휘저어 쫓으며 구토를 간신히 참았다. 이래서는 집 안에서 문밖으로 자리만 바꾸었을 뿐이지만, 언제까지고 집 안에 둘 수도 없었다.

"미안해요, 이런 데 둬서. 조금만 참으면 돼요."

입으로는 사죄했지만 왠지 몹시 화가 나서 아버지 정강이를 가볍게 차버렸다. 세이고와 마찬가지로 나도 아버지를 그다지 좋아하지 않았다.

마지막으로 세이고 얼굴을 확실하게 본 것은 3주 전이었다. 방에서 나오는 동생과 딱 마주쳤는데, 그때의 동생은 금발 염색 밑으로 까만 머리가 많이 올라온 상태였고 피어스 홀도 어느새 많아져 있었다. 여러 군데서 반짝거리는 피어스가 마치 별하늘 같다고 생각했던 기억이 난다.

동생은 중학교 3학년 때 동급생을 괴롭혔다고 한다.

당시 부모님이 매일처럼 학교에 불려가 우리 집은 늘 초상집 분위기였다. 잘하면 소송 사태로까지 발전할 뻔했지만, 결국은 피해자 학생이 전학하면서 유야무야되었다고 들었다.

자업자득이라고 할 수밖에 없는 일이지만 사건이 드러난 뒤 교실에 있기가 불편해진 동생은 등교를 거부하고 졸업식에도 참석하지 않았다. 그 뒤로 2년이 지났지만 여전히 고등학교에 다니지 않고 일을 하지도, 밖에 나가 놀지도 않고 허구한 날 방 안에 틀어박혀 지냈다.

세이고가 바늘방석에 앉아 있는 동안 나는 위로도 질책도 하지 않았다. 누나로서 동생에게 건넨 말이라고는 고작 "너 뭐 하는 애니?"라는 한 마디뿐이었다. 그 뒤로 세이고와 말을 섞는 일이 없었다.

만약 그날 다른 말을 건넸더라면 세상의 종말을 앞두고 오누이가 대화하는 미래가 있었을까. 아니, 그만두자. 별로 진지하게 생각하지도 않으면서 감상에 빠지는 것도 우습다.

아버지 시신을 비닐시트로 덮고 집 안으로 돌아왔다. 문제는 아무것도 해결되지 않았지만 가려두고 없었던 일로 치부하고 싶었다.

시신을 끌어내느라 한참을 고생한 탓인지 어느새 해가 기울고 밤이 바로 지척까지 다가온 것도 몰랐다. 아버지를 발로 차서 옮기는 동안 하루가 끝나 허망했지만 이제 곧 머리 위로 별하늘이 펼쳐질 거라고 생각하니 조금은 위안이 되었다. 거실 카펫에 누워 별 생각 없이 스마트폰을 보면서 별이 나타나기를 기다렸다.

스마트폰도 이제는 거의 쓸모가 없어졌다. 두 달 전 규슈 전역에서 발생한 대규모 정전 사태로 휴대전화가 연결되는 범위가 몹시 좁아졌던 것이다. 휴대전화 사업자는 "규슈에도 마지막까지 안심하고 사용할 수 있는 안전한 통신 환경을"이라고 장담했었다. 그들의 주장대로라면 현청이나 관공서에 설치된 비상용 기지국의 일부나 태양광 전지를 사용하는 기지국은 무정전화되어 있다고 했으니까 지금도 가동되고 있을 것이다. 또 유선 드론 중계 기지국이나 선박형 기지국 같은 이동형 기지국을 규슈 각지에 출동시켜 복구 활동을 계속하고 있다는 말도 들었다.

그러나 현재 전파가 잡히는 지역은 거의 없다. 단말기 간 통화는 무선기지국이라는 무선통신장치를 거쳐 이루어지며, 통화 가능 범위를 확보하기 위해 무선기지국이 전국 각처에 설치되어 있다. 그 수는 방대하여 평상시라면 각 무선기지국이 일정 규모의 지역—이를 셀이라고 한다—을 커버하지만, 정전 때문에 배터리가 떨어져 대부분의 셀이 소멸했다. 이어서 무정전화되어 있는 일부 기지국도 태풍이나 호우가 발생할 때마다 하나둘 기능을 잃어 갔다. 심각한 인력 부족으로 전파탑이나 전송로 복구 작업이 이루어지지 못한 것이다.

그런 이유로 내 스마트폰은 예전에 찍어 둔 사진이나 친구들과 나눈 메시지 이력을 들여다보는 앨범처럼 변해버렸는데, 그런 기능밖에 없어도 배터리가 십 퍼센트 남짓까지 줄어들면 불안하다. 하는 수 없이 나는 방을 뒹굴며 수동식 충전기를 돌리기 시작했다. 예전에 비상용으로 구입해둔 USB 케이블이 달린 충전기는 지금은 유일한 발전장치가 되었지만, 효율이 매우 떨어져 스마트폰 하나를 완충하려 해도 몇 시간이나 손목을 혹사해야 했다.

그래도, 하고 속으로 중얼거린다. 충전기를 돌리는 게 그나마 낫다. 아침마다 전차로 출근해서 꼬박 8시간이나 일하던 시절에 비하면 말이다. 대학 동기는 대개 내가 다시 돌아오나 봐라, 하며 침을 뱉고 이 지역을 떠났지만 나는 부모님 집을 떠나지 않았다. 시내는 집세가 비싸고 식비나 광열비도 무시할 수 없으니까. 게다가 혼자 버티며 살 만한 기개도 없었다.

이제 와서 후회해야 소용없다. 그리고 이제는 후회할 필요도 없어졌다. 변두리에 살든 시내에서 즐겁게 살든 어차피 모두 죽는다.

스마트폰을 던져두고 베란다 문을 활짝 열었다. 바깥공기가 흘러 들어온다. 이마로 불어오는 차가운 바람도 기분 좋았다. 지평선 너머로 사라진 붉은 석양은 여전히 주택가를 희미하게 비추지만 밤의 어둠이 섞이고 있었다. 하늘은 빠르게 투명해져간다. 건조해지면서 대기 속 수증기가 줄어들므로 겨울은 천체 관측에 알맞은 계절이다.

한밤중의 남서쪽 하늘에 목성과 토성이 나란히 떠서 밝게 빛나고 있었다. 그 빛에 이끌리듯 겨울 밤하늘에 별들이 나타난다. 남쪽물고기자리의 포말하우트가 물병에서 흘러 떨어지는 별들을 남김없이 마시는 것을 확인하고 나는 가만히 안도의 한숨을 흘렸다. 어제까지만 해도 두터운 구름이 내내 하늘을 가리고 있었기 때문에 혹시 밤하늘이 영영 회색으로 남는 거 아닐까 하고 걱정했던 것이다.

반짝이는 겨울 별자리 사이로 테로스의 모습은 아직 보이지 않는다. 육안으로 확인할 수 있는 것은 최후의 며칠뿐이라고 들었다. 나는 밤하늘을 향해 중얼거렸다.

"별 볼일 없어 보이는 내 미래까지 몽땅 날려버려 줘."

가령 소행성의 궤도가 바뀌어 지구와 충돌하지 않고 미래가 이어지게 된다면 예전의 날들로 돌아가느니 차라리 죽는 게 낫다. 저 악마를 불러들인 것은 아마 지구 자체일 것이다. 테로스는 지구 인력에 포획된 것이다.

후쿠오카의 인구는 얼마나 줄어들었을까. 이제 내 주위에는 동생과 이사가와 강사밖에 남아 있지 않은데.

지금 나에게는 작은 꿈이 있다. 혼자 차를 몰아 구마모토로 가서 이 세상 최후의 날을 충돌 예측 지점에서 맞이하는 거다. 스스로 생각해도 이 무슨 엉뚱한 발상인가 하면서도 그리로 가고 싶었다.

그러나 한심하게도 뭐든지 미루고 마는 버릇이 있어서 구마모토에 가고 싶어 할 뿐 좀처럼 구체적 행동에 나서진 않았다. 소행성 충돌이 눈앞에 닥친 십이월, 적어도 새해가 밝기 전에는 뭔가 준비를 하려고 임시면허를 취득한 이래 한 번도 가지 않았던 운전학원으로 향했던 것이다. 그곳에서 이사가와 강사를 만났다. 다른 강사나 직원은 보이지 않았고 물론 수강생도 없었다.

석유수출국기구와 미국, 러시아, 캐나다 같은 산유국이 원유 수출을 엄격하게 규제하는 탓에 연료 부족은 세계적으로 심각해지고 있다. 도시에서는 휘발유를 가득 채운 차량이 약탈 대상이 되었지만 다자이후 운전학원의 교습차량 50대는 아무런 피해 없이 전부 남아 있었다. 후쿠오카에는 약탈할 사람조차 부재한 모양인지 출입문을 잠가두지 않았는데도 별 문제가 없었다고 한다.

"뭐 하러 왔어, 이런 곳에?"

그것이 강사의 첫 마디였다. 면허 따러 왔다고 하자 강사는 신기한 곤충이라도 관찰하는 눈으로 내 얼굴을 빤히 쳐다보았다.

"왜 굳이? 임시면허가 있다면 운전에 대해서는 대강 알 텐데?"

"음, 그래도 무면허 운전은 곤란하다 싶어서요."

"재미있군. 지금 온 세상이 무법천지야. 이런 판국에 누가 무면허 운전 따위에 신경 쓴다고."

"그래도, 강사님도 여기 계시잖아요?"

강사는 묘한 사람이었다. 지구 멸망이 공표된 다음날에도 평소처럼 출근했다고 한다. 당연히 동료 강사들은 아무도 출근하지 않았다. 그 후 이사가와 강사는 가끔 운전학원을 찾아오곤 했는데, 덕분에 우연히 나와 마주친 것이다. 강사에 따르면 운전학원은 휘발유를 마음대로 쓸 수 있어서 야외용 난로를 가져다놓고 난방을 하고 있다고 한다.

강사는 교습원부—교습 상황이나 개인 정보를 기록한 학원 장부—를 꺼내 내 이름을 확인했다.

"고하루 짱. 하루 짱이었구나. 기억이 나. 하루 짱의 첫 교습을 담당한 게 나였어."

이사가와 강사는 예전에 나를 담당했을 때를 잘 기억하는 것 같았지만, 나는 거의 기억이 없다. 다자이후 운전학원 실기교습은 매번 담당 강사가 바뀌기 때문에 내가 연속으로 지명하지 않는 한 같은 강사를 다시 만나는 일은 없었다.

"진짜 별나네, 하루 짱."

이리하여 나는 최후의 몇 개월을 남겨두고 다시 운전을 배우게 된 것이다.

*

아침에 일어나 잠에서 덜 깬 멍한 머리로 매직펜을 꼭 쥐고 거실 벽에 걸린 달력 앞에 섰다. 오늘 날짜에 크게 가위표를 그은 다음 칸 전체를 까맣게 칠하고는 남은 날짜를 헤아리는 것이 요즘의 루틴이다. 악마가 떨어지기까지 66일 남았다. 십이월 삼십일일—오늘은 섣달그믐날이다.

간밤에는 구토가 진정되지 않아 고생했는데 아침이 되니 배가 고팠다. 인스턴트 죽을 먹고 식후에 다즐링티 티백을 즐긴다. 나의 멘탈은 의외로 강하다.

쓰레기통에 빈 라면 컵이 아무렇게나 처박혀 있었다. 내가 잠든 사이를 틈타 동생이 1층으로 내려온 것이다.

문득 생각했다. 이사가와 강사는 어떻게 끼니를 해결하고 있을까.

슈퍼마켓이나 편의점은 불행한 수요일 직후 거의 다 문을 닫아서 이 도시에는 영업 중인 식료품점이 하나도 없다. 섣불리 문을 연 가게는 폭도로 변한 근방 주민들의 먹잇감이 되어 매대에서 모든 상품이 사라졌다.

강사는 어떻게 끼니를 잇고 있을까. 아사 직전처럼 보이지는 않았으니 혼자 힘으로 어떻게든 해결하고 있을 게 분명하지만.

"신빵 같은 거라도 가져다줘야 하나."

늘 메고 다니는 배낭을 곁눈으로 보며 중얼거렸다. 요즘 혼잣말이 늘었다. 고민 끝에 건빵 한 봉지와 시리얼 바 두 개, 그리고 초코과자 한 상자를 사이드포켓에 넣었다.

필수품이 된 랜턴, 손수건, 휴대용 티슈, 손으로 돌리는 충전기, 스마트폰, 생리용품, 접이우산, 휴대용 알코올소독액 등 필요한 모든 것이 이 배낭에 들어 있다. 거기에 먹을 것까지 넣었으니 터질 듯 빵빵했다. 출발하기에는 조금 이르지만, 슬슬 집을 나서 볼까.

현관문을 열자 신마치도리 저쪽에서 차량 엔진소리가 다가왔다. 쓰레기로 뒤덮인 도로를 헤집듯이 달려온 노란 짐니가 집 앞에 멈추었다. 처음 보는 차였다.

운전석 도어 유리가 천천히 내려갔다.

"안녕. 날이 맑아서 다행이네."

유리 너머로 보이는 이사가와 강사가 오른쪽 볼을 치켜 올리며 웃고 있었다.

"학원까지 태워줄게."

예고도 없이 집까지 데리러 오다니, 무슨 생각일까. 마음의 준비도 안 된 상태에서 누군가와 대화를 해야 하다니, 최악이다. 목덜미에서 식은땀이 솟아나고 얼굴이 금세 빨개지는 것을 스스로도 느낄 수 있었다.

"우리 집, 알고 있었어요?"

"아나마나 원부에 다 적혀 있잖아."

교습원부에는 생년월일부터 주소, 전화번호까지 기록되어 있고 강사는 원부를 자유롭게 열람할 수 있다. 반사적으로 얼굴이 찡그려졌다.

"싫어?"

"싫다기보다……."

종잡을 수 없는 말을 이어나가는 내 모습에 아랑곳없이 강사는 목을 길게 뽑으며 우리 집을 꼼꼼하게 둘러보았다. 그의 시선이 길바닥 위 비닐시트에 머물렀다.

"아버님은 괜찮은지 궁금해서 보러 온 건데, 괜찮지 않은 것 같네."

주눅이 들어 "죄송해요"라고 작은 소리로 말하자 강사는 빙긋
이 웃었다.

"어서 타."

고개를 까딱하며 인사하고 강사의 애마에 탔다. 애초에 걸어서
가도 몇 분이면 닿는 거리여서 운전학원에는 금방 도착했다.

정문을 들어서면 오른쪽에 사무실과 강사 대기실, 왼쪽에는 주
차장으로 가는 통로, 2층에는 이론 수업에 사용하는 강의실이 세
개 있다. 내부 구조라면 눈감고도 안다는 듯이 사무실로 직행한
다. 출입구에 가까운 데스크 위에는 차량 키가 주렁주렁 걸려 있
고, 어느 키에나 필요 이상으로 커다란 원숭이 마스코트가 달려
있었다. 운전학원 차량 50대의 키는 원래 금고에 보관했다고 하
는데, 관리자가 사라진 뒤에는 그냥 밖에 아무렇게나 걸어둔 채
방치되어 있었다.

"오늘은 몇 번 차를 탈까?"

"어제 그 차만 아니면 아무 차나 좋아요."

"냄새가 좀 났었지? 어제 그게 32번 차였나?"

본래 교습 차량 배차는 예약 기능이 있는 배차기를 통해 이루
어진다. 지금은 어느 차든 마음대로 이용할 수 있지만.

"그럼 28번 차로 해도 될까요?"

"당연히 되지만, 왜 그 차를?"

"맨 끝에 서 있어서 꺼내기 쉬우니까요."

"그렇군" 하고 웃으며 강사는 28번 차의 키를 중지에 꿰었다.

오늘의 실기는 총 16회로 구성된 과정 중에 14, 15번째 교습인 고속도로 실습이다. 이 교습을 이수하고 '평가'라 불리는 실기시험을 통과하면 이사가와 강사가 설정한 합격선에 도달한다.

고속도로 실습 코스는 이미 정해져 있었다. 지쿠시노IC에서 규슈종관 자동차도로를 달리다가 도스 분기점을 거쳐 오이타 자동차도로로 들어가 아마기IC로 향하는 약 20킬로미터 코스이다.

자가용을 타고 간몬해협을 건너 혼슈로 대피하려는 사람들이 규슈 자동차도로로 몰려든 탓에 상행선에서는 수많은 추돌사고가 발생했다. 후쿠오카IC에서 모지까지는 사고 잔해물이 널려 있어 운전이 까다로울 테지만 아마기 방면을 비롯한 하행선은 상태가 괜찮다고 들었다.

소행성 충돌이 공표된 구월 칠일부터 시월 말까지 일본 전역—아니, 아시아, 오세아니아 전역에서 수많은 사람들이 해외로 탈출하는 현상을 볼 수 있었다. 대개는 남미로 향했지만, 남미 외에 인기 있는 곳은 미국, 캐나다, 유럽 각국, 그리고 남아프리카, 나미비아 등이다. 구미 여러 나라가 '소행성 충돌에 따른 난민'의 유입을 차단한 탓에 일본을 탈출한 사람들도 중앙아시아 근방에 발이 묶여 있다고 들었다. 지금은 그런 나쁜 뉴스조차 전해지지 않고 있지만.

배낭을 고쳐 멘 나는 강사와 함께 사무실을 나와 주차장으로 향했다.

"첫 고속도로 실습인데, 어때? 긴장돼?"

"생각했던 것보다는 별로요."

"호오. 의외네."

"어차피 돌아다니는 차도 없을 테니까요."

"그래, 그런 마인드가 좋아. 고속도로는 그냥 쭉 뻗은 외길이니까 일반 도로보다 쉬워. 마음 편하게 해보자고."

나란히 주차된 차량들 끝에 28번 차가 보이자 강사는 조수석으로 돌아갔다.

"그럼 먼저 짐을 트렁크에 넣어두고."

"네" 하고 작은 소리로 대답하고 차량 뒤쪽으로 다가섰다. 트렁크 도어 핸들에 손을 대는 순간 안개처럼 희미한 위화감에 문득 손길을 멈췄다. 다른 교습 차량과 다를 것이 없는데 이 차량은 어딘지 다르게 느껴졌다.

무슨 까닭인지 아버지의 시신이 망막에 떠올랐다. 팔다리를 바짝 웅크린 그 뒷모습. 나아가 산길 실습 중에 목격한 목맨 사체들이 뇌리를 스쳤다.

잠시 후 이유를 알 수 있었다. 냄새였다. 냄새가 그 기억을 환기하고 있었다. 닫혀 있는 트렁크에서 지독할 정도로 강렬한 죽음의 냄새가 새어나오고 있었다.

주저주저 트렁크를 열었다. 그 순간 나는 비명을 질렀다.

트렁크 속에 낯선 여성이 팔다리를 잔뜩 웅크린 자세로 누워 있었다. 숨이 끊어진 상태로.

"하루 짱, 왜 그래?"

비명을 듣고 달려온 이사가와 강사도 사체를 보자 조용해졌다.

핏기 없는 하얀 얼굴. 부릅뜬 눈. 까맣고 윤기 있는 머리카락이 헝클어져 얼굴 절반 이상을 가리고 있지만 생전에는 단정한 단발머리였을 것이다.

여성의 죽음을 결정지은 것은 몸통에 있는 수많은 자상이었다. 아가리를 빠끔 벌린 커다란 상처가 흉부에서 복부에 이르기까지 여러 군데—적어도 열 군데 이상—보이고, 상처에서는 내장으로 보이는 것이 비집고 나와 있었다.

여성은 두 팔을 머리 위로 올리고 기도라도 올리는 것처럼 양손을 깍지 끼고 있었다. 열 손가락의 손톱은 전부 벗겨지고 손가락 끝까지 새빨갛게 물들어 있다. 나는 아스팔트에 엉덩방아를 찧었다.

이사가와 강사가 짤막하게 말했다. "타살이야."

그 목소리는 귀에 또렷이 들어왔지만 의미는 이해할 수 없었다. 욕조 밑바닥에 가라앉은 것처럼 주위 소리들이 전부 트릿하게 반향하고 있었다. 타살이라면 사람이 사람을 죽였다는 말일까. 누군가 이 사람을 죽였다. 그것도 이토록 처참하게. 얼마나 고통스러웠을까.

범인은 누구인가. 교습차량 트렁크에 어떻게 사체를 넣었을까. 잇달아 의문이 떠올랐다. 머릿속을 채운 가장 커다란 수수께끼는, 범인이 존재한다면, 그는 왜 여성을 죽였을까, 라는 것이었다.

원한 때문일까? —이제 곧 다 죽을 텐데?

아니면 금전 갈등? —이제 곧 다 죽을 텐데?

그것도 아니면 치정 갈등? —이제 곧 다 죽을 텐데?

두 달 남짓만 기다리면 다 죽을 텐데, 왜 지금 죽였을까.

"……이 사람, 누구죠?"

"모르지. 다만, 누군가에게 살해되었다는 것만은 분명해. 8시 44분."

이사가와 강사는 손목시계를 힐끔 쳐다보고 현재 시각을 확인했다. 어떻게 이렇게 차분할 수 있을까. 그 냉정함도 이상하기만 했다. 운전석으로 돌아간 강사는 대시보드에서 새 운전장갑을 꺼내 끼었다. 나는 바닥에 주저앉은 채 강사의 일거수일투족을 눈으로 좇았다.

강사는 사체 앞에서 눈을 감고 합장했다. 헤아리자면 겨우 몇 초간이지만 훨씬 더 길게 느껴졌다. 조용히 눈을 감은 강사는 유리제품을 만지는 듯한 신중한 손놀림으로 여성의 몸을 다루었다.

열린 채 멈춘 여성의 눈꺼풀. 강사는 사체의 눈꺼풀을 더 벌리고 자기 포켓에서 펜을 꺼냈다. 펜 끝에 달린 소형 라이트 빛으로 사체의 동공을 비추었다. 이런 일이 있을 줄 예견한 것처럼 강사의 동작은 내내 매끄러웠다.

"하루 쨩은 눈 감고 있어."

눈을 감는다고 해결될 문제가 아니다. 여자의 목이 맥없이 기울며 고개가 내 쪽으로 향했다. 생기를 완전히 잃었지만 여전히 매력적인 얼굴임을 알 수 있었다. 입초리가 살짝 올라간 특징적인 입술은 아마 여성의 매력 포인트였을 것이다.

나는 사체에서 눈길을 피한 채 엉금엉금 물러났다.

맨 끝에 있어서 28번 교습차량을 택했을 뿐, 50대나 되는 차량 가운데 트렁크에 사체가 있는 차를 택한 것은 단순한 우연이었다.

"그 사람, 언제부터 여기 있었을까요."

스스로도 한심하다 싶을 만큼 목소리가 떨렸다. 강사는 여성에게서 눈길을 떼지 않고 대답했다.

"모르지. 적어도 그제까지는 여기 없었을 거야."

"어떻게 그걸 아세요?"

"등에 난 사반의 지압 반응시신에 생기는 반점을 손가락으로 눌렀을 때의 반응이나 사지의 경직도를 보면 살해되고 그리 긴 시간이 지나지 않았을 거야. 사망 추정 시각은 삼십일, 그러니까 지난 밤 9시부터 자정 전후? 흉기는 예리한 외날을 가진 칼. 자창 입구의 폭이 다양한 것으로 보아 흉기의 형상을 추정하기는 어렵지만, 흉부의 깊은 자상을 보면 날 길이와 폭이 상당히 큰 것 같아. 온몸에 자창과 절창이 다수. 대부분이 생전에 생긴 상처들이야. 생활반응이 있어. 피하출혈, 화상흔 같은 것도 여기저기 보이고. 잔혹하군. 죽기까지 상당한 시간이 걸렸을 거야."

소설이나 드라마에서나 접하던 용어가 연방 튀어나오는 바람에 나도 모르게 눈이 휘둥그레졌다. 운전학원 강사치고는 살인에 너무 해박하지 않은가.

"으음, 아주 최근에 죽었다는 건가요?"

"응. 나야 뭐 전문가가 아니니까 이 사망 추정 시각이 백 퍼센트 맞다고 장담할 수는 없지만."

강사는 말을 하면서도 내내 사체를 뒤적거렸다. 묘하게 익숙한 손놀림. 상처를 건드리지 않으려 세심하게 주의하면서 어떤 흔적을 찾으려 하는 것이다.

당신은 대체 누구세요?

"강사님, 그 사람과 아는 사이에요?"

"설마. 처음 보는 사람이야. 나를 의심하는 거야?"

"아뇨. 강사님이 그렇게, 사람을 죽였다고 생각하는 건 아니고요. 하지만, 트렁크에 사람이 들어 있다고 생각하기는 쉽지 않잖아요."

스스로 생각해도 종잡기 힘든 말이었다. 이사가와 강사는, "미안, 미안, 알았어" 하고 상냥하게 넘겨주었다.

"학원 건물은 문단속을 하지 않고 있어. 사무실도 활짝 열어두었고. 아무나 사무실에 드나들 수 있고 키를 가져다가 교습차량의 트렁크를 연다 한들 뭐라 할 사람이 없는 상태야. 범인은 우리가 없는 시간대—그러니까 십이월 삼십일 오전 10시 이후에 다자이후 운전학원에 사체를 가지고 들어와 트렁크에 넣었을 거야."

"바로 어제 아침 이후에……"

"그래. 사망 추정 시각을 고려하면 범인이 여기에 침입한 시간

대는 더 좁혀지지."

그렇다면 바로 직전에 이 동네에서 살인이 일어났다, 혹은 지금도 범인이 근처에 있을지 모른다는 말인가. 상상하는 것만으로도 모골이 송연했다.

"어제 강사님이 여기 남아 있지 않았나요?"

"어제 산길 실습이 끝나고 바로 집으로 갔어. 알잖아, 오늘 아침 하루 짱을 데리러 갔을 때도 집에 있던 내 차를 몰고 갔으니까. 아마 사체를 버릴 데를 찾지 못해 이곳으로 옮겼겠지. 범인 눈에는 아무도 없는 운전학원으로 보였을 거야. '설마 소행성이 곧 충돌한다는 판에 운전학원에 다닐 사람은 없겠지' 하고 생각했을지 모르지. 사실 하루 짱이 이 차를 택하지 않았으면 우리도 알지 못했을 거야."

유령마을로 변한 이 동네에서 나와 이사가와 강사는 여전히 운전학원 수강생과 교관이라는 관계를 유지하고 있다. 범인은 상상도 못했겠지. 그리고 선뜻 믿기지 않지만 범인도 피해자 여성도 다자이후 운전학원 부근에 머물고 있었다—후쿠오카에는 우리 말고도 사람이 있었던 것이다.

그런데 이 여성은 왜 후쿠오카에 남았을까. 자세히 보니 회색 양복을 입고 있었다. 더구나 발에는 펌프스를 신고 있다. 설마 이런 시기에도 일을 하고 있었던 걸까.

새삼 트렁크 속을 살펴보니 사체 외에도 여성의 소지품으로 보이는 의약품이나 잡화 등이 가득 들어 있었다. 바대가 넓고 쓰기

편해 보이는 가죽 숄더백. 사각형 은테안경. 모두 피해자 여성이 사용하던 것일까.

강사는 사체의 주머니에서 소지품을 하나하나 꺼내어 확인했다. 포켓에서 나온 것은 오래 쓴 것으로 보이는 검정 볼펜과 새것으로 보이는 삼색 볼펜. 바지 뒷주머니에는 손수건이 들어 있었다.

숄더백도 주저 없이 열어보았다. 안경케이스, 동전지갑, 랜턴, 생리용품이 든 파우치, 반창고와 두통약이 든 파우치, 작은 꽃무늬가 그려진 휴대용 티슈케이스, 자동차 키 케이스, 그리고 비닐봉지에 싸인 스니커. 나도 가방을 가득 채워서 다니는 사람이어서 자잘한 짐이 많은 것은 이해할 수 있었다.

볼펜을 분해해 보거나 손수건을 펴보는 등 소지품을 하나하나 집어 들며 강사는 말했다.

"신원을 알려주는 소지품이 전혀 없어."

"그럼, 이 사람, 이름도 사는 곳 주소도 모르는 건가요?"

"뭐 그렇지. 다만 어떤 일을 하는 사람인지는 짐작이 가. 어떤 성격인지도 대강 알겠고. 나이는 삼십대 후반에서 사십대 초반, 사회적 지위가 있는 직업을 가지고 있고 경제적으로 여유로워. 십중팔구 변호사겠지. 메모광이고. 시력은 나쁘지만 맨눈으로도 일상생활에는 문제가 없고. 계획성이 있고 준비를 철저하게 하는 유형, 나쁘게 말하면 걱정이 너무 많아—하루 짱 같은 사람이지. 아마 독신일 테고 가족이나 파트너는 없어."

나는 당혹스러운 나머지 입을 멍하니 벌리고 있었다. 강사가 주워섬긴 정보는 매우 구체적이어서 그냥 나오는 대로 떠드는 것은 아닌 듯했다.

"어떻게 아냐고? 어려울 거 없어."

이 사람은 소설 속 명탐정인가 하고 잠깐 착각했다.

"우선 이 가방. 진짜 가죽이고 바느질도 꼼꼼하고 파우치도 같은 브랜드야. 도난품일 수도 있겠지만 오래 사용한 흔적을 보건대 애초에 이 사람이 가지고 있던 것으로 봐도 무방하겠지. 따라서 경제적으로 여유가 있는 사람이야. 다음으로 직업을 보자면, 그 여자의 상태를 보라고. 머리에 윤기가 흐르고 치아는 화이트닝이 되어 있어. 접객업이나 신용 비즈니스, 넓은 의미의 서비스업에 종사하는 사람이라고 볼 수 있지. 그리고 오른손 중지에는 필기구 때문에 생긴 못이 있어. 학생도 아닌데 늘 공부해야 하는 사람이라면 이른바 두뇌노동에 종사하는 거겠지."

"어떻게 변호사라고까지 좁힐 수 있는 거죠?"

"바로 이거."

강사는 여성의 양복 목깃을 살짝 잡았다. 가슴에 변호사배지가 뒤집혀 달려 있어서 조금 맥이 빠졌다.

"메모광이라고 추측한 것은 그냥 주머니에 볼펜이 많이 들어 있었기 때문이야. 볼펜과 삼색 볼펜 두 자루가 포켓에 꽂혀 있었지? 일반 볼펜은 잉크가 거의 다 떨어진 상태이지만 삼색 볼펜은 새거나 마찬가지였어. 즉 삼색 볼펜은 비상시를 위한 예비용이야. 예비용을 준비할 만큼 평소 잉크를 많이 소비한다고 자각하고 있던 거야. 흐음, 그리고 뭐가 또 있었나. 아, 피해자의 안구를 봐봐."

보라고 해도 무서워서 똑바로 들여다볼 수는 없었다.

"콘택트렌즈를 하지 않았어. 안경이 트렁크 안에 떨어져 있는 것을 봐도 안경 착용자라는 걸 알 수 있지. 하지만 가방에 안경케이스가 들어 있었어. 케이스는 보관을 위한 거니까, 평소 늘 안경을 쓰는 사람은 굳이 케이스를 가지고 다니지 않아. 해서, 맨눈으로도 일상생활을 할 수 있을 만한 시력이라고 생각했던 거야."

"계획성 있고 용의주도한 유형이라고 보는 이유는요?"

"가방 속에 스니커와 반창고가 들어 있었으니까. 펌프스를 신었는데 따로 스니커를 가지고 다니는 것은 구두에 흠집이 날까봐서겠지. 스니커를 신고 가다가 중간 어디쯤에서 힐로 갈아 신었는지도 모르지."

"독신이라는 건 어떻게 안 거죠?"

"이것도 어디까지나 짐작일 뿐이지만, 키 케이스에 들어 있는 자택 아파트 열쇠가 보안성이 강한 딤플 키었어. 혼자 사는 여성은 보안에 신경을 많이 쓰지. 게다가 결혼반지나 커플링도 없잖아. 애초에 가족이 있다면 지구 종말에 이런 변두리에 남아 있지 않았겠지."

막힘없이 설명하던 강사가 그제야 침을 삼켰다. 놀랐다. 사실인지 아닌지는 젖혀두고 피해자의 소지품을 잠깐 조사한 것만으로 그럴 듯한 추리를 구축한 것이 믿기지 않았다.

"그런데 하루 짱, 양복이나 펌프스는 어떤 때 착용하지?"

"취직 활동 할 때나 업무 볼 때?"

"그밖에는?"

"음, 시험이나 면접 볼 때, 아니면 기념식에 참석하거나 드레스 코드가 있는 식당에 갈 때, 그밖에는 누구에게 사과하러 갈 때라든지."

"그래, 요컨대 누구를 만나러 갈 때지. 이 사람은 죽기 직전에 누군가를 만났거나 만나려고 했어."

"이런 판국에요?"

"이런 판국에. 그리고 이 사람이 마지막으로 만난 자가 피해자를 살해하고 이 교습차량 트렁크에 처넣은 거야. 이건 틀림없는 살인사건이야."

사체 손상을 보면 살인임은 분명했지만, 새삼 듣고 보니 심장이 오그라드는 것 같았다.

"하루 짱한테는 미안하지만 오늘 교습은 취소하자."

"당연히 그래야죠. 이런 심각한 사건이 일어났으니."

"응. 이 사람을 이렇게 만든 사악한 놈을 찾아야 해."

얼른 대답하기가 힘들어 눈을 마주보다가 겨우 입을 열었다.

"살인범을 찾아서 어떻게 하시게요?"

"그야 범죄에 상응한 대가를 치르게 해야지."

"체포하겠다는 건가요?"

"체포? 뭐 그렇지. 당연히 체포해야지."

흠흠, 하며 강사는 고개를 크게 끄덕여 보였다.

"왜 강사님이 체포하겠다는 거죠?"

"누군가는 해야 할 일이잖아. 위험하다는 건 알지만 범인은 나 같은 사람을 두려워하지. 그러니까 내가 해야 해."

무슨 말이지? 고개를 갸웃거리며 설명을 청했다.

"범인은 이런 판국에도 범행이 드러나는 걸 극도로 두려워하고 있어."

"그런가요? 오히려 아주 대담해 보이는데요…….."

"애초에 사체는 길가에 버려도 상관없어. 그런데 굳이 트렁크까지 옮겨다가 처넣었다면 상당히 소심한 자라고 봐야지. 게다가 범인은 여성의 신원을 보여주는 소지품을 전부 없앴어. 백 속에는 스마트폰도 지갑도 신분증 종류도 들어 있지 않았어."

돌이켜 생각해보니 과연 동전지갑은 있었지만 정작 중요한 지갑은 없었다. 범행이 탄로 나도 상관없다고 생각했다면 스마트폰이나 지갑이나 신분증을 전부 유기 현장에 놔두어도 됐을 텐데 범인은 그렇게 하지 않았다. 인기척 없는 운전학원에 숨어들어 키를 가져다가 트렁크를 열었다. 게다가 트렁크를 닫은 뒤 사무실에 키를 얌전히 돌려놓았으니 그 행동에 빈틈이 없다.

"거리에 아무도 없는데도 증거 인멸을 꾀하다니, 일단 비열하고 소심한 자야. 나 같은 사람이, 세상이 끝나는 날까지 살인범을 추적하며 다니는 인간이 너무나 무서운 거지. 내가 잡아내겠어."

잡아낸다고 하지만 그 후 어떻게 하겠다는 걸까. 얼마 안 남은 시간에 재판이니 이송이니 하는 복잡한 절차를 밟으리라고는 도 저히 생각할 수 없지만, 강사의 표정이 너무 진지해서 차마 그렇 게 지적할 수 없었다.

"하루 짱도 불안하잖아. 얼마 남지 않은 인생을 살인범이 출몰 하는 동네에서 보내고 싶어?"

"그건 싫죠. 하지만 강사님이 직접 나서도 괜찮은 건가요? 일 단은 110에 신고해야······."

말을 하면서도 우습다는 생각이 들었다.

평소라면 110에 신고하자마자 신고 지점에서 제일 가까운 휴대 전화기지국을 관할하는 통신지령실에 접속되고 접수대에서 대기 중인 담당자가 사건사고 상황을 청취한다. 신고자의 위치 정보와 가까운 경찰서 및 순찰차의 위치를 조회한 후 경찰무선으로 지령 이 떨어지면 현장 부근의 순찰차가 즉각 출동하는 신속한 정보전 달 시스템이 깔려 있지만, 경찰무선 중계소가 지금도 무사한지 아무도 알 수 없었다. 인원도 부족할 테니 평소처럼 통신지령실 이 가동되고 있을 것 같지도 않았다.

"일단 경찰에 알려야죠."

"역시. 하루 짱은 성실하네. 그래, 이 말세에도 경찰의 허가가 필요하다는 거지? 좋아, 같이 경찰서로 가보자."

갑작스런 동요를 감출 수 없었다. 나는 눈을 휘둥그레 뜨며 물 었다.

"어, 왜 제가 같이 가죠?"

"나 심심하잖아."

어이가 없어 대답을 못했다. 이제부터 살인범을 잡겠다는 사람이 심심하니까 같이 가 달라고? 농담이라고 해도 차마 웃을 수 없었다.

내 생각을 확인할 생각도 없어 보이는 강사는 다시 여성 사체를 향해 돌아섰다. 사체의 눈꺼풀을 손바닥으로 살짝 눌러 크게 열려 있던 눈꺼풀을 감겨주었다. 너무나도 따뜻한 손놀림이어서 왠지 슬퍼졌다.

"그럼, 혹시 지금 바로 경찰에 가는 건가요?"

"응, 이 여자를 태우고 가자고."

트렁크에 그대로 두는 것은 불쌍하지만 현장 보존을 위해서라고 강사는 말했다.

＊

이건 교습이 아니니까, 하며 강사는 나를 조수석에 태우고 핸들을 잡았다. 목적지는 가장 가까운 경찰서인 후쿠오카현경 다자이후 경찰서다.

앞으로 두 달 남짓이면 지구가 멸망한다고 하는 이때 운전학원에 다니는 여자와 운전을 가르치는 여자라니. 이렇게 수상쩍은 콤비가 '우리도 모르는 사이에 트렁크에 사체가 들어 있었다'고

주장해본들 경찰이 믿어줄까? 이 도시에 경찰 조직이 살아 있는
지부터가 의문이었다.

소행성이 충돌할 예정이라는 판국에 직장을 지키고 싶은 사람
이 있을 리 없다. 어차피 죽을 거라면 당연히 소중한 사람과 함께
지내거나 미처 해보지 못한 일을 시도하고 싶을 테고, 공무원도
예외는 아니리라. 경찰도 퇴직자가 잇달았을 것이다. 불안해서
물었다.

"경찰서가 텅 비어 있으면 어떡하죠?"

강사는 전방 도로에 시선을 고정한 채 일체 낭비가 없는 현란
한 핸들링을 하며 "그건 그때 가서 생각해야지"라고 말했다. 그
러고 보니 조수석에서 강사가 운전하는 모습을 보는 것은 처음이
다.

니시테츠 다자이후선을 따라 서쪽으로 현도를 달려 간제대교
거리로 들어서자 5분 남짓 만에 다자이후 경찰서에 도착했다. 교
습차량은 어느새 주차장에 서 있었다.

"안 내려?"

따라가는 것은 내키지 않지만 낯선 사람의 사체가 실린 차에
남아 있는 것은 더욱 내키지 않았다. 겨우겨우 안전벨트를 풀고
나서 강사를 쫓아갔다.

안으로 들어갈 것도 없이 외관만 보고도 알 수 있었다. 다자이
후 경찰서에는 인기척이 없었다. 전기가 끊긴 탓인지 정면 현관

의 자동문에는 '수동'이라고 갈겨쓴 A4 용지가 붙어 있었다.

안으로 들어서자 정면에 종합안내소가 보였지만 접수창구에는 아무도 없었다. 사방을 둘러봐도 아무도 보이지 않을 뿐 아니라 말소리를 비롯해서 어떤 소리도 들리지 않았다. 다행히도 지금까지 살아오면서 경찰서 신세를 진 적이 없어 경찰서 풍경이 평소 어떤지는 모르지만, 지금 다자이후 경찰서가 너무 조용하다는 것은 알 수 있었다.

안내판에 따르면 1층에는 교통 제1과, 교통 제2과, 지역과 등 세 개 부서가 있다고 한다. 2층에는 총무과, 서장실, 회계과, 경비과, 생활안전과. 그리고 3층에는 형사 제1과와 형사 제2과가 있다.

살인사건 신고라면 역시 형사 제1과가 아닐까? 종합안내소 바로 옆에 있는 계단을 올려다보았다.

"계단으로 올라가나요? 1층에는 아무도 없는 것 같은데."

"아니, 저거."

강사가 접수창구를 가리키며 눈짓을 했다.

사람 없는 접수대에 탁상 벨이 오도카니 놓여 있었다. 음식점 계산대에서 흔히 볼 수 있는 그것—누르면 딩, 하고 울리는 벨이다. 탁상 벨 옆에는 현관 자동문에 붙은 용지와 같은 필체로 '용무가 있는 분은 벨을 눌러주세요'라고 적힌 종이가 붙어 있었다.

"이걸 울리면 사람이 나오나요? 경찰관일까요?"

"글쎄. 경찰이 아니면 곤란한데. 한번 눌러볼까?"

강사는 전혀 주저하는 기색도 없이 벨을 울렸다. 띵. 맑고 높은 소리가 천장을 향해 울렸다. 10초쯤 뜸을 두었다가 다시 벨로 손을 뻗을 때 어디선가 "예에!" 하고 길게 끄는 대답이 들려왔다.

"예에. 지금 갑니다아."

젊은 남자의 목소리, 그 직후에 발소리도 들려온다. 계단 위쪽이다.

누군가 2층에서 내려온다. 나도 모르게 "사람이다!" 하며 긴장했다.

긴 다리가 보인다. 2층에서 내려온 사람은 남자 한 명. 상복처럼 까만 양복을 입은 그는 키가 크고 호리호리했다. 머리를 짧게 쳐서 말끔한 인상을 풍긴다. 소행성 충돌 발표 이전의 세계에서 튀어나온 평범한 사회인 같은 모습에 감동마저 느꼈다.

그런데 그가 다가올수록 반가움은 식어갔다. 그 사람—아마 다자이후 경찰서에 근무하는 경관일 텐데—은 멀리서 봐도 입초리가 올라가 있는 것을 알 수 있을 만큼 웃는 표정을 풀지 않은 채 이리로 다가왔다. 대면하기 거북한 타입이구나, 라고 직감했다.

경관으로 보이는 그는 우리 모습을 보자 "어!" 하고 짤막하게 외쳤다.

"선배가 웬일이세요!"

그의 시선이 틀림없이 이사가와 강사 쪽을 향했다. 나도 모르게 돌아다보니 강사 역시 그를 뚫어져라 응시하고 있었다.

"역시 이사가와 선배군요! 여긴 어쩐 일로?"

놀라는 표정을 짓고 있던 강사는 점차 불쾌한 듯 낯을 일그러뜨렸다. 상황을 전혀 이해할 수 없었다. 이사가와는 흔치 않은 성이므로 사람을 잘못 본 것도 아닐 테고.

남자는 거침없이 거리를 좁히고는 상체를 살짝 기울여 강사의 얼굴을 들여다보았다.

"이게 몇 년 만입니까. 선배가 퇴직하고 처음이니까……."

"4년 만이야."

"맞네요! 4년 만이네요! 연락 한 번 주시지 그러셨어요. 퇴직한 뒤로 전혀 소식이 없었죠? 걱정했잖아요."

"그건 미안하군."

"건강해 보이시니 좋네요."

그의 커다란 목소리가 현관홀에 울려 퍼질 때마다 강사의 미간에 주름살이 깊이 팼다. 남자가 이사가와 강사에게 호의적인 것과 달리 강사는 그에게 좋은 감정을 품고 있는 것 같지 않았다.

남자에게는 안 들리는 작은 소리로 물었다.

"이분, 경찰이세요?"

"응."

"아시는 분, 이세요?"

"예전 직장 동료야."

"그럼 강사님, 설마 경찰이었어요?"

"그런 셈이지."

남 일처럼 말하지만 사실이 분명한 듯했다.

강사가 경찰 출신이라고? 고약한 농담을 들은 기분이 드는 한편 묘하게 납득이 되는 마음도 있었다. 사체를 발견하고도 침착했던 모습. 법의학에 관한 전문지식. 훌륭한 추리. 그리고 인류의 멸망을 앞두고도 살인범을 잡으려는 정의감. 그런 것들은 경찰 직무를 수행하면서 배양된 것인지도 모른다.

이사가와 강사를 선배라고 부르는 경관이 문득 나에게 시선을 고정했다.

"이쪽 아가씨는?"

그 말을 듣는 순간 기분이 살짝 상했다. 그가 말하는 '아가씨'에는 상대를 내려다보는 듯한 울림이 섞여 있었다.

"……저, 아가씨 소리를 들을 나이는 아닌 것 같은데요."

"몇 살이세요?"

"스물셋이요."

"아가씨라고 부르기에 딱 맞는 나이 아닙니까."

첫 만남의 악수를 청하는 듯 그가 나에게 오른손을 내밀었다.

"인사가 늦었군요. 저는 이치무라 하지메라고 합니다. 한자로 마켓 빌리지라고 쓰는 이치무라市村. 소행성 충돌 공표 이전에는 히로시마 현경 본부에서 수사2과장으로 일했습니다."

머뭇머뭇 상대방의 손을 잡자 이치무라는 주름살을 한층 깊게 만들며 환하게 웃었다.

경찰의 승진 코스는 잘 모르지만 현경 본부 수사2과장이라면 상당히 높은 지위 아닌가? 아직 이십대 후반이나 삼십대에 막 접어든 사람으로 보인다. 어쩌면 대단한 엘리트인지도 모른다.

"아가씨, 이사가와 선배와는 어떤 사이죠?"

"제가 다니는 운전학원의 강사님입니다. 지금 운전을 배우고 있어서요."

"지금? 설마 지금, 후쿠오카에 남아서 운전학원에 다닌단 말입니까? 선배도 특이한 분이지만 아가씨도 못지않네요. 운전학원이라면, 이 부근인가요?"

"네. 다자이후 운전학원."

"아하, 그 운전학원. 여전히 운영 중이었군요."

늘 수다스러워 불편할 정도였던 이사가와 강사가 웬일로 입을 꾹 다물고 있다. 그 탓에 본의 아니게 이치무라를 내가 맡고 나선 꼴이 되었다.

한편 이치무라는 밝은 목소리로 과거 이야기를 시작했다.

"선배를 처음 만난 게 경찰학교 졸업하고 1년 차에 배속된 곳에서였어요. 미나미후쿠오카서에서 같이 근무했죠. 그립네요, 선배한테 정말 신세 많이 졌죠. 퇴직하실 때도 정말 많이 섭섭했고요. 선배처럼 하드보일드한 여형사는 본 적이 없었으니까."

강사가 그제야 끼어들었다.

"여형사라고 하지 말라고 몇 번을 말해. 남자한테는 남형사라고 하지 않잖아."

"죄송합니다, 저도 모르게 그만. 아까운 인재를 잃었다고 생각했는데, 운전학원 강사님이 되셨군요. 이사가와 강사님, 느낌이 괜찮은걸요."

이야기를 듣다 보니 대강 알 것 같았다. 강사는 예전에 후쿠오카시 미나미구에 있는 미나미후쿠오카 경찰서에 근무했고, 그때 이치무라가 캐리어로 들어온 모양이다. 그리고 몇 년 뒤 강사는 퇴직하고 운전학원 강사로 전직했다.

경관이던 시절을 계속 화제로 삼다가는 별로 좋은 장면이 펼쳐질 것 같지 않았다. 나는 용기를 쥐어짜내 그의 말허리를 잘랐다.

"저어, 이치무라 씨?"

"아, 그래요. 이치무라 씨라고 하시면 됩니다."

"이치무라 씨는 아직 경찰을 그만두지 않고 후쿠오카에 계시는 건가요?"

"상부 지시에 하는 수 없이. 현재 후쿠오카 통합조정관으로 일하고 있습니다."

낯선 직책이었다. 이치무라는 어딘지 의기양양하게 설명을 시작했다.

소행성 충돌이 발표되자 전 세계에서 살인과 강간, 강도, 방화 등 중범죄가 대거 발생했다. 폭동이 일상화하고 집단자살도 유행했다. 그런 사회질서 붕괴라면 나도 몸으로 겪어 알고 있다.

그런데 십일월 말경이 되자 열병에 걸린 듯 난동으로 치닫던 사람들도 차분해지기 시작했다. 인구의 3분의 2가 일본을 빠져나가고 지방은 유령마을로 변했다. 규슈 같은 벽지에는 이제 아무도 거주하지 않는다. 관공서는 급속한 인구 감소 때문에 지방의 공적 기관들을 폐쇄하게 되었다.

현경 본부는 십이월, 35개 경찰서를 네 곳으로 통폐합하는 재편 정리계획을 발표했다. 공식적인 이유는 경찰 기능의 강화와 효율화였지만 실은 철수하겠다는 것이다. 그 재편 정비계획에 따르면 통합조정관이 각 경찰서 관할 구역의 인구, 인구밀도, 범죄 발생 건수, 교통사고 건수 등을 조사하여 통계를 내고 조건을 충족하면 경찰서를 폐지하고 통합할 수 있다고 한다.

"내 임무는 관련 자료를 모으고 후쿠오카 지구의 14개 경찰서를 통합하는 겁니다. 다자이후 경찰서는 세 번째입니다. 이토시마시의 후나코시 경찰서, 그리고 가스가시의 가스가바루 경찰서는 내가 폐지했습니다."

"폐지되면 어떻게 되나요?"

"폐지된 경찰서는 '지역안전센터'가 됩니다. 경관과 순찰차도 상주하고, 운영은 계속됩니다. 하지만 그거야 공식 발표일 뿐이고 지역안전센터에 배치된 경관도 직무를 던져버리고 어디로 도망치겠죠."

"여기도 폐지되나요?"

"네, 모래쯤이면 다자이후 경찰서도 폐쇄할 수 있을 것 같습니다."

놀라서 말이 나오지 않았다. 경찰서가 없어지면 오늘 아침 발견한 트렁크 속 여성 사체는 어떻게 되는 걸까.

수사도 이루어지지 않은 채 인류는 멸망할 것이고 범인도 죽는다. 어차피 다 죽는 거니까 어쩔 수 없다, 체념하자—정말 이래도 되는 걸까.

"어림없는 소리."

바닥을 기는 듯한 낮은 목소리. 강사가 이치무라를 날카롭게 노려보고 있었다.

"경찰이 도망치면 어쩌자는 거야."

"경찰도 인간입니다, 선배. 게다가 경찰서가 다 무슨 소용입니까. 다 도망쳐서 아무도 없는데."

"아직 있어. 끝내 도망치지 못한 사람도 있고 여기 남을 수밖에 없는 사람도 있고."

"물론 개중에는 별난 사람도 있겠죠. 그런 사람들은 남은 사람끼리 서로 도우며 지내는 수밖에 없겠죠."

"살인사건이 일어났어."

이치무라는 입을 멍하니 벌렸다. "네?"

"밖에 세워둔 차의 트렁크를 열어봐. 명백한 타살이야. 사건성이 없다는 말은 하지도 마."

"무슨 말이에요. 알아듣게 설명해주셔야……."

"오늘 오전 8시 44분, 교습차량 트렁크를 열어보니 여성의 사체가 들어 있었어. 예리한 칼로 흉부에서 복부까지 열군데 이상 찔렸더군. 사망 추정 시각은 아마 어젯밤 9시부터 12시 사이. 이 아이와 내가 없는 사이에 누군가 운전학원에 들어와 사체를 유기한 거지."

강직한 목소리로 몰아붙이듯 말했다. 이사가와 강사의 진지한 표정을 보니 나도 그만 가세하고 싶어졌다.

"경찰서 폐지를 조금 미뤄주시겠어요? 사건 발생 건수가 적은 것이 경찰서 폐지의 조건이라고 하셨죠?"

"그건 그냥 공식 발표일 뿐이라니까요, 아가씨. 찾으려고 들면 사체야 얼마든지 찾을 수 있습니다. 산더미처럼 쌓인 사체들을 일일이 자살이니 타살이니 판별하는 것은 너무 힘든 일입니다."

"하지만, 살해가 틀림없는걸요."

"인력이 모자랍니다. 이 경찰서, 현재 겨우 일곱 명밖에 없습니다."

"일곱 분이나 남았나요?"

"하지만 다들 유급휴가를 쓰는 중입니다. 어제 내가 부임할 때도 맞아주는 사람이 아무도 없었어요."

무슨 말을 해도 냉담하게 일축해버린다. 마침내 이치무라가 무서운 제안을 했다.

"못 본 걸로 해주시겠습니까? 트렁크에 사체가 있다고 하셨죠? 사체는 내가 알아서 처리할게요."

경찰이라는 사람이 트렁크 속의 그 사람을 방치해둘 심산인 것이다. 그렇게 이해한 순간, 바로 앞 풍경이 희미해지며 윤곽을 잃었다. 이사가와 강사가 범인 찾기에 적극적인 데도 놀랐지만, 그 이상으로 충격이었다.

이 사람은 확인해보려고도 하지 않는다.

"그런 눈으로 보지 말아요. 수사에는 시간이 걸립니다. 신원도 모르는 사체 아닙니까."

"변호사라는 것까지는 알아. 독신이고 시력이 안 좋고 걱정이 많은 성격에 메모광이고 하이힐을 힘들어하는 여성이지."

"가령 선배의 추리가 맞고 그 사체가 여변호사라고 해요."

이사가와 강사가 물고 늘어지듯 바로잡았다. "변호사!"

"아 실례. 그 사체가 변호사가 맞다고 해도, 신원을 더 구체적으로 알아내기 전에 인류가 멸망하고 맙니다."

이치무라의 주장에도 일리가 있다. 피해자 신원을 알 수 없다. 교우 관계도 추적할 수 없다. 아마 목격자도 없을 것이다. 범인을 찾는 사이에 모든 것이 끝나버릴 것이다.

이치무라가 승리한 듯 웃음을 지을 때 강사가 말했다.

"그렇다면, 사체는 내가 맡아두지."

지금 뭐라고? 이사가와 강사의 말을 되새기며 이해해보려고 했다. 나는 조금 늦게야 "예에?" 하고 소리쳤다.

"못 본 걸로 할 수 없어. 당신들 경찰 대신 우리가 범인을 찾지."

이사가와 강사는 정말로 범인을 잡아낼 작정인 듯했다. 이치무라가 적당히 처리해주겠다고 해도 흔들리지 않을 뿐 아니라 애초에 자기 힘으로 수사하기를 원했던 것 같다는 생각도 들었다. 그리고 별 생각 없이 흘려듣고 말았지만, 강사가 말한 '우리'는 대체 누구까지를 이르는 걸까.

"대쪽 같은 정의감은 여전하군요, 선배."

"당신의 비정한 모습이 놀랍네."

두 사람은 잠시 노려보다가 이치무라가 졌다는 듯이 먼저 눈길을 피했다. 짐짓 한숨을 길게 내쉬었다.

"실은 이게 세 번째예요."

"무슨 소리지?"

"세 번째 살인사건이라고요, 선배. 하카타와 이토시마에서도 타살체가 발견되었습니다. 피해자는 모두 젊은 남자이고요."

뜻밖의 대답에 숨이 막혔다. 경찰서 안은 냉장고처럼 서늘했지만 등에 식은땀이 흐르는 것을 느꼈다.

"하카타구에서 발견된 피해자는 다카나시 유이치. 17세. 작년에 고등학교를 중퇴한 프리터족. 그의 사망 추정 시각은 그제인 십이월 이십구일 오후 8시에서 10시 사이라고 합니다. 이토시마의 피해자 다치나미 준야는 조난고등학교, 그러니까 후쿠오카시 니시구의 유명 사립고에 다니는 품행 방정한 학생이었답니다. 17세로 첫 번째 피해자와 동갑이죠. 사망 추정 시각은 역시 이십구일 오후 11시에서 이튿날인 이십일 오전 1시 사이. 두 피해자도 마찬가지였어요. 온몸에, 특히 흉부와 복부에 자상을 입고 죽었습니다. 흉기는 날 길이 20센티미터가 넘는 예리한 칼로 짐작됩니다."

쥐죽은 듯 조용한 현관홀에 이치무라의 목소리만 울려 퍼졌다. 머릿속이 새하얘져서 의지와 상관없이 손끝이 바르르 떨렸다.

"정보 출처는?" 하고 이사가와 강사가 물었다.

"내가 어제까지 이토시마시에 있는 후나코시 경찰서에 있었으니까요. 하카타 사건은 후나코시서에서 들었고요. 사망 추정 시각으로 살해된 차례를 추측해보면, 하카타구에서 죽은 다카나시, 이토시마의 다치나미, 그리고 다자이후의 신원불명 여성이 아닐까요? 첫 번째 건과 두 번째 건의 시간 간격이 아주 짧은 게 마음에 걸립니다만, 무차별 연속살인 사건으로 봐도 틀림없지 않을까요."

거침없이 쏟아지는 정보를 듣고 보니 사고의 실이 복잡하게 뒤엉켰다. 다카나시 유이치. 다치나미 준야. 하카타와 이토시마에도 칼로 온몸을 찔려 죽은 피해자가 있었다—트렁크 속의 여성은 세 번째 피해자란 말인가.

"쾌락을 위한 살인이라면 범인에게는 요즘 상황이 딱 좋았겠죠. 마음 놓고 죽여도 되니까."

"무차별 살인이라고 단정할 수는 없지. 당신은 앞의 피해자 두 사람의 관계를 조사해보지도 않고 수사를 접어버렸군."

"뭐라고 하셔도 좋습니다. 나는 선배 같은 능력자는 아니니까."

기하학 무늬의 세련된 넥타이를 늦추며 이치무라가 가볍게 받아넘겼다. 이사가와 강사를 추켜세우면서도 자신의 결정을 바꿀 생각은 전혀 없는 것이다.

그의 셔츠와 양복에도 주름 하나 보이지 않는다. 다림질도 못하는 상황인데 어떻게 그렇게 말끔하게 차려입을 수 있는지 의아했다.

"하지만 선배. 나는 정말 선배를 존경합니다. 희망을 걸고 있다고 해도 좋아요."

"무슨 말을 하고 싶은데? 말 뱅뱅 돌리는 거 싫어."

"후나코시서는 지역안전센터가 되어버렸지만, 하카타 북서는 아직 폐쇄되지 않았습니다. 첫 번째 건인 다카나시 유이치 사건의 관할서죠. 운이 좋으면 경관 한두 명 정도는 남아 있을지 모릅니다. 사건을 조사할 생각이라면 내가 하카타 북서에 얘기해두죠."

하카타와 이토시마에서 일어난 두 건의 관련성을 알면서도 '못 본 것으로 해 달라'는 말까지 스스럼없이 하던 이치무라. 그렇게 말한 그 입으로 이번에는 수사에 협조하겠다는 뜻을 넌지시 비치니 혼란스러웠다. 진의를 캐내려는 듯이 강사는 잠시 입을 다물고 있다가 이윽고 몸을 휙 돌려 잰걸음으로 현관을 향해 걸어갔다.

"가자, 하루 짱."

강사를 뒤따라 황망히 걸음을 내디디며 고개를 돌리다가 이치무라와 한순간 눈길이 마주쳤다. 이치무라가 나를 불러 세우려는 듯 말을 건넸다.

"경찰에 실망했어요?"

나도 모르게 걸음을 멈추었다.

"아니, 저어, 저는 잘 모르는 일이라서."

"실은 나도 외면하고 싶진 않아요. 선배처럼 살아갈 수 있었으면 하고 몇 번을 생각했는지 몰라요."

"어, 그래요?"

이치무라는 미소를 풀지 않고 있었다. 그의 눈빛에 슬픔이 살짝 배어 있는 것처럼 느껴져서 나는 몇 걸음 물러섰다. 미련 없이 나가버린 강사가 마음에 걸렸지만 그의 말을 모른 체하고 돌아설 수는 없었다.

"나를 믿지 않을지 모르지만, 일단 들어봐요. 이사가와 선배는 심지가 곧은 훌륭한 경찰이었어요. 다만 조금 도가 지나치죠. 저 사람, 위험합니다."

"도가 지나치다니, 어떤 점에서요?"

"정의감이 지나치게 강해요. 정의에 집착한다고 해도 좋아요. 걱정입니다. 언젠가 저 정의감이 선배를 짓이겨버리지나 않을까 해서."

태도도 표정도 진지하기 짝이 없다. 뭐라고 반응해야 할지 전혀 가늠이 되지 않아 모호하게 고개를 끄덕였다. 내가 말없이 서 있자 이치무라는 바지 뒷주머니에서 뭔가를 꺼내 내게 내밀었다. 악수를 하는 것처럼 내 양손을 감싸 쥐고 그것을 들려 주었다. 딱딱한 감촉.

손을 내려다보니 안테나가 달린 작은 기기였다.

"위성전화예요. 나도 똑같은 걸 갖고 있으니까 아무데서나 통화가 가능합니다. 이리듐이라고 들어본 적 있어요?"

"저궤도 위성. 이리듐 플레어 현상이 일어나는……."

"오, 아신다니 얘기가 빠르겠군요."

이리듐 위성전화란 지상 780킬로미터 저궤도를 이동하는 인공위성 66기를 이용하여 통화하는 위성전화 서비스이다. 이리듐 단말기 간의 통화는 지상 통신 인프라를 거치지 않고 인공위성만을 매개로 이루어지기 때문에 재해 때나 지금과 같은 비상 상황에서도 이용할 수 있다.

"저한테 주시는 건가요? 왜죠?"

"이사가와 선배가 걱정돼서요. 나는 선배한테 미운털이 박혔지만 아가씨라면 선배를 가까이서 지켜볼 수 있겠죠. 일반시민인 아가씨를 수사에 끌어들이려고 하는 걸 보니 굉장히 마음이 든 모양입니다. 그래서 이걸 아가씨에게."

손바닥 만한 소형 위성전화. 아마 고성능일 것이다. 어떻게 조작하는지 몰라 이치무라를 올려다보았다.

"강사님의 수사 상황을 이치무라 씨에게 보고해 달라는 건가요?"

"그런 스파이 같은 짓을 요구하는 게 아닙니다. 아무거나 상의하고 싶을 때 통신을 해주어도 좋아요. 물론 사용하건 안 하건 알아서 결정하세요. 작동법도 쉽고 장애물이 없는 장소라면 어디서나 이용할 수 있습니다. 일반 휴대폰과 다를 게 거의 없어요. 이리듐 휴대번호라는 것이 있는데……."

그렇게 말하고 이치무라는 일방적으로 위성전화 사용법을 설

명하기 시작했다. 이게 안테나다, 전원 버튼이다 하는 설명을 듣
다 보니 사용법은 금방 익었다.

"다만, 이 위성전화로는 긴급번호와 연결할 수 없으니까 주의
하세요."

"긴급번호라면, 110번이라든가 119번 같은 거 말인가요?"

"네. 뭐 이 판국에 110번 같은 건 아무 의미도 없겠지만."

잠깐 망설인 끝에 나는 위성전화를 받아두기로 했다. 이사가와
강사에게 들키지 않도록 배낭 속의 짐을 헤치고 바닥 쪽에 밀어
넣었다. 강사에게 켕길 것은 전혀 없지만 이치무라와 둘이서만
이야기한 사실을 알려서는 안 될 것 같았다.

강사나 이치무라나 왜 내가 살인범 추적을 함께할 거라고 믿고
있을까. 아무것도 모르면서 무턱대고 믿어버린다. 그러나 강사의
수사를 곁에서 지켜봐야겠다고 결심한 것은 사실이다.

우물우물 인사하고 나는 현관으로 뛰어갔다. 마지막으로 돌아
다보았을 때 이치무라는 빙긋이 웃으며 손을 흔들고 있었다.

"그럼 아가씨, 이사가와 선배를 잘 부탁합니다."

2
장

——

형
제
배

조수석 안전벨트를 매자 교습차량은 천천히 움직이기 시작했다. 트렁크 속 사체에 대해서는, 조금 겪어보니 그다지 신경이 쓰이지 않게 되었다.

"이 사건, 어떻게 생각해?"

불쑥 날아온 질문에 가슴이 울렁거렸다.

"어떻게라뇨, 저는 일반인이잖아요. 제가 뭘 알겠어요."

"느낌이라도 괜찮아."

"무슨 느낌이요?"

"저치는 동일범의 연속살인이라고 확신하는 것 같아. 어쩌면 흉악한 자 여러 명이 각각 다른 장소에서 살인을 저질렀을 뿐일 가능성도 있어. 하루 짱은 저치의 얘기를 듣고 어떻게 생각했어?"

강사는 농담이나 잡담이 아니라 정말로 내 의견이 궁금한 것 같았다. 나름대로 열심히 생각해서 아까 다자이후서에서 얻은 정보를 이리저리 꿰맞추어 보았다.

"음, 이치무라 씨 말로는 이 현의 경찰서들이 하나둘 폐쇄되고 있다고 했죠. 버림받은 지역이니까 나쁜 사람들이 여기저기서 흉악한 짓을 저지르며 다닌다고 해도 이상할 게 없겠죠. 그러니까…… 하지만, 칼로 마구 찔려서 죽은 피해자가 같은 시간대에 현 내에 세 명이나 있다니. 그런 끔찍한 짓을 저지르는 사람이 여럿 있다고 여기기는 싫은데…… 저도 연속살인 사건이 아닐까 생각했어요."

만족스러운 대답이었는지 "그렇군" 하고 대답하며 강사는 액셀을 조금 깊이 밟아 속도를 높였다. 시동을 건 직후여서 난방은 충분히 돌지 않아 입술 사이로 새는 하얀 김이 연기처럼 퍼지다가 사라졌다.

"강사님, 경찰이셨군요."

"지금은 일반인이야."

경찰서를 나서자 강사는 뭉친 근육을 풀듯 고개를 빙글빙글 돌렸다.

"저치와 같은 경찰서에서 일한 건 딱 1년이었어. 대체 무슨 생각을 하는지 도통 알 수 없는 놈이었어. 위험한 놈이야."

"예에? 친근한 인상이던데."

"사교성은 있지. 얼핏 붙임성은 좋아 보이지만, 그렇다고 경관으로서의 책임감이 있다고는 할 수 없어."

"하지만, 이런 상황에도 후쿠오카에 남아 있잖아요. 책임감이 없다면 제일 먼저 탈출하지 않았을까요?"

"아마 탈출하려고 들면 언제든 탈출할 수 있을 거야, 저치는."

도후로바시 교차로 신호기는 모두 꺼져 있었다. 횡단보도를 건너는 사람은 전혀 없었지만 이사가와 강사는 마치 보행자를 조심하려는 듯 재빨리 좌우를 살펴보았다.

"도쿄대를 졸업하고 경찰청에 들어와 후쿠오카 현경 미나미후쿠오카서에서 꼴랑 1년 근무하고 다시 경찰청으로 복귀했다고 들었어. 불행한 수요일 이전에는 히로시마 현경 수사2과장으로 있었다고 했으니까 아마 금방 경시로 승진이라도 한 모양이지. 정말 굉장한 엘리트야. 게다가 딱 도련님과잖아."

"부자인가요?"

"할아버지가 경찰청 장관이었고 아버지도 경찰 관료였대. 외할아버지는 실업가이고 모 유명 전자회사 창업자. 그거 들어본 적 있어? 미국 캔자스주인지 어딘지에 부유층 전용 강화구조 지하 쉘터를 건설 중이라는 얘기. 그치 일가라면 테로스가 떨어지기 전에 그리로 피난할 연줄도 있을 거야."

2023NQ2의 충돌로 솟구쳐 오른 크레이터 분출물 때문에 한랭

화가 진행되어 결국 인류는 멸망할 것이다. 그러나 생존을 꾀하는 부자들이 있다고 들었다.

"도망치려고 들면 언제든 자가용 헬리콥터를 띄울 테니까 이런 판국에도 후쿠오카에 남아 있을 수 있겠지. 미처 탈출하지 못한 시민에게 경찰로서 마지막까지 봉사하겠다, 저자는 그런 생각으로 후쿠오카에 남아 있는 게 아냐."

"하지만⋯⋯."

"그래, 전부 내 추측이지. 미안. 방금 내 얘기는 없던 걸로 해줘."

배낭을 꼭 껴안자 바닥 쪽에 넣어 둔 위성전화가 무릎 위로 느껴졌다.

"질문 하나 해도 되나요?"

"벌써 질문하고 있네. 뭐든지."

"경찰은 왜 그만두신 거죠?"

강사는 족히 10초 정도는 입을 다물고 있다가 억양 없는 목소리로, "불상사 때문에"라고만 대답했다. 심술궂은 농담인지 사실인지 판별할 길은 없었다.

차량은 교차로를 돌아 후쿠오카미나미 바이패스로 들어섰다. 올 때와는 경로가 달랐다.

"저어, 어디로 가는 거죠?"

"병원."

"네? 어디 편찮은 데라도?"

"천만에. 나 엄청 건강해. 저기 있는 사람 때문에 가는 거야."

이사가와 강사가 룸미러를 힐끔 쳐다보았다. 차량 뒤 트렁크에 있는 여성 말인가?

"그냥 두면 부패가 시작돼. 최대한 빨리 전문가 의견을 듣고 싶어."

"해부라든가 그런 걸 부탁하려는 건가요?"

"그래. 문전박대 당할 가능성이 많지만."

이사가와 강사의 설명이 이어졌다. 사체가 발견되면 우선 경찰이 검시하고 의사에게 검안을 맡긴다고 한다. 그 결과 범죄사 가능성이 있다고 판단되면 사법해부를 실시한다. 사법해부는 보통 재판소의 촉탁으로 대학 의학부 같은 곳에서 실시되는데, 후쿠오카에 지금도 문을 연 대학병원이 있다는 말은 들어본 적이 없다.

"니시테쓰 고조역 근처에 은행이 있지? 그 도로변에 한다 정형외과라고 있어. 알아?"

어머니가 추간판헤르니아로 고생할 때 다니던 병원이다.

"일주일 전 저녁때 보니까 비닐봉지 씌운 랜턴을 매달아 놓고 조명을 대신하는 것 같더군. 병원에 누군가 남아 있을지 몰라."

"정형외과 의사가 검시나 해부도 할 수 있나요?"

"글쎄, 나도 모르겠어. 해볼 수 있는 데까지 해보자는 거지."

강사는 모든 과정을 깨끗이 생략하고 정형외과 의사에게 사법해부를 의뢰하려는 것이다. 설명을 들을수록 무모한 생각처럼 보였다.

프라이드치킨 체인점 근처에서 좌회전하여 현도를 달리자 금방 그 병원이 시야에 들어왔다. 파란 바탕에 하얀 글자로 '한다 정형외과'라고 적힌 간판이 햇빛을 반사하며 하얗게 빛나고 있었다. 쥐죽은 듯 고요하지만 방치되고 몇 달이 지나 잡초에 묻힌 주위 주택과는 달리 어딘가 건물이 살아 있는 듯한 인상을 풍겼다. 주차장 구석에 교습차량을 세우고 이사가와 강사는 잰걸음으로 정형외과 입구로 향했다.

양쪽으로 여는 수동 도어에는 부식된 듯한 글자체로 진료 시간 안내문이 인쇄되어 있었다. 평일은 9시부터 18시까지, 토요일은 9시부터 12시 반까지. 문을 밀어보자 가볍게 열렸다.

나도 모르게 숨을 죽이고 걸음을 멈추었다. 대합실에 누군가가 있는데.

색 바랜 소파에 허리를 꼿꼿하게 펴고 앉은 고령의 남성. 전화도 인터넷도 연결되지 않을 텐데 그는 스마트폰을 눈높이로 들고 골똘히 들여다보고 있었다. 환자일까?

이사가와 강사가 애써 웃음을 지으며 그에게 말을 건넸다.

"안녕하세요, 할아버지. 한다 선생 계신가요?"

남성은 스마트폰에서 눈길을 떼고 눈도 깜빡이지 않은 채 강사를 쳐다보았다. 이윽고 노인은 온화하지만 확고한 투로 말했다.

"순서."

"네?"

"순서를 지켜야지. 저기다 이름을 적고 문진표 작성해 놓고 기다려요. 한다 선생은 바쁘시니까."

마치 다른 환자들도 있는 듯한 투였다. 노인이 안내한 대로 왼쪽 접수처에 접수표와 문진표가 놓여 있었다.

나는 대합실을 둘러보았다. 들어올 때부터 왠지 위화감을 느끼고 있었지만, 역시 이상했다. 이 병원은 너무 정상적이다. 바닥은 윤이 나게 연마되어 있고 청결했으며 탁상 일일달력은 정확히 오늘 날짜를 보여주고 있었다. 게다가 입구 옆에 작은 소나무장식까지 있어서 새해맞이도 빈틈이 없다. 평소와 다름없는 병원. 소행성이 충돌하는 사태도 없고 인류가 멸망하는 일도 없는 다른 세계로 흘러든 기분이었다.

"우리는 진료를 받으려고 온 게 아닙니다. 잠깐 선생께 드릴 말씀이 있어서……."

이사가와 선생은 계속 대화를 시도했지만 노인은 냉랭하게 말했다.

"그럼 앉아서 기다리시오. 지금 기무라 씨가 진료를 받고 있으니까."

"환자가 있다고요?"

"있지. 여러 명이나."

그런 대화를 하고 있는데 안쪽 진료실에서 목소리가 들렸다.

"나가카와 씨, 누구랑 얘기하세요? 누가 왔어요?"

리놀륨 바닥에 발소리가 탁탁 울린다. 나타난 사람은 흰 가운을 입은 여성. 그 사람은 우리를 보자 눈을 동그랗게 뜨며 "어머!"

하고 소리쳤다.

"세상에! 젊은 사람이네. 정말 오랜만에 보네요!"

나이는 환갑을 맞았을까, 드문드문 흰머리가 보인다. 말투도 부드러워서 따뜻하고 친절한 인상을 풍겼다.

이사가와 강사가 재빨리 고개를 숙였다.

"다자이후 경찰서에서 나왔습니다. 현재 변사체와 관련해서 수사하는 중인데 협조해주시겠습니까?"

"이사가와 강사님, 제발!"

내가 반사적으로 작은 소리로 나무랐다. 이사가와 강사는 퇴직한 형사이고 나는 그냥 일반인일 뿐이다. 어느 쪽도 경찰 관계자가 아니다. 그러자 이사가와 강사도 질세라 소리 죽여 응수했다.

"경찰관이라고는 하지 않았으니까 거짓말한 건 아냐."

"사기나 다름없잖아요. 질이 나빠요."

"때론 거짓말도 하나의 방법이지."

"방금 거짓말한 적 없다고 말해놓고선."

흰 가운을 입은 여성은 당황하면서도 우리를 맞아주었다. 한다 나오미라고 자신을 소개한 의사는 신원불명 변사체를 해부해달라고 부탁하자 더욱 당황한 표정을 짓더니 "곤란한데" 하며 볼에 손을 댔다.

"여기는 정형외과예요."

"의사 면허가 있으니 방법은 대강 아시겠죠. 비상사태니까 우리도 상세한 해부는 원하지 않아요."

"재판소 허가는 받았어요? 감정처분허가장이라고 하던가? 경찰이라면 잘 아실 텐데."

당연히 허가 같은 것은 받지 않았다. 이사가와 강사가 어깨를 으쓱해 보이자 한다 선생은 가볍게 한숨을 토했다.

"아무리 비상사태라도 해부 같은 걸 내 맘대로 할 수는 없어요. 법의학을 잘 모르는데다 망자의 존엄을 해칠 수는 없습니다."

말투는 온화해도 단호한 태도였다. 그러나 이사가와 강사도 지지 않았다.

"그 반대죠. 저 사람―피해자의 존엄은 이미 침해되었습니다. 다시는 회복할 수 없게 된데다 방치하면 할수록 계속 침해되는 겁니다. 정당한 절차를 밟지 않은 것은 우리도 잘 압니다. 꼭 좀 부탁드립니다."

땅바닥에 이마가 닿을까 싶을 만큼 머리를 깊이 조아렸다. 나도 덩달아 허리를 숙였다.

"하지만…… 법의학 강의를 들은 게 몇 년 전인 줄 아세요? 그것도 별로 열심히 듣지도 않아서, 아무래도 자신이 없네요."

"실은 이미 밖에 시신을 대기시켜 놓았습니다만."

"어떻게 그런!"

입씨름 끝에 한다 선생은 검시를 맡아주었다. 심하게 손상된 타살체라고 밝혀도 동요하지 않는 걸 보면 담력 있는 사람인지도 모른다. 나가카와 씨라는 노인에게 대합실에서 나가 있어 달라고 부탁하고 주차장으로 스트레처를 들고 갔다. 이것으로 피해자를 옮길 모양이다.

"피해자는 신원불명의 여성입니다. 연령은 대략 삼십대 후반에서 사십대 초반. 오늘 오전 8시 44분 다자이후 운전학원의 교습 차량 트렁크에서 발견되었습니다. 발견 당시 간단히 조사하기는 했지만, 사망 추정 시각은 어젯밤 9시부터 12시 사이로 판단됩니다. 한다 선생께서 사인을 판정해주셨으면 합니다. 제가 생각한 사망 추정 시각이 맞는지도 확인을 부탁드리겠습니다."

걸어가며 빠르게 상황을 설명하던 이사가와 강사가 문득 생각난 듯이 물었다.

"여기, 언제까지 운영하실 생각이세요?"

"일단 끝까지 문은 열어두려고요. 의외로 환자분들이 오고 있으니까."

한다 선생은 미소를 지었다. 그러고 보니 아까 대합실에서 만난 나가카와 씨라는 노인도 환자가 여럿 있다고 했지.

"구월 초쯤에 근처 단골 환자 분들이 불안해하며 모여들었는데, 환자 가운데 어느 분이 여기 옥상에서 가끔 전파가 통한다는 사실을 알게 된 뒤로 이 근방에 남아 있던 주민들이 자주 찾아오게 되었어요."

"전파? 휴대전화 기지국의?"

"그래요. 어딘가 지대가 높은 기지국의 전파가 통하는 것 같은데, 휴대폰을 켜면 가끔 통화가 될 때도 있다고 합니다. 지금도 옥상에 몇 명 모여 있어요."

한다 선생에 따르면 병원에 모이는 주민들 태반이 70세가 넘는 고령자라고 한다. 이렇게 가까운 곳에 대피소를 대신하는 커뮤니티가 있을 줄은 몰랐다. 이곳에서 서로 의지하며 지내는 사람들은 일본을 떠날 체력도 기력도 없어서 정든 동네에 남는 것 말고는 선택지가 없는 노인들이다. 듣기만 해도 가슴이 아프지만 동정을 표하기도 조심스러웠다. 실제로 한다 선생은 연민 따위는 필요없다는 듯 명랑한 얼굴을 하고 있었다.

"이 병원 옥상에 태양광 패널이 설치되어 있죠?"

이사가와 강사가 확인을 구하자 한다 선생이 말없이 고개를 끄덕였다. 나는 전혀 알아채지 못했지만 강사는 병원 외관까지 꼼꼼히 관찰하고 있던 듯하다.

"그걸로 모든 전력을 감당하나요?"

한다 선생은 "아뇨, 아뇨" 하며 요란하게 고개를 저었다.

"날씨에 따라 전력 생산량이 달라지는데, 그만 한 패널로는 어림도 없어요. 최소한의 생활이 가능할 정도는 되지만, 병원에 있는 정밀 의료기기—이를테면 MRI 같은 건 대기전력을 잔뜩 잡아먹기 때문에 쓸 수 없게 되었습니다. 랜턴을 조명 대신 사용하며 그럭저럭 버티고 있습니다."

"그 랜턴 말인데, 밤에 켜두는 것은 뭔가를 알리는 신호인가요?"

"네. 여기 아직 사람이 있다는 메시지죠. 근처에 남아 있는 주민이 더 있을지 모르니까요."

이사가와 강사는 그다지 호의적인 반응을 보여주지 않았다.

"지금부터는 꺼주세요. 특히 밤에는. 사람이 있다는 걸 알고 공격하러 오는 놈이 있을지 모릅니다."

"그렇군요, 생각해보죠."

말로는 생각해보겠다고 하지만 한다 선생은 앞으로도 밤에 계속 불을 밝혀 둘 작정이라는 것을 왠지 짐작할 수 있었다.

교습차량 트렁크를 열어서 여성 사체가 드러나자 한다 선생은 눈길을 내리며 합장했다.

"딱하기도 해라. 이렇게 추운 데서. 얼마나 아프고 무서우셨을까."

살해된 여성은 어차피 두 달 뒤에는 소행성에 압살되어 죽을 예정이었다. 이 사람만이 아니라 이제 곧 나를 포함한 전 세계 사람들이 다 죽는다. 그러나 한다 선생은 트렁크 속 여성의 죽음을 진심으로 애도하는 모습이어서, 엉뚱하게도 나는 선생에게 호감을 느꼈다.

한다 선생이 준비해준 비닐시트를 피해자 몸 밑에 집어넣어서 감싼 뒤 세 사람이 힘을 모아 스트레처에 실었다. 건너편은 재활실. 한다 정형외과에는 수술실이 없어 재활실을 대신 사용할 거라고 했다.

한다 선생은 사체 전체를 빠르게 살펴보고 물었다.

"자. 해부에 한두 시간은 걸릴 거예요. 어떻게 하실래요? 입회하시겠어요?"

"선생께 맡기겠습니다." 이사가와 강사가 말했다.

"그래요. 그럼 끝나면 부를 테니까 기다리시겠어요?"

수술복 대신 우비를 입은 한다 선생은 고개를 까딱하고 재활실로 들어갔다.

우리는 진찰실 옆 계단을 통해 옥상으로 올라가 한다 선생을 기다리기로 했다. 전파가 잡힌다는 소문이 있는 곳이다. 야외 옥상은 추울 거라 각오하고 문을 열었지만 한다 정형외과는 볕이 잘 드는 곳인지, 햇빛이 눈부시게 쏟아지는 옥상은 의외로 따뜻했다. 중앙에는 콘크리트 기초가 있어 5~6평쯤 되는 태양광 패널이 비탈지게 설치되었고 그 패널을 에워싸듯 몇 사람이 흩어져 있었다.

나는 먼저 인원을 헤아렸다. 일곱 명. 이사가와 강사와 가족 외에는 한동안 사람들과 연락을 끊고 살던 나에게 일곱 명은 예상밖의 인원이었다. 노인들뿐이고 젊은이는 없었다.

"전화 걸러 오셨수?"

말을 건 사람은 팔십대쯤으로 보이는 등이 굽은 노파였다. 실은 해부를 부탁하러 왔습니다, 라고 사실대로 설명할 수도 없어서, "아, 예" 하고 모호하게 넘겼다.

"젊은 사람이 고생이군. 그런데 누구에게 걸려고?"

먼저 대답한 나를 말상대로 정했는지 노파가 나를 똑바로 쳐다보았다. 아마도 전파를 찾아 옥상에 올라온 거라고 오해하는 듯했다.

"지금도 통할지는 모르지만, 어서 걸어보슈."

"아뇨, 저는……."

"방금 전에 나가카와 씨가 저쪽 급수기 쪽에서 통화가 되었다고 하더구먼."

노파가 권하는 대로 전파가 잘 통한다는 자리에 섰다. 강사는 싱긋 웃으며 방관하고 있었다. 하는 수 없이 스마트폰을 꺼내자 눈에 익은 '통화권 이탈' 표시가 사라지고 화면 가장자리에 안테나가 한 줄 나타났다. 놀랐다.

"진짜네! 여기, 정말 전파가 통해요."

"되는 날도 있고 안 되는 날도 있지. 지금 잠깐만 되는 거유."

나는 스마트폰 화면을 가만히 들여다보았다. 누구에게 전화할까.

오랫동안 연락한 적이 없는 친구들과 이야기하고 싶었다. 미즈키, 아야, 그리고 나나코—딱 세 명, 내 절친들. 하지만 불가능하다. 미즈키와 아야는 폭동에 휩쓸려 죽었고 나나코는 지난달 애인과 동반자살을 했다.

친구는 죽고 어머니는 사라졌다. 지금 내가 통화해야 할 상대는 누구일까.

멈칫멈칫 전화번호부를 열자 '세이고'라는 등록명이 나타났다. 가령 전화가 연결된다고 해도 동생과 새삼 무슨 이야기를 해야 하는지 알 수 없었다. 다만, 꼭 전해야 할 것이 있었다.

나는 떨리는 손으로 통화 버튼을 눌렀다. 귓가에 호출음이 반

복해서 울리다가 마침내 끊긴 것은 22번째 울렸을 때였다.

'지금 거신 번호는 전파가 닿지 않는 곳에 있거나 전원이 꺼져 있습니다.'

흠칫하며 스마트폰을 귓가에서 떼어낸 순간 통화 화면이 닫히고 어느새 '통화권 이탈' 표시가 다시 떠 있었다. 허공을 향해 손을 올려 단말기를 흔들어 봐도 아무 반응이 없었다.

옆에서 스마트폰을 들여다보던 노파는 "요 며칠 상태가 안 좋았수" 하며 위로해 주었다. 왠지 안도가 되었다.

"요즘 젊은이들은 그거 하나씩 갖고 있잖아. 그 뭐냐, 사진 찍을 때 휴대폰 멀리 내미는 막대기 같은 거."

"셀카봉이요?"

"그래. 그게 있으면 조금은 전파를 받기가 쉬워질지도 모르지. 나가카와 씨 말로는 산 위 기지국의 전파를 잡는 것 같다고 하던데."

친구와 디즈니랜드에 놀러 갔을 때 사놓았다가 한 번도 써보지 않은 셀카봉이 옷장 안에 있을 것이다. 노파에게 다음에 올 때 가져오마 약속하고 통화 지점을 벗어났다.

이사가와 강사는 옥상 난간에 기대어 아래쪽 거리를 내려다보고 있었다. 옆에 가서 서자,

"누구한테 걸었어, 전화?"

"……연결되지 않았어요."

"음. 뭐, 좋아."

통화 상대에 대한 흥미는 금방 잃어버린 듯했다. 현재 이사가와 강사의 최대 관심사는 피해자 여성이다.

"하카타와 이토시마에서 발견된 두 피해자는 이름과 나이가 판명되었는데 저 사람만 신원을 모르고 있어. 얼굴도 직업도 성향도 대강 알 것 같은데 말이야. 이름만이라도 알아내면 좋으련만."

음색에 분노가 배어 있었다.

소행성 충돌이 공표된 이후 세계적으로 네트워크 장애가 빈발하고 있다. 서일본의 인터넷망은 일찌감치 구월 말경에 빈사 상태에 빠졌다. 만약 지금 네트워크가 연결된다면 후쿠오카 법률사무소 홈페이지라도 검색해서 저 사람의 이름을 알아볼 수 있을 것 같은데.

그때 강사가 퍼뜩 얼굴을 들었다.

"심심하네. 뭐 할까?"

그렇게 물어도 집 밖에서 시간을 보내는 방법을 내가 어떻게 아나.

"지금까지 파악한 것들을 정리해서 메모해본다든지 하는 건 어때요."

시간을 보내는 지극히 건설적인 방안을 제안했다고 생각했지만 이사가와 강사는 왠지 승리한 것처럼 웃었다.

"그래 바로 이런 거. 하루 짱은 그 사람을 닮았네."

"그 사람이라면, 살해된 여자 말인가요?"

"그래. 그걸 뭐라고 하지? 하루 짱도 걱정이 많은 성격이라 이것저것 다 가방에 넣어 다니는 스타일이지? 메모광 같은 구석도 닮았고."

"뭐, 그런 것도 같네요. 하지만 강사님, 그 사람이 살아 있을 때 만나본 적은 없잖아요?"

"물론 살아 있는 저 여자에 대해서는 아는 게 없지. 하지만 왠지 알 것 같아. 형사 노릇 하다 보면 현장 검증을 하거나 사체 상태를 확인할 때 퍼뜩 파악될 때가 있어. 이 사람 이런 걸 좋아했겠구나, 이런 성격이었겠구나, 같은 거."

먼 데를 바라보는 이사가와 강사의 옆얼굴이 어딘지 따뜻해 보였다.

살아 있는 인간의 내면을 들여다보는 일조차 쉽지 않은데, 강사의 통찰력이 그만큼 뛰어난 걸까. 죽은 사람의 됨됨이라니, 나로서는 도저히 이해할 수 없을 것이다.

"게다가 하루 짱, 수사에 꽤 적극적이네."

"천만에요."

나는 스마트폰 전원을 켜고 메모 앱을 띄운 다음 지금까지 파악한 정보를 입력해나갔다. 트렁크에서 발견된 유류품, 사체의 손상 상태, 하카타와 이토시마에서 발견된 다른 두 피해자의 이름…….

구름이 해를 가리자 문득 기온이 떨어졌다. 옥상에 모여 있던 사람들도 "슬슬 내려가 볼까" 하고 말했다.

무료한 시간을 주체하지 못하는 사이 족히 1시간 이상 지난 듯했다. 옥상 문이 열리고 한다 선생이 얼굴을 내밀었다. 한다 선생은 노인들과 인사를 나누며 우리 쪽으로 바삐 걸어왔다.

"저기, 이가와 씨였나요?"

"이사가와입니다."

"아, 죄송합니다, 이사가와 씨. 피해자 사망 추정 시각 말인데, 아마 추측하신 대로 지난밤 21시부터 24시 사이일 겁니다. 피해자 흉부에 심장에 닿을 만큼 깊은 자창이 한 군데 있어요. 직접적 사인은 심장을 찔린 데 따른 출혈성 쇼크사. 그 자창으로 판단하건대 흉기는 외날 식칼 같은 겁니다. 폭은 날 손잡이 쪽이 5센티미터에서 5.5센티미터 정도? 날 길이는 20센티미터가 넘을 겁니다."

이치무라가 전해준 다른 두 건의 흉기도 날 길이가 20센티미터 넘는 커다란 칼이었다. 역시 특징이 일치했다.

"그 밖의 자상, 즉 흉부의 치명상 이외의 자창들은 얕더군요. 대부분의 상처에 윤기가 있는 응혈이 엉겨 붙어 있는데, 그것들은 생전에 생긴 상처라고 봐도 틀림없습니다. 어깨에는 마치 사고라도 당한 것처럼 탈구 흔적이 남아 있었고, 손톱이 벗겨지고 화상도 있었어요. 게다가 타박상이 온몸에 흩어져 있었습니다. 즉……."

말하기가 꺼려지는지 한다 선생은 잠깐 말을 망설였다. 이사가와 강사가 받았다.

"심하게 학대당한 끝에 심장을 찔렸다, 그런 건가요?"

"네. 그러나 성폭력 흔적은 없었어요. 불행 중 다행이라고 하기에는 너무 분한 상황이지만."

나는 무의식중에 가슴을 쓸어내렸다. 만약 가혹한 폭행을 당한데다 성폭행까지 당했다면 더욱 처참했을 것이다.

"비복부—장딴지를 말합니다—에 남은 찰과상은 아마 범인이 사체를 끌어서 옮길 때 생긴 흔적일 겁니다. 어디 다른 곳에서 살해되고 트렁크에 실려 옮겨졌을 거예요."

중요하다고 느낀 정보를 메모 앱에 열심히 입력했다. 이사가와 강사는 전혀 메모할 기미도 없이 한다 선생의 눈을 응시하며 열심히 듣고 있는데, 과연 전부 기억하는 걸까?

한다 선생은 사체 소견을 요령 있게 전하고 후우 하며 숨을 토했지만 아직 할 이야기가 더 있는지 이내 말을 이었다.

"그리고요, 위 내용물을 조사해보니 이런 게 나왔어요."

그렇게 말하고 내민 것은 지퍼 백 같은 밀폐성 좋은 비닐봉지였다. 안에는 쭈글쭈글한 종이를 편 듯한 것이 들어 있었다. 너무 놀라 그만 목소리가 높아졌다.

"종이를 먹은 겁니까?"

종잇조각으로 배를 채우려고 할 만큼 굶주려 있었던 것일까? 한다 선생은 아니라고 말했다.

"종이의 주성분, 셀룰로스라고 하는데, 인간은 그걸 분해할 효소가 없어요. 먹어도 배만 아플 뿐이죠. 먹었다기보다 삼켰어요. 똘똘 뭉쳐져 있지만, 일찍 꺼낸 덕분에 아직 읽을 수 있습니다.

이거, 명함이죠?"

가만히 살펴보니 정말로 가로로 인쇄된 명함이었다. 인쇄된 글자가 뭉개졌지만 일부는 읽을 수 있었다.

「후쓰카이치 법률사무소 변호사 히즈미 미에코」

"히즈미, 미에코."

명함에는 얼굴사진까지 인쇄되어 있었다. 일부가 벗겨졌지만 얼굴 생김새는 똑똑히 알 수 있었다. 야무지게 다문 특징적인 입술, 윤기 나는 까만 단발머리. 그 사람이다. 전화번호와 메일주소도 있다. 이사가와 강사가 추측한 대로 역시 변호사였다.

근무처는 후쓰카이치 법률사무소. 후쓰카이치는 다자이후시 옆 지쿠시노시에 있는 온천마을이다. 피해자의 집과 생활권은 아마 다자이후 운전학원에서 그리 멀지 않을 것이다.

이사가와 강사는 휘익, 하고 휘파람을 불었다.

"증거인멸을 위해 속도위반 기록지인지 뭔지를 씹어 삼켰다는 사람 이야기는 들은 적이 있지만, 이 사람도 참 대단하네. 용의주도해. 아니, 집념을 보여주는 걸까. 이름은 히즈미 미에코였군."

여성이 어떤 이유로 이 명함을 삼켰는지는 알 수 없다. 숨이 끊어지기 직전에 범인의 눈을 피해 입에 넣었거나 자신이 살해될 걸 예상하고 죽기 전에 삼켰거나. 한 가지 확실한 점은 히즈미 미에코가 자기 사체를 누군가 조사해주리라 믿고 있었다는 것이다. 설사 경찰서가 폐지되더라도 누군가 자신의 위장을 절개하고 이 명함을 꺼내줄 것을.

이 사람은 그 답답한 트렁크 속에서 이사가와 강사를 기다리고 있었던 것이다. 생각만 해도 고통스러워 눈물이 나올 뻔했다.

한다 선생은 혼잣말처럼 "히즈미 씨라는 분이었나" 하고 중얼 거렸다.

"괜찮다면 히즈미 씨 시신을 우리가 맡아서 처리해도 될까요?"

뜻밖의 제안이었다. 정형외과에 영안실은 없지만 부패하지 않 도록 최대한 노력하겠다고 했다.

"두 분이 무슨 이유로 범인을 추적하고 있는지는 모르겠습니다 만, 힘써주십시오."

나도 모르게 이사가와 강사와 얼굴을 마주보았다. 한다 선생은 우리가 경관이 아니라는 사실을 알면서도 협력해주었던 거다.

*

공기를 찢는 듯한 날카로운 소리가 났다. 유리 파편이 발 주위 로 튀었다. 척수반사로 머리를 감쌌다.

"뭐하세요, 강사님!"

"문이 잠겨 있잖아."

말리는 소리에도 아랑곳없이 강사가 다시 한 번 쇠파이프를 쳐 들어 올렸다. 방치된 공사 현장에 있던 쇠파이프를 가져갔으면 좋겠다고 말할 때부터 경계하기는 했지만, 설마 이런 데 이용하 다니.

후쓰카이치 법률사무소의 변호사 히즈미 미에코. 한다 선생이 사체의 위장에서 꺼낸 명함으로 피해자의 이름과 근무처를 알아낸 우리는 곧장 피해자의 직장으로 향했다. 교우관계를 조사하고 주변에 원한을 품을 만한 자가 있는지 알아내기 위해서라고 강사는 말했다.

묻지마 살인이라면 생전 인간관계를 조사하는 것이 무슨 의미가 있을까. 그렇게 물어보자 강사는 무엇이든 예단하는 것은 좋지 않다고 했다. 사건 수사라는 것은 상상 이상으로 더딘 작업인 듯하다.

지쿠시노시 중심부에 있는 후쓰카이치는 나라시대부터 있었던 온천장으로 규슈에서 가장 오래된 곳이지만, 다른 현의 유명 온천장처럼 시내 여기저기에서 온천 김이 피어오르는 것은 아니고 관광 스폿이나 여관도 적다.

니시테쓰 덴진오오무타선에 접해 있는 3층 건물이 그 법률사무소였다. 출입문은 당연히 닫혀 있었고, 어떡하나 하며 멀거니 서 있는데 강사가 갑자기 유리문을 향해 쇠파이프를 휘둘렀던 것이다. 출입문 유리가 산산이 부서지고 네모난 구멍이 뻥 뚫렸다. 한 걸음 먼저 사무소 안으로 들어간 이사가와 강사가 "들어와" 하고 손짓했다.

"아무리 수사를 위해서라지만, 이런 짓을."

"건조물침입죄에 기물손괴죄. 심각하게 받아들일게. 자, 가자."

마지못해 뒤따라갔다. 현관에 경비회사 스티커가 붙어 있지만 경보음도 울리지 않고 경비원도 나오지 않았다. 사무소는 텅 비어 있어서 유리를 깨뜨린 수상한 자를 제지하는 사람은 없었다.

손목시계를 보니 바늘이 마침 정오를 가리키고 있었다. 왠지 굉장한 하루처럼 느껴졌다. 아무도 없는 고속도로를 곧장 달리기만 하는 하루였을 뿐인데.

사무실을 대강 둘러보니 1층에 현관과 상담실, 2층에 변호사와 사무원 집무실, 3층에 자료도서실이 있었다. 인테리어는 세련되지만 쌓인 먼지를 보니 폐업하고 여러 달은 지난 것처럼 보였다.

2층 집무실에 들어간 이사가와 강사가 제일 먼저 주목한 것은 벽에 나란히 서 있는 철제 캐비닛이었다. 아마 사무소가 그간 다루었던 안건 자료가 대량으로 보존되어 있을 것이다. 강사는 잠긴 캐비닛을 억지로 비틀어 열려고 했지만 쌍여닫이문이 강화유리로 되어 있는지 꿈쩍도 하지 않았다. 하는 수 없이 자료보존용 캐비닛은 포기하고 히즈미 미에코의 개인 물품을 찾아보기로 했다.

집무실 옆에는 로커 공간이 있었다. 사무실 인테리어와 조화를 이룬 심플한 개인 로커는 메일박스 역할도 하는지 문에 서류 투입구가 있고 안쪽은 서류나 파일을 받는 트레이로 되어 있는 듯했다.

'히즈미 미에코'라고 적혀 있는 개인용 로커는 바로 찾아냈지만, 역시 잠겨 있었다. 네 자릿수 다이얼 잠금장치였다.

"이걸 어떻게 여나."

질문 형식이지만 이미 답을 알고 있는 말투였다.

"글쎄요…… 생년월일이나 전화번호 뒷자리 같은 건 아닐까요?"

시험 삼아 명함에 적힌 전화번호 뒷자리 네 개에 맞춰 다이얼을 돌려 보았지만 역시 잠금장치는 풀리지 않았다.

"실은 이미 알고 있는 거죠?"

"그렇다고 삐지진 말고. 하루 짱이 만지기 전에 어떤 숫자였지?"

"음, 1, 5, 9, 3이었을 거예요."

"그래, 1593이었어. 로커는 매일 쓰지. 방범을 위해서라고 하지만 아침마다 일일이 다이얼을 돌려가며 맞추기는 귀찮겠지. 이런 자물쇠는 대개 비밀번호 네 자리 가운데 하나나 두 개만 살짝 돌려놓게 마련이야."

강사는 세 번째 '9'를 한 칸만 돌려서 '8'에 맞추었다. 1583. 딸깍, 하는 경쾌한 소리가 나고 잠금장치가 풀렸다.

"와, 진짜 열어버렸네. 이건 무슨 숫자일까요."

"글쎄. 생일이 15월 83일 아닐까?"

시야로 날아든 것은 두툼하게 쌓인 노트다발이었다. 그리 넓지 않은 제한된 공간에 30권, 아니 40권은 될 것 같았다. 한 권을 빼내서 펴보니 꼼꼼한 손 글씨가 가지런히 적혀 있었다.

이천이십사년 팔월 칠일, 교사의 성폭행

1─발생 기간 : 이천이십사년 오월 중순부터 2개월

2─경위 및 구체적 행위 : 동아리활동(여자배구부) 지도라는 명목으로 피해 학생의 신체를 접촉. 학생이 거부하자 동아리활동 중에 폭언과 무시 등 학대 행위를 했다.

3─피해 학생의 현재 : 양호실로 등교하고 있으며 교육위원회에 신고 완료.

장기간에 걸쳐 여러 학생을 가해했을 가능성. 형사 사건으로 진전될 경우 피해자가 참여하는 제도를……

이사가와 강사는 노트에서 고개를 들고 말했다.

"히즈미가 수임한 사건이겠군."

"히즈미 씨가 작성한 노트라는 건가요?"

"그래. 청취 조사 때 남긴 기록이겠지. 이 페이지는 교사에게 성폭행을 당한 피해 학생의 의뢰를 받고 면담하면서 남겼을 거야. 잘됐어. 정보의 보물창고네."

수십 권에 이르는 청취 노트는 표지에 연도와 월이 표기되어 있는데, 그런 노트가 몇 년 치나 쌓여 있었다. 변호사의 주변 인간관계나 과거 업무 내용을 조사하는 데 유용할 것 같았다.

"이걸 전부 차로 나르자."

"전부요? 혹시 이걸 다 살펴볼 생각이세요?"

"말했잖아, 원래 수사는 더딘 작업이라고."

마지막 수색 장소는 변호사의 책상이었다. 책상에 붙은 메모지

덕분에 히즈미의 책상이라는 것을 바로 알 수 있었다. 육법전서나 실무서 등 많은 서적이 깔끔하게 정돈되어 있는 책상이었다. 상판 중앙에 노트북 컴퓨터 한 대가 오도카니 놓여 있었다.

"히즈미 씨 노트북일까요?"

"그렇겠지."

강사는 고개를 끄덕이고 전원 버튼을 눌렀다.

배터리가 남아 있어서 바로 부팅되었다. 패스워드 창이 열리고 강사가 추측으로 'hizumifutsukaichi'라고 입력하자 바로 로그인할 수 있었다.

"인터넷이 끊겼을 텐데요?"

"인터넷은 안 돼도 업무 데이터는 볼 수 있을지 몰라."

저장된 파일을 열어 보거나 북마크에 어떤 사이트가 있는지 알아보는 등 강사는 익숙한 손놀림으로 노트북 컴퓨터의 내용을 확인해나갔다. 이윽고 커서가 어느 아이콘 위에서 멈추었다.

파란 편지지 마크—이메일 서비스 아이콘이다. 아무렴 상관없는 이야기지만, 실은 내가 구월 육일까지 일했던 회사도 똑같은 메일서비스를 이용했었다. 인터넷이 끊겼으니 메일서비스에 접속할 수는 없지만, 오프라인 작업을 위해서인지 히즈미의 노트북에는 메일박스 복제 폴더가 만들어져 있었다.

받은메일함을 열자 송수신 이력이 나타났다. 대부분은 업무 관련 메일처럼 보였다. 소행성충돌이 예고된 구월 칠일 이후의 메일들은 사무소를 언제 닫을지, 계약은 어떻게 되는지 등 사무적인 내용을 논의하는 메일뿐이었다.

그런데 그 가운데 딱 하나, 다른 메일들과는 결이 다른 글자가 보였다. 발신인 이름은 'NARU'. 그걸 보는 순간 심장이 비상종처럼 뛰었다. 메일을 주고받는 사람들이 대개 풀네임으로 적혀 있어서 그 알파벳 이름은 더욱 눈에 띄었다.

NARU의 메일은 구월 십이일, 즉 소행성 충돌 예고로부터 5일 후에 수신된 것이었다. 그전에는 NARU로 짐작되는 인물과 연락한 흔적이 없어서 불쑥 날아든 메일처럼 보였다.

2024/9/12 9:45
NARU to 히즈미 미에코
'안녕하세요. 일전에 전화로 제 이야기를 들어주셔서 감사했습니다. 2년 전 히즈미 씨가 무슨 일이 있으면 연락하라고 가르쳐주신 전화번호가 남아 있어서 다행입니다. 다시 연락드리겠습니다.'

NARU의 메일은 스마트폰에서 발신된 것이었다. 수십 분 뒤에 히즈미가 NARU에게 답신을 보냈다.

2024/9/12 10:17
히즈미 미에코 to NARU
'무슨 일이 있으면 언제든 연락해 주십시오. 그에게는 제

가 이야기해보겠지만 너무 기대하지는 말아주십시오.'

　내용이 너무 막연했다. 게다가 이 메일 교환이 있던 구월 십이일 이후 두 사람은 연락하지 않았다. 뭔가 마음에 걸리는지 이사가와 강사도 NARU와 히즈미의 메일을 찬찬히 읽고 있었다. 화면을 응시하던 나는 "아" 하는 소리를 흘렸다.

　"왜?"

　"작성하다 만 글이 남아 있네요."

　메일박스에는 송신되지 않은 작성 중인 글이 보존되어 있었다. 작성 시각은 십이월 삼십일 오전 6시 20분. 바로 어제 아침에 저장된 것이다. 수신인란에는 역시 'NARU'라고 적혀 있었다.

2024/12/30 6:20
히즈미 미에코 to NARU
'정말 죄송합니다.'

　참으로 기이한 내용이었다. 어제 아침도 인터넷은 끊겨 있었으니 이 글은 NARU에게 송신되지 않고 히즈미의 노트북에만 남아 있었던 것이다.

　히즈미가 이 글을 썼을까? 그렇다면 메시지를 상대에게 전할 수 없다는 것을 알면서도 이 짤막한 메일을 군이 임시보관함에 저장해놓았다는 말이 된다.

정말 죄송합니다, 라니 대체 누구에게 하는 사죄일까.

"NARU는, 누구……?"

혼잣말 같은 나의 물음에 강사가 진지하게 "모르겠어"라고 대답했다.

"히즈미와 NARU는 2년 전 처음 만났거나 2년 전 시점에 이미 아는 사이였고, 히즈미는 '무슨 일이 있으면'이라고 NARU에게 전화번호를 가르쳐준 적이 있다. 그리고 NARU는 그 전화번호를 보고 2년 만에 연락을 취했다. 여기서 알 수 있는 정보는 이 정도겠지."

이사가와 강사는 깊은 한숨과 함께 자기 생각을 말하기 시작했다.

"NARU는 구월 십이일, 충돌 예고가 공표되고 닷새 후 히즈미 미에코에게 연락하자고 생각했어. 인류 멸망이 눈앞에 닥쳤을 때 연락을 취할 정도라면 친구나 연인이나 가족처럼 소중한 사람이란 범주에 넣을 만한 사람일 텐데 메일은 깍듯이 예의를 차리는 분위기야. 비즈니스 메일이 아니니까 업무차 알게 된 사람도 아닌 것 같고. 어떤 사이인지 통 짐작이 안 되네. 게다가, 여기를 봐봐."

마디가 살짝 불거진 손가락이 화면을 가리켰다.

"히즈미가 NARU에게 보낸 메시지에 '그에게는 내가 이야기해보겠지만'이라고 되어 있지."

"NARU와 히즈미 사이에 제삼자가 있군요."

"그래. '그'라고 썼으니 아마 남성이겠지."

"NARU는 히즈미가 '그'와 자기 사이에 다리를 놔주기를 바란 걸까요?"

"그래. 그렇게 받아들일 수도 있는 내용이야."

강사는 고개를 빠르게 여러 번 끄덕였다. 맞장구칠 때 고개를 여러 번 끄덕이는 것이 버릇 같았다.

"십이일 이후에는 메일 교환이 없어요. NARU는 '다시 연락하겠습니다'라고 했지만 연락할 마음이 사라진 걸까요?"

"아니, 일전에 전화로 제 이야기를 들어주셔서 감사했습니다, 라고 했으니까 두 사람의 주요 연락 수단은 전화였을 거야. 어쩌면 그 뒤에도 휴대전화로 연락했을지 몰라. 한다 정형외과 옥상처럼 전파가 통하는 포인트도 몇 군데 있을 테고. 뭐 히즈미의 스마트폰이 행방불명이니까 어디까지나 짐작일 뿐이지만."

히즈미와 NARU는 인류 멸망을 목전에 두고 무엇을 계획하고 있었을까. 글을 두 번 세 번 읽어봐도 추측의 영역을 벗어날 만한 발상은 떠오르지 않았다. 더는 얻을 것이 없다고 판단한 나는 로커에 있는 노트를 옮기기 시작했지만 강사는 잠시 더 화면을 뚫어져라 들여다보고 있었다.

"역시 제일 마음에 걸리는 건 임시보관된 메일이야. 작성된 시각은 변호사가 죽기 15시간 전쯤이야. 일반적으로 '정말 죄송합니다'라는 말은 아무 맥락도 없이 할 수 있는 말이 아니고 인터넷이 불쑥 복구될 리도 없었을 텐데. 이건 대체 무슨 말일까."

턱을 만지작거리고 불평처럼 의문을 토로하며 사무소 안을 걸어 다니는 강사. 그리고 10분 정도 지났을 때 강사가 얼굴을 번쩍 들었다. 그 몸짓이 그야말로 소설에 등장하는 명탐정 같아서 나는 조수처럼 "뭐라도 건지셨어요?"라며 강사에게 뛰어갔다.

"뭘 건진 것처럼 보여?"

"네. 뭔가가 불쑥 떠오른 표정처럼 보였어요."

"괜한 기대 품게 해서 미안하지만, 통 모르겠어."

괜히 헷갈리는 표정 짓지 마세요, 라고 작은 소리로 불만을 흘렸다. 이사가와 강사의 행동은 번번이 심장에 해롭다.

40권이 넘는 노트를 전부 뒷좌석으로 옮기자 강사는 허리에 손을 받치고 크게 기지개를 켜며 말했다.

"좋아, 그럼 이제 하카타로 갈까."

역시 그쪽인가, 하고 속으로 중얼거렸다.

"첫 번째 피해자 다카나시 유이치에 대해서도 조사하고 싶어. 하카타 북서에는 아니꼽지만 이치무라가 연락해 놓았을 테고."

"차로요?"

"물론 차를 타고 가야지. 전차는 운행 안하잖아."

JR규슈는 구월 십일 전체 노선이 임시 운휴에 들어간 뒤로 지금까지 운행되지 않고 있다. 왠지 불길한 예감이 들었다.

"아, 그래. 모처럼 나왔으니 하루 짱이 운전하면 어때?"

강사의 제안대로 졸지에 내가 하카타 북서까지 운전하게 되었다. 코스는 미즈키IC에서 후쿠오카 도시고속도로를 지나 쓰키구마 분기점까지. "고속도로 실습으로 치자고"라니 할 말이 없었다.

후쓰카이치 법률사무소를 나와 샛길로 빠지지 않고 다자이후로 곧장 돌아갔다. 운전석에 앉은 나는 흠칫흠칫 주위를 살펴보며 미즈키IC의 무인 톨게이트를 그냥 통과했다. 처음 운전해보는 고속도로였다. 시속 80킬로를 유지하며 운전하는 것도 물론 처음이었다.

"추월차선이 있을 때는 어떻게 한다고 했지?"

"추, 추월차선으로 들어가 충분히 속도를 높인 뒤에 본선 차도에 합류합니다."

"정답. 자, 더 밟아봐. 최고속도를 넘으면 안 되지만 고속도로에서는 최저속도에 미달하는 것도 곤란하니까."

규슈 자동차도로 정도는 아니지만 후쿠오카 도시고속도로에도 사고가 많았는지 갓길에는 사고 차량이 많이 뒹굴고 있었다. 그 외에는 운행 중인 차량이 없었다. 오로지 직진만 하는 운전은 생각보다 편했다. 오히려 익숙해지자 체감 속도가 금세 느려져서 과속을 자제하기가 어려울 정도였다.

내가 핸들을 잡고 있는 동안 이사가와 강사는 사건에 관한 생각을 쉴 새 없이 늘어놓았다.

"이 사건에는 이상한 점이 몇 가지 있어. 우선 범행 시각의 간격―특히 첫 번째와 두 번째 사건의 간격―그게 너무 좁아. 그리고 범행 현장들이 서로 너무 멀다는 점.

하카타, 이토시마, 다자이후에서 일어난 살인이 동일범의 소행이라면 범인은 십이월 이십구일 20시부터 이튿날인 삼십일 오전 1시 사이에 하카타의 다카나시 유이치와 이토시마의 다치나미 준야를 살해하고 삼십일 21시부터 24시 사이에 다자이후의 히즈미 미에코를 살해했다는 말이 돼. 대략 24시간 안에 멀리 떨어진 세 장소를 이동해야 했으니 엄청 바빴겠지. 차가 없으면 도저히 시간에 댈 수 없어. 수고스럽고 시간도 많이 걸릴 살인을 일사천리로 해치웠다는 말이 되는데, 이게 아무래도 마음에 걸려. 이토시마나 하카타를 거쳐서 다자이후로 간다면 거리는 4, 50킬로미터. 아니, 60킬로미터가 넘을지도 몰라. 역시 너무 멀어.”

나에게 설명한다기보다 의문점을 정리하며 수사 순서를 정하고 있는 듯했다. 내가 그렇게 이해하고 말없이 듣고만 있자,

“그래, 하루 짱은 어떻게 생각해?”

“아, 예.”

갑작스런 질문에 당황해서 목소리가 딱할 정도로 꺽꺽거렸다. 역시 운전 중에는 제대로 대화하기가 힘들다. 어리바리한 맞장구 탓에 차량 내부가 쥐죽은 듯 조용해져서 나는 몹시 난처한 기분이 되었다.

“……죄송해요.”

“뭐 사과할 일은 아니지.”

“아뇨, 저어, 왠지.”

이사가와 강사는 잠깐 입을 다물었다가 태평하게 말했다.

“하루 짱은 말이지, 계속 이렇게 지내도 되겠어?”

이렇게라니, 구체적으로 무엇을 말하는 걸까. 나는 말귀를 못 알아듣는 척 "예?" 하고 되물었다.

"내 말은, 하루 짱은 면허 따면 어디론가 가고 싶은 거잖아? 운전은 아직 서툴지만 전진과 후진만 할 줄 알면 충분하지. 이제 원하는 곳으로 출발하는 게 어때?"

"왜 갑자기?"

"하루 짱은 나 같은 인간이랑 어울리는 걸 어려워하잖아."

당황해서 대답을 할 수 없었다.

"남동생이 늘 방 안에 틀어박혀 있다고 했지? 그럼 달리 또 누가 있나? 친구라든지 애인이라든지 소중한 사람."

너무나 직설적이고 무신경한 태도에 왠지 부아가 치밀었다. 왜 이렇게 거침없는 질문을 툭툭 던져서 내가 언급하고 싶지 않은 것까지 건드릴까.

남동생 외에 소중한 사람이 있었으면 이런 판국에 운전학원에 다니겠는가. 위험한 살인사건 수사에 따라다닐 리가 있겠나. 자기도 그걸 눈치채고 나를 데리고 다니는 거면서.

"애인 같은 거 없어요. 친구들은 다 죽었고."

눈물이 떨어지려는 것을 간신히 참으며 핸들을 고쳐 쥐었다.

"친구도 셋밖에 없었는데 다 죽어버렸어요."

내가 지금 무슨 소리를 하나. 불쌍하네, 하고 위로해주길 바라나? 거반 자학하는 말이었는데 강사는 "세 명이면 충분하지 않아?" 하고 웃었다.

강사 말대로 세 명이면 충분하다. 나에게는 과분할 만큼 좋은 친구였다. 미즈키. 아야. 나나코. 눈시울에서 뜨거운 것이 넘쳐나와 볼을 타고 내렸다.

"미안."

이사가와 강사가 손을 뻗어 언제 빨았는지 모를 손수건으로 내 눈가를 찍어주었다. 핸들에서 한 손을 떼기가 무서워서 뿌리치지도 못하고 상대가 하는 대로 놔두었다.

마음이 조금 차분해지자 콧물 훌쩍이는 소리를 내는 것이 묘하게 부끄러워졌다.

"배 안 고프세요?"

백미러로 뒷좌석에 둔 배낭을 확인하며 물었다. 화제를 바꾸고 싶어 꺼낸 말이지만 강사는 드러내놓고 눈알을 반짝였다.

"뭐가 있는데?"

"배낭 바깥 주머니에 건빵이 있어요. 괜찮으시면."

말이 채 끝나기도 전에 이사가와 강사는 "먹어, 먹을게!" 하며 배낭을 잡아당겼다. 물어보니 식료품을 충분히 확보하지 못했다고 한다.

"별로 걱정하지 않았는데 의외로 식료품이 부족하더군. 다행이네. 설마 식량난이 이렇게 계속될 줄이야."

그런 줄 몰랐다. 그렇게 힘들었으면 말이라도 해주지. 아니, 내가 물어보지 않아서 강사도 말하지 못했으리라.

"앞으로는 말씀해주세요. 먹을 거, 여유분이 조금 있으니까."

"오오 살았네. 하루 짱은 친절하다니까."

강사는 종종 나를 '친절하다'고 말하지만, 그 말을 들을 때마다 정체 모를 불쾌감을 느낀다. 그 불쾌감의 정체는 필시 죄책감이겠지. 나는 그저 착한 척하고 싶었을 뿐인 것을.

착한 아이, 착한 학생, 착한 친구, 착한 동료, 착한 사람이고 싶은데, 좋은 사람으로 비치고 싶은데 영 바람대로 되지 않았다. 그리고 세상의 종말이 눈앞에 닥친 지금 그 변신의 허울마저 벗겨지려 하고 있다.

교습차량은 쓰키구마 분기점에서 고속도로를 벗어났다. 하카타에 도착했다.

*

도코바시 다리를 건너면 바로 JR하카타역 지쿠시 방면 출입구가 보이는데, 목적지 하카타 북서는 역 반대편에 있었다. 강사가 안내하는 대로 하카타역 주위를 빙 돌아 지쿠시 방면 출입구에서 하카타 방면 출입구로 향했다. 몇 달 전까지만 해도 매일 아침 통근객이 붐비던 후쿠오카 최대의 전차역은 이제 무인의 공간으로 스러지고 있었다.

올 사월에 신졸자로서 현지 인쇄회사에 취직한 나는 불행한 수요일까지 반년이 채 안 되는 동안 매일 아침 전차를 갈아타며 하카타역까지 통근했다. 구월 팔일―불행한 수요일 다음날 상사가 보낸 메일에는, '앞으로 당분간 영업을 중지합니다'라고만 적혀 있었고 회사와의 인연은 그걸로 끝이었다. 일주일치 급료는 날아가 버렸지만 지금 생각해보면 연락이 닿은 것만 해도 어디냐는 생각도 들었다.

무엇에 혹했는지 영업직에 취직해버린 탓에 회사원 시절은 하루하루 참담했다. 시간이 지나도 말주변이 좋아지지 않았다. 동기들과도 친해지지 못했다. 선배들은 주변머리 없는 신참이라고 혀를 찼다. 때려치우고 싶다고 생각하지 않은 날이 없었다.

"하루 짱, 왜 그래? 멍하니."

"아뇨, 아무것도."

다자이후 경찰서와 마찬가지로 하카타 북서도 활기가 없었다. 자포자기한 주민의 소행인지 외벽에는 '먹을 걸 내놔라 세금도둑 놈들아!'라고 낙서가 되어 있고 자동문은 활짝 열려서 현관홀에 찬바람이 쌩쌩 불고 있었다. 그래도 다자이후서보다는 확실히 나았다. 하카타 북서 종합안내에는 탁상벨이 아니라 사람이 앉아 있었던 것이다.

눈초리가 좋지 않고 수염이 덥수룩한 덩치 큰 남자. 나이는 삼십대 중반쯤 되었을까, 이사가와 강사 또래로 보였다. 보풀투성이 스웨트에 코트만 걸친 편안한 옷차림이지만, 잘 단련된 육체는 멀리서도 금방 알아볼 수 있었다. 그야말로 강철 형사라는 분위기였다.

위압감 풍기는 남자는 딱 질색이다. 강사 뒤에 숨듯이 바짝 붙어가면서 상황을 살짝 살펴보았다. 의외로 먼저 말을 건 것은 그 남자였다.

"오늘 아침 이치무라 종합조정관의 무선 연락을 받았습니다. 이사가와 씨 되시죠?"

고개를 끄덕이자 남자는 고개만 까딱해서 인사하고 바지주머니에서 경찰수첩을 꺼내 보여주었다.

"소년과 소년사건수사계의 긴지마입니다."

경찰수첩은 처음 본다. 긴지마 에이지, 계급은 순사부장이라고 되어 있다. 이사가와 강사는 한쪽 뺨만 끌어올리며 웃었다.

"긴지마 씨, 잘 부탁합니다. 번거롭게 해서 죄송하군요."

"아, 예."

무뚝뚝하게 고개를 끄덕이는 긴지마. 말수는 그리 많은 편이 아닌 듯하다. 인사가 끝나자 "이쪽으로"라며 우리를 안내했다.

우리가 안내받아 간 곳은 1층 부스로, 책상 위에 준비된 자료 같은 게 보였다. 이치무라의 연락을 받고 우리가 도착하기 전에 준비해 놓은 듯했다.

이 사람은 우리에게 어떤 인상을 받았을까. 이치무라가 얼마나 자세히 설명했는지는 알 수 없지만, 형사 출신 운전강사와 수강생이 살인사건을 수사하고 싶어 한다는 말에 웃기는 소리 말라고 웃어넘기지 않았을까? 하지만 지금까지는 으르렁대는 모습도 없고 거만한 눈길로 빤히 쳐다보지도 않는다.

긴지마는 표정을 읽을 수 없는 차가운 눈으로 의자에 앉아 우리에게도 맞은편에 앉으라고 권했다.

"하카타 북서 상황은 어떻습니까?"

잡담이라도 시작하듯 가벼운 말투로 이사가와 강사가 속을 떠보았다. 체념 같기도 하고 곤혹 같기도 한 복잡한 표정을 지으며 긴지마는 뒷목을 잡고 목뼈를 딱딱 울렸다.

"상황이고 뭐고 없죠, 뭐. 지금 근무 중인 사람은 총무과에 두 명, 회계과에 한 명, 형사과에 네 명, 조폭과에 세 명, 그리고 소년과에 나까지 해서 총 열한 명……아니, 서장을 포함하면 열 두 명인가. 일단 근무조를 짜서 경찰서는 굴러가게 해두었지만. 종합조정관이 오기 전에 무인 경찰서가 돼버릴 것 같습니다."

"어디나 큰일이군요. 하카타에서 발견된 타살체 말인데, 수사는 진행되고 있나요?"

"아뇨, 그게……."

벌레라도 씹는 표정이 되었다.

"순조롭지는 않은 모양이군요. 하카타에 이어 이토시마와 다자이후에서도 비슷한 사건이 일어났습니다. 이곳에서는 수사를 하지 않고 있나요?"

"수사하고 싶은 마음이야 굴뚝같은데."

억양은 없지만 단단한 울림을 가진 목소리였다. 경찰관의 긍지에서 나오는 목소리일까.

"나는 형사과 소속은 아닙니다. 이토시마 사건 내용도 전달받았으니 원래대로라면 합동수사를 하고 싶었죠."

"사건을 인지한 직후에 이토시마의 후나코시서가 폐쇄되었다고 하더군요."

"그렇습니다. 후나코시서는 폐쇄, 하카타 북서도 폐쇄 직전입니다. 지금 우리 업무는 종합조정관이 올 때까지 자료를 정리해두는 일뿐입니다. 죽을 맛이죠."

이사가와 강사는 한숨을 섞으며, "그렇군요"라고 맞장구쳤다.

"하카타 북서는 그게 방침인가요?"

"뭐, 그렇죠. 우리 서장은 '한 명 한 명 상대하다가는 한이 없다'는 말까지 하더군요."

열의는 있지만 조건을 거스를 수는 없을 것이다. 긴지마는 분한 듯 이를 갈았다. 무뚝뚝하고 눈초리는 날카롭지만 말투나 어휘 선택에서 섬세한 구석도 느껴져서 나는 조금 안심했다.

마침내 본제로 들어갔다. 강사는 긴지마에게 하카타에서 발생한 사건을 대강 설명해달라고 요구했다.

"피해자는 하카타에 살며 프리터로 일하는 다카나시 유이치. 열일곱 살. 사건이 인지된 경위에 대해서는, 십이월 삼십일 새벽 4시 10분경, 하카타구 스미요시 4초메 스미요시공원 부근을 순찰하던 제가 스미요시거리 교차로 근처에 있는 편의점 주차장에서 사체를 발견했습니다."

"네에?"

나도 모르게 소리를 높이고 말았다. 앞에 있는 사람이 최초목격자라는 사실에 크게 놀랐다. 긴지마와 눈길이 마주치자 당황하며 물어보았다.

"기, 긴지마 씨, 순찰을 하고 있었나요?"

"예, 뭐. 아침부터 저녁까지 책상 앞에 앉아만 있기도 뭣해서, 그러다가 편의점 주차장에 방치되어 있던 솔리오 운전석에 온몸을 여러 군데 찔린 다카나시 유이치의 사체가 유기되어 있는 걸 발견했습니다."

이사가와 강사는 미간에 주름을 모았다.

"사체가 차량 안에? 처음 듣는군요."

"아, 다자이후에서는 운전학원 교습차량 트렁크에 들어 있었다고 했었죠."

"이쪽도 차량 안입니까?"

차량 안에 사체가 유기되어 있었다는 공통점을 찾아냈다고 생각했지만, 긴지마는 부정했다.

"다카나시는 운전석에 있었으니까 다자이후 사건과는 양상이 많이 다르다고 봅니다만. 게다가 이토시마의 피해자는 자택에서 발견되었다고 들었습니다. 범인이 사체를 차량에 넣기를 고집하는 별난 버릇이 있는 것은 아니겠지요."

이야기가 계속되었다.

어제 새벽 4시 지나서 사체를 발견한 긴지마는 즉시 초동수사를 시작했다. 다카나시가 범인과 싸울 때 주머니에서 떨어졌는지 좌석 밑에서 다카나시 것으로 보이는 스마트폰이 발견되긴 했지만 달리 신원을 알 수 있는 소지품이 없었다. 긴지마는 차량 내부

수색을 마치자 바로 경찰 협력의에게 연락해서 검시를 실시했다. 사망 추정 시각은 십이월 이십구일 오후 8시부터 10시 사이. 그렇게 판정해준 의사도 어제 퇴직했다고 한다.

다카나시 유이치는 운전석에 앉은 채 숨이 멎어 있었다. 찔리거나 베인 상처가 온몸에 모두 9군데나 있었지만, 치명상은 우측 두부에서 경부 중앙까지 나 있는 커다란 베인 상처였다. 사인은 경정맥 절단에 의한 출혈성 쇼크로 보인다. 히즈미 미에코 사례와 달리 사체가 옮겨진 흔적은 보이지 않고 차량 내에서 범행이 자행된 것으로 짐작되었다.

이사가와 강사가 질문을 던졌다.

"왜 차량 내부가 범행 현장이라고 단언하시죠? 외부에서 찔러 죽인 뒤 사체를 차에 집어넣은 게 아니라고 단정하는 근거는요?"

"창유리가 내려져 있던 겁니다. 아마 범인은 서 있던 차의 도어 안으로 팔을 집어넣어 운전석에 있는 피해자를 찔렀을 겁니다."

"칼을 든 사람이 밖에 있는데 창유리를 열까요?"

"당연한 의문입니다. 하지만 차량 안에 튄 혈흔을 볼 때 다카나시가 앉은 자세 그대로 살해된 건 분명합니다. 차량 내 천장이나 대시보드에서 조수석에 이르기까지 피로 새빨갛게 물들어 있었는데, 피해자가 둔부를 대고 앉아 있던 운전석 시트는 그다지 피가 묻지 않았으니까요. 운전석 도어 안쪽 록에 남아 있던 피 묻은 손바닥 지문도 범인 것으로 예상됩니다."

강사는 고개를 잘게 끄덕이며 말했다.

"그럼 이런 거군요. 이십구일 오후 9시 전후 편의점 주차장에 있던 다카나시의 차량을 발견한 범인은 먼저 다카나시에게 창유리를 내리라고 지시했다. 피해자와 범인이 아는 사이였는지 어떤지는 알 수 없지만, 여하튼 다카나시는 그 지시에 따랐다. 창유리가 내려가는 동시에 범인은 팔을 집어넣어 다카나시의 경정맥을 끊었다. 도어 안쪽에 범인의 것으로 보이는 손모양이 남아 있던 것으로 보아 범인은 그 후 록을 해제하여 도어를 열고 다카나시의 온몸을 찔렀겠군요."

동의를 구했지만 긴지마는 "예, 뭐" 하며 갑자기 모호하게 대답했다.

"왜요? 제가 무슨 이상한 말이라도 했나요?"

"아뇨. ……실은 피해자 몸에 생활반응이 있는 피하출혈이 여러 군데 있었습니다."

긴지마는 그렇게 말하고 우리에게 책상 위 자료를 보라고 권했다. 수사 자료에는 사진이 여러 장 첨부되어 있었다. 프린터가 필요 없는 폴라로이드로 사체를 촬영했는데, 너무 생생해서 나도 모르게 사진을 외면하고 말았다. 긴지마는 "미안합니다. 놀라셨군요"라며 고개를 숙이고 나에게 보이지 않도록 사진의 각도를 바꿔 놓았다. 친절한 사람이다.

긴지마는 이사가와 강사의 손 옆에 있는 자료를 가리키며 설명을 계속했다.

"보세요, 여깁니다. 좌측 대퇴부 바깥쪽과 뒤쪽에 피하출혈이

다수 있죠. 살해되기 전 이 부위를 세게 맞았거나 공격받은 걸로 보입니다. 해부를 못해서 상처의 원인은 알 수 없지만."

실눈을 뜨고 뜯어보니 사진은 피해자의 등을 촬영한 것 같았다. 타박 정황으로 보이는 흔적이 희미하게 찍혀 있었다.

어디선가 들어본 것 같은 이야기네, 라고 생각했다. 히즈미 미에코의 몸에도 생활반응이 있는 상처가 여러 군데 남아 있었던 것이다.

"폭행당한 뒤에 살해되었다는 겁니까?"

"네. 아까 이사가와 씨가 외부에서 찔러 죽인 뒤 사체를 차 안으로 옮겼을 가능성을 언급할 때는 부정했습니다만, 전혀 가망이 없는 이야기가 아닐지도 모릅니다."

"등을 공격하려면 다카나시를 먼저 운전석에서 끌어내려야 했을 테니까요."

"……하지만, 차량 내부가 범행 현장인 것은 분명합니다. 그 사실은 흔들릴 수가 없어요. 생각하기 힘든 일이긴 하지만, 피해자는 전혀 다른 장소에서 다른 요인으로 부상을 당했던 것인지도 모릅니다. 그리고 그 후 우연히 범인과 마주쳐서 살해되었다. ……아, 이건 너무 가능성이 희박한 이야기인가."

"다자이후의 피해자에게는 더 심한 상처가 있었어요. 확실히 범인에게 폭행당한 후에 살해되었을 겁니다. 다카나시 유이치의 타박상도 범인에게 당해서 생긴 게 아닐까요?"

"차에서 다카나시를 끌어내린 뒤 폭행하고 다시 운전석에 앉혀

놓고 살해했다는 건가요?"

강사와 긴지마가 모두 입을 다물었다. 알 수 없는 사실들 속에서 미로에 빠져들고 말았다. 히즈미 미에코 때는 이름을 알아내는 것부터 힘들었는데, 다카나시 유이치의 신원은 어떻게 알아냈을까. 긴지마에게 조심스럽게 물어보았다.

"다카나시 유이치의 신원은 좌석 밑에서 나온 스마트폰을 조사해서 알아내신 건가요?"

대답은 아니요였다. 긴지마는 이미 피해자를 알고 있었다고 한다.

"다카나시 유이치는 중학교를 졸업한 직후 아르바이트하던 곳에서 상해 사건을 일으켜 가정재판소에 송치되고 소년감별소에 3주 동안 수감된 적이 있다고 합니다. 그 사건 때문에 고등학교를 중퇴했다고 들었습니다. 내가 직접 담당한 사건은 아니지만, 당시 상사가 관여했었죠."

고등학교 중퇴 후 프리터로 지냈다는 말은 이미 들었지만, 소년과의 조사를 받은 적이 있다니.

"긴지마 씨는 직접 관여하지 않았는데도 기억하시네요?"

"이 친구 외모가 워낙 특이했으니까요."

긴지마는 수사 자료에서 사진 한 장을 골라내어 나에게 보여주었다. 피해자의 생전 사진이었다. 스마트폰 사진 폴더에 데이터가 별로 남아 있지 않다고 하므로 다카나시의 맨얼굴을 알 수 있는 귀중한 사진일 것이다.

"헤어스타일이 꽤 튀네요."

사진을 들여다본 이사가와 강사가 그렇게 평했다. 모히칸 스타일의 금발머리 청년이 카메라를 향해 브이 사인을 하고 있다. 패스트푸드 체인점 로고가 박힌 앞치마를 두르고 있으니 아르바이트하던 가게에서 찍었을 것이다. 한 번 보면 잊기 힘든 얼굴이었다.

"피해자는 하카타구 아파트에서 혼자 살았던 것 같습니다. 어려서 양친을 여의고 친척집에서 컸다는데, 고등학교를 그만두고 나서는 한 번도 친척집에 들른 적이 없다고 합니다."

강사가 끼어들었다. "언제부터 비뚤어진 거죠?"

"중학생 때부터 문제아였던 모양이에요."

"다카나시가 중퇴한 고등학교와, 출신 중학교는 알고 있습니까?"

"중퇴한 학교가 6학구 미쿠라고등학교였나. 아, 그리고, 다카나시가 졸업한 중학교는 메이소학원 중등부라고 합니다. 아시죠, 히가시히에역 근처에 있는 명문사립. 친척집이 꽤 부유했다더군요."

강사는 이마에 손을 짚고 잠시 입을 다물고 있다가 뭔가 기억난 듯한 표정이 되었다.

"이토시마 피해자도 동갑이라면서요?"

"아, 좋은 고등학교에 다니던 학생이었죠. 조난고등학교일 겁니다."

"맞다, 다치나미 준야였어요. 다치나미가 졸업한 중학교에 관한 정보는 들어왔나요?"

"글쎄요. 그쪽으로는 전혀."

긴지마의 말수가 줄어들었을 때 이사가와 강사가 상체를 쓱 내밀었다.

"초동수사를 한 경관으로서 제일 마음에 걸리는 게 뭡니까?"

강사의 말투는 부드러웠지만 그 한 마디로 이 자리를 장악해버릴 것처럼 팽팽한 긴장감을 풍겼다. 잠시 후 긴지마의 낮은 목소리가 울렸다.

"……다카나시가 타고 있던 차가, 누구 차일까 하는."

나는 흠칫 놀라 반사적으로 긴지마의 눈을 응시했다. 이사가와 강사는 긴지마의 발언에 흥미를 느꼈는지 고개를 갸웃거리며 다음을 재촉했다.

"운전석 도어나 핸들에 피해자의 지문이 덕지덕지 남아 있는데, 피해자 것이 아닌 지문도 여러 개 발견되었습니다. 도어 안쪽에 묻은 손바닥 혈흔은 범인 것으로 보이지만, 그밖에도 세 종류가 더 있었어요. 아마 가족이 사용하던 차량 같습니다. 어쩌면 다카나시가 어디서 차를 훔친 걸지도 모르죠."

"네? 운전석에 앉아 있다 당했다고 해서 막연히 다카나시 차일 거라고만 믿었는데. 그러고 보니 다카나시 유이치도 열일곱 살이군요. 운전면허를 취득할 수 있는 나이가 아니네."

"그렇죠. 핸들에 다카나시의 지문이 있는 걸 보면 무면허운전을 했는지도 모릅니다."

"넘버 조회는…… 어렵겠죠?"

"후쿠오카 운수지국국토교통성의 지방지국이 폐쇄되어서요. 글러브 박스를 뒤져보았지만 자동차등록증도 보이지 않아서 소유자는 결국 알아내지 못했습니다."

그렇군요, 하며 고개를 끄덕이고 강사는 고민스러운 듯 팔짱을 꼈다. 무면허운전. 차 안에서 발견된 제삼자의 지문. 몇 가지 수수께끼가 이사가와 강사의 머릿속에 소용돌이치고 있을 것이다. 이렇게 말하는 나도 긴지마에게 새로운 정보를 들을 때마다 뇌속이 스푼으로 마구 휘저어지는 기분이었다.

"긴지마 씨는 왜 여기 남아 있죠?"

묻고 싶은 것을 다 물었는지 강사가 불쑥 화제를 바꾸었다.

"아버지 때문입니다."

긴지마는 가만히 말했다.

"작년 오월 허리를 다친 뒤로 내내 자리보전 중이라. 내버려두고 떠날 수도 없잖아요."

"많이 힘드시겠어요."

"별로요. 어디 있으나 죽는 건 매한가지니까 개의치 않습니다. 소행성 충돌로 인한 난민, 이라고들 하나요? 해외로 피한 아시아인들이 박해를 받고 먹을 것도 제대로 먹지 못한다잖아요. 오히려 여기 있는 게 낫습니다. 경찰서가 운영되는 동안은 직원용 물자가 지급되니까. 수사에 소극적인 상부를 비판하면서도 먹을 것 때문에 여기 버티고 있는 겁니다. 어이없지 않습니까?"

어딘지 자조적인 말투였다. 안타까운 마음에 "아뇨, 이해해요"라고 전하자 긴지마는 웃는지 우는지 알 수 없는 얼굴로 머리를 긁적였다.

"두 분, 정말 수사를 할 겁니까?"

강사는 담담하게 대답했다.

"지구는 아직 끝나지 않았어요."

"지구는 아직 끝나지 않았다라. 대단하군요."

무시나 야유가 아니라는 것은 그의 음색으로 알 수 있었다. 긴지마는 품에서 뭔가를 꺼내 강사에게 내밀었다.

"피해자의 스마트폰입니다. 두 분께 맡기죠."

액정 우하단 모서리가 깨진 스마트폰. 다카나시 유이치의 스마트폰이다. 놀랐다. 아마 중요한 증거품일 것이다.

"정말 괜찮겠어요? 주시니까 받기는 합니다만."

"네, 상관없어요."

긴지마는 머리를 깊이 숙였다. "잘 부탁합니다. 아무리 세상이 이렇게 됐어도 그런 죽음은, 불쌍하니까요."

그리고 긴지마는 편의점 주차장에서 회수한 차량—다카나시 유이치의 살해 현장이 된 차량—을 조사하는 것까지 허가해주었다. 초동수사 후 긴지마가 경찰서까지 운전해서 현재 하카타 북서 주차장에 주차해놓았다고 한다. 마음껏 살펴봐도 좋다며 키까지 넘겨주었다.

경관의 입회 없이 살펴봐도 되는지 걱정되지만 수사도 폐업한 상태나 다름없는 지금은 아무렴 상관없는지도 모른다. 우리는 긴지마를 경찰서에 남겨두고 주차장으로 나왔다.

주차 공간 양쪽 끝에 비슷하게 생긴 소형차가 단 두 대 서 있었다. 앞쪽 차는 검은색, 안쪽 차는 파란색이다. 한 대가 다카나시 유이치의 사체가 발견된 차량이라면 다른 한 대는 긴지마나 다른 직원의 차량일까.

이사가와 강사가 정면 현관을 나서자마자 쪼그리고 앉아 구두끈을 고쳐 매기 시작해서 나 혼자 차량을 향해 걸었다. 안쪽 차량을 향해 곧장 다가가는데 뒤쪽에서 목소리가 들렸다.

"그쪽은 솔리오가 아니라 델리카D:2야. 아까 긴지마 씨가 다카나시를 발견한 것은 솔리오라고 했잖아."

"네? 뭐라고요?"

"델리카D:2는 미쓰비시 차야. 스즈키 솔리오의 OEM 공급 차량이지."

"……아, 하지만, 이쪽 차에 피가 묻어 있어요."

돌아보며 차량 안을 손가락으로 가리켰다. 안을 들여다보니 페인트를 뿌린 것처럼 혈흔이 잔뜩 묻어 있었다.

"그래? 그럼 긴지마 씨가 차종을 헷갈렸나."

받아둔 키로 도어가 열린 차는 역시 안쪽 차량—델리카D:2였으니 긴지마가 착각한 모양이다. 살해 현장은 이 차량이었다. 그의 증언대로 창유리도 내려져 있다.

강사는 뒷좌석 도어를 열고 바닥을 기는 자세로 바닥매트를 조사하기 시작했다. 나는 살해 현장에 들어갈 용기가 없어 밖에서 강사를 들여다보았다.

다카나시 유이치의 스마트폰이 시트 밑에서 발견되었다고 했는데, 차량 내부는 이미 수색이 끝난 상태였다. 이렇다 할 증거품이 바닥에서 새로 솟아날 리도 없었다.

"뭐라고 할까, 조금 날림이네."

자세를 낮춘 상태로 강사가 말했다. 나는 창으로 들여다보며, "뭐가요?"라고 물었다.

"히즈미를 트렁크에 넣을 때 범인은 피해자의 소지품—숄더백이나 안경 같은 것도 같이 던져 넣었지만 피해자의 신원을 알려 줄 만한 물건은 들고 갔었지. 정말 신중했어. 하지만 다카나시 경우는 어때? 사체를 운전석에 방치하고 시트 밑에 떨어진 다카나시의 스마트폰도 회수하지 않았고."

"히즈미 씨를 죽인 범인과는 다른 인물일까요?"

"거기까지는 말할 수 없지만. 아마 상당히 당황했던 게지."

고속도로를 달리고 있을 때도 강사는 일련의 살인을 '일사천리로 해치운 짓'이라고 평했었다. 이십구일 20시부터 다음날인 삼십일 오전 1시 사이—겨우 5시간 안에 두 사람을 살해했다. 다카나시 유이치의 스마트폰을 회수하지 못한 것은 당황한 탓이었을까? 그럼 두 번째 살인을 서두른 이유는 무엇일까. 머리를 쥐어짜 봐도 나의 얄팍한 상상력으로는 아무런 착상도 떠오르지 않았다.

바닥 수색을 체념한 강사가 뒷좌석에서 기어 나왔다. 이번에는 앞쪽으로 가서 운전석 도어를 열었다. 그리고 무슨 생각을 했는지 시트에 직접 앉았다. 믿을 수 없었다. 피투성이가 조수석보다 덜하다고는 해도 피해자가 바로 그 자리에 죽어 있었는데!

"왜 이러세요, 강사님!"

"나는 늘 멀쩡해. 긴지마 씨도 이 차를 운전해서 여기까지 왔다니까 문제없어."

"문제가 있고 없고가 아니죠. 대체 무슨 생각을 하시는지……"

"직접 앉아보면 다카나시 군이 살해될 때의 장면이 떠오르지 않을까 해서."

이사가와 강사는 시트 등받이에 편하게 기대어 휴식하는 자세로 어디선가 꺼낸 스마트폰을 만지기 시작했다. 나도 모르게 강사의 손가락 끝을 살펴보았다. 강사가 만지고 있는 것은 아까 긴지마가 내준 다카나시의 스마트폰이었다.

초기 화면에서 연두색 아이콘을 선택해서 열었다. 메시지 앱을 조사할 생각인 것이다.

다카나시 유이치가 누군가와 마지막 메시지를 교환한 날짜는 불행한 수요일로부터 닷새 후인 구월 십이일로, 그 후 앱을 연 흔적이 없었다. 다카나시 유이치가 마지막으로 대화한 상대, 즉 화면 제일 위에 표시된 이름을 본 순간 심장이 마구 뛰기 시작했다.

NARU　　오랜만이다. 아직 후쿠오카에 있냐?

유이치   아직 여기야

NARU   할 얘기가 있어

또 NARU다. 첫 번째 피해자 다카나시 유이치와 세 번째 피해자 히즈미 미에코. 두 사람의 공통점이 드러났다. 발견하고 말았다.

NARU다. 히즈미도 다카나시도 NARU와 연락하고 있었다.

*

하카타 북서를 떠나기 전에 긴지마를 만나 이토시마에서 발생한 두 번째 살인사건에 대한 정보도 몇 가지 더 얻었다.

"어제 저녁에 발견된 사체 말이군요. 다카나시 유이치와 동갑인 다치나미 준야였죠. 제가 다카나시의 사체를 발견한 것이 어제 새벽 4시 지나서이고, 하카타 북서에서 수사 중지가 결정된 것이 어제 16시경입니다. 그래요, 16시 정각쯤 이토시마에서도 사체가 발견되었다는 무선 연락을 받았습니다."

"무선은 연결되는군요."

"차량에 탑재된 통신기기라면요. 두 번째 사체가 발견되어도 우리 서장은 '종합조정관 지시에 따르겠다'는 말만 고집해서 결국 수사는 중단되었지만."

어깨를 떨어뜨리는 긴지마에게 이사가와 강사가 물었다.

"다치나미 준야의 스마트폰에 대한 정보는 없었나요?"

"아뇨, 아무것도. 유류품은 유족에게 돌려주었다고 하더군요. 아, 사체도 유족이 거두어갔다고 합니다."

"다치나미에게 유족이 있었다고요?"

"네. 부친은 폭동에 휘말려 구월에 사망했지만 모친은 아직 살아 있어요. 하지만 다치나미가 중학생일 때 이혼해서 모친과는 따로 살았다고 합니다. 모친도 아들 사체와 유류품을 마지못해 인수했대요. 다치나미의 휴대전화는 왜요?"

"아뇨, 그냥."

다치나미 준야의 스마트폰에 남은 메시지 이력을 조사하고 싶어 하는 것이 분명했다. 히즈미 미에코와 다카나시 유이치 두 사람의 공통분모—NARU와 연락하고 있던 것처럼 다치나미도 NARU와 연결되어 있지 않을까 하고 짐작하는 게 분명했다. 그러나 강사는 이 중요한 정보를 긴지마에게 알려주지 않았다.

긴지마에 따르면 이토시마의 후나코시 경찰서는 본래 십이월 삼십일 어제 폐지될 예정이었다고 한다. 그날 오전 11시 익명으로 후나코시서에 신고가 들어와 다치나미 준야의 사체가 발견되었다. 중대사건이기는 했지만 경찰서 폐지 계획은 변경되지 않아 후나코시서는 예정대로 삼십일 17시에 폐쇄되고 지역안전센터로 명칭이 바뀌었다. 그리고 수사는 이루어지지 않았다.

"익명 신고였나요?"

이사가와 강사가 의아한 듯이 낯을 찡그려 보였다. '익명 신고'

라니, 듣고 보니 의아했다.

"엄밀히 말하면 신고와는 조금 다른 건지도 모릅니다. 어제 오전 11시, 당번 경찰관이 후나코시서에 출근해보니 경찰서 현관문에 전단지가 붙어 있었다고 합니다. 그 전단지 뒷면에……."

"그 전단지 뒷면에?"

"'칼에 찔린 사체를 발견했습니다. 수사해주십시오'라고 휘갈겨 쓴 글씨가 있었다고 합니다. 다치나미 준야의 자택 주소와 함께."

참으로 흥미로운 이야기였다. 규슈에 남아 있던 주민이 우연히 사체를 발견하고 알려준 것일까? 어쨌든 경찰서 현관에 메시지를 붙여둔 사람, 즉 최초목격자의 신상은 알 수 없는 상태였다.

"전단지를 본 경찰관이 메시지대로 다치나미 준야의 집으로 찾아갔던 거군요."

"네. 그냥 장난인가 싶었지만 장난치고는 악의가 느껴지지 않는 내용이어서. 살해 현장은 후나코시 항구 근처에 있는 단독주택. 그의 자택입니다. 거실에서 쓰러진 상태로 발견되었습니다. 흉부에 자창 4군데, 복부에 자창 2군데와 절창 3군데. 양손목과 우상완에는 방어창으로 보이는 절창. 아마 이 경우도 쇼크사일 겁니다. 사망 추정 시각은 이십구일 23시에서 다음날인 삼십일 오전 1시 사이입니다."

"사체를 조사한 경관은 지금 어디 있죠?"

"유감이지만 퇴직했습니다. 지금 3차 퇴직이 한창이라서요."

"아, 힘드시겠군요. 익명 메시지를 경찰서에 붙여놓고 간 최초

목격자의 행방도 모르겠군요?"

"예. 어디서 뭘 하는 사람인지 모릅니다. 다만 어제 오전에 후나코시서에 전단지를 붙여놓았으니 아직 근처에 있을지도 모르죠."

예상대로라고 해야 할지, 이사가와 강사가 이번에는 이토시마로 가보겠다고 했다. 살해 현장인 다치나미 자택을 검증하고 다치나미의 모친—후나코시서 경관이 경찰서 폐지 전에 발견한 유일한 피해자 유족을 만나 탐문하는 것이 주된 목적일 것이다. 현재 시각은 14시, 아직 밤이 되려면 한참 남았다. 긴지마와 헤어져 교습차량을 타자 긴지마가 굳이 경찰서 현관까지 나와 전송해주었다.

"무슨 일이 있을 때를 대비해서 전화번호를 교환해둘까요?"

긴지마가 그렇게 제안하자 강사는 살짝 떨떠름한 표정이 되었다.

"전화가 통할 때가 더 적을 것 같은데요."

"그렇겠죠. 하지만 문자메시지를 남겨둘 수는 있으니까요."

패킷통신을 이용하는 메일과는 달리 전화번호를 수신처로 하는 문자메시지 서비스는 회선 교환 네트워크를 통해 문장을 송수신한다. 기본 구조는 통화와 마찬가지고, 오히려 재해 때는 문자메시지가 더 유용하다고 들은 적도 있다. 왠지 이사가와 강사는 연락처를 주는 데 소극적이어서 내가 긴지마와 번호를 교환하기로 했다.

"조심하세요, 두 분."

가볍게 경례 포즈를 취한 긴지마에게 작별을 고하고 하카타역 동쪽 출입구를 통해 후쿠오카 도시고속환상선으로 들어갔다. 강사의 지시대로 운전은 다시 내 몫이 되었다. 몸은 조금씩 익숙해져서 핸들 조작도 매끄러워지고 있었다.

"긴지마 씨에게 말하지 않은 게 잘한 걸까요?"

"뭘?"

"NARU에 대해서요."

경찰은 피해자들이 NARU와 연락을 취하고 있었다는 사실을 모른다. '무차별적으로 자행된 살인'이라는 대전제가 씌워져 있는데도 강사는 피해자들에게 공통점이 있다는 사실을 감추었다. 아마도 의도적으로.

건조한 웃음소리가 차 안에 울렸다. 곁눈으로 조수석을 보니 강사가 입초리를 끌어올리고 비웃음을 짓고 있었다.

"말해서 뭐하게? 그 사람들은 앉아서 기다리는 것밖에 모르는데."

강사의 음색은 변함없이 밝지만 거기에는 분명 냉랭함이 깃들어 있었다. 나는 숨을 삼키고 핸들을 꼭 쥐었다.

"그렇게까지 말할 건 없지 않나요? 긴지마 씨는 정말로 수사를 계속하고 싶어 했어요. 사건을 꼼꼼하게 알려주었고, 좋은 분 아닌가요?"

"하지만, 결국 수사를 하지 않았잖아."

막연한 공포를 느꼈다. 강사의 옆얼굴에 피로한 기색은 전혀 보이지 않는다. 피로는커녕 눈을 이글거리며 온몸에서 에너지를 방출하는 것처럼 보이기까지 한다.

"입으로는 무슨 말을 못해. 사실은 수사하고 싶었다, 원한을 씻어주고 싶었다. 가령 그게 본심이었다 해도 실제 행동을 취하지 않는다면 내 눈에는 그냥 비정한 사람이야. 긴지마 씨도 이치무라도 마찬가지야. 하루 짱은 그렇게 생각하지 않아?"

"저, 저는……."

아라쓰대교를 건너자 후쿠오카 돔이 앞에 나타났다. 모모치하마 해변은 후쿠오카시 중심가에 있는 워터프런트 개발지구이며, 후쿠오카 타워나 돔구장, 후쿠오카 시립박물관 등이 나란히 있어 현에서도 손꼽히는 리조트 지구였다. 오른쪽에 보이는 것은 하카타만. 이제 곧 이 바닷물도 테로스 충격파에 전부 증발해버릴 거라는데도 해수면은 평소처럼 평온하고 파랗게 빛나고 있었다.

"저는, 행동으로 옮기는 것이 전부라고는 생각하지 않아요. 누구나 마음 가는 대로 움직일 수 있는 건 아니니까요."

"흐음. 역시 마음이 따뜻하다니까, 하루 짱은."

후쿠시게 분기점에서 이마주쿠도로로 나간 교습차량은 시마후나코시로 향했다.

이토시마시는 전국에서도 손꼽히는 풍족한 어장이며 현해탄의 파도 속에서 자란 굴은 시의 명산품이다. 굴이 제철을 맞는 겨울이면 가후리, 후나코시, 후쿠요시, 기시 항구 등에 수십 개나 되는 굴구이 노점이 들어서서 많은 관광객으로 붐비게 마련인데 눈앞에 있는 후나코시 항구는 휑뎅그렁했다. 방파제 너머 검은 바다는 부서질 듯 격렬한 물보라를 올리고 있었다. 발랄한 글자체로 적힌 '굴구이 노점 전용주차장 전방 50미터'라는 간판만 신나보여서 더욱 쓸쓸했다.

"아, 굴구이 노점이네. 하루 짱은 이토시마 굴구이 노점에 가본 적 있어?"

"친구랑 딱 한 번요."

"다행이네. 나도 지구가 멸망하기 전에 한번 먹어보고 싶었는데."

바다에 면한 주택가에 유난히 커다란 단독주택이 있었다. 외벽을 모르타르로 마감한 현대적인 주택. 다치나미 준야의 집이자 범행 현장이다. 긴지마에게 듣기로는 다치나미의 부친 집을 개축한 집이라고 하는데, 꼭 신축 같은 모습이었다. 두 번째 피해자 다치나미 준야는 부친과 단둘이 여기서 살았다고 한다. 그리고 부친이 폭동으로 죽은 뒤에도 이곳을 떠나지 않고 혼자 살았다.

후쿠오카시 니시구의 유명 사립학교에 다닌 것을 보면 금전적으로는 여유로운 가정이었을 것으로 짐작되는데, 이곳에서 조난 고등학교까지는 전차와 버스를 갈아타며 1시간 반 이상 가야 하니 통학은 불편했을 것이다.

현관문을 밀어보았지만 잠겨 있었다.

"어디나 다 잠겨 있네" 하고 강사는 살짝 혀를 찼다.

지금은 후나코시 지역안전센터로 이름을 바꾼 후나코시 경찰서에 들러보기는 했지만 무인 시설이어서 다치나미 준야 자택에 대한 출입 허가는 받을 수 없었다. 현재 누가 열쇠를 관리하고 있는지도 알 수 없다.

외관만 봐서는 이곳이 처참한 살해 현장이라고는 도저히 짐작하기 힘들었다. 창유리가 깨진 곳도 없고 문을 강제로 열려고 한 흔적도 보이지 않았다.

"범인은 어떻게 거실로 들어갔을까요."

"글쎄. 대강 둘러보면 이곳도 사람이 없는 동네 같으니 다치나미가 현관을 잠가놓지 않았어도 이상할 게 없지. 범인은 당당하게 현관으로 들어갔는지도 몰라. 혹은 다치나미가 직접 문을 열어주었을지도 모르고. 이건 어디까지나 범인과 다치나미가 아는 사이일 때 얘기지만."

이사가와 강사는 차고에 있는 차량을 빤히 바라보고 있었다. 특별할 것도 없는 하얀 경차 왜건. 아마 다치나미 준야의 부친이 몰던 차일 것이다. 내가 헛기침을 한 번 하고 나서 강사에게 물었다.

"저 차량도 신경 쓰이시나요?"

히즈미는 교습차량 트렁크에 있었고 다카나시는 운전석에 앉은 채 죽어 있었다. 긴지마의 설명을 들을 때도 내내 그 점을 의식했으니 차량에서 공통점을 찾아내려고 다치나미 집에 있는 차를 관찰하는 거라고 생각했지만, 그건 아니었다.

"왠지 최근까지 누군가 타고 다닌 것 같은 느낌이네, 저 차."

"네?" 나도 모르게 되물었다. "무슨 뜻이죠?"

"시트에 먼지가 보이지 않아. 게다가 봐봐, 마치 하루 짱이 주차 연습할 때처럼 차체가 어긋나게 세워져 있잖아. 덜렁대는 사람이 주차한 걸까."

공연한 말 한 마디를 덧붙이긴 했지만, 듣고 보니 주차 공간에 맞지 않게 비뚜로 주차된 것처럼 보이기도 했다. 누군가 이 차를 이용하고 있었다면, 다치나미 준야의 부친은 이미 사망한 상태이니 다치나미 본인이 이용하지 않았을까. 그러나 다치나미는 17세라 면허가 없었다. ……어디서 들어본 이야기인데.

이사가와 강사가 쿵쿵거리는 소리를 듣자 문득 후각에 뭔가 느껴졌다.

"좋은 냄새가 나네."

바닷물 냄새와 함께 어디선가 고소한 냄새가 풍겨오고 있었다. 나는 즉시 "간장인데"라고 중얼거렸다. 오래도록 맡아보지 못했던 주방에 가득한 음식 냄새. 주위를 둘러보니 그 '굴구이 노점 전용주차장 전방 50m' 간판이 시야에 들어왔다.

"영업 중인가?"

"설마요."

우리는 얼굴을 마주보고 간판 안내를 따라 걸음을 서둘렀다. 간판 내용은 정확해서 곧 목적지가 시야에 들어왔다.

횡뎅그렁한 부지에 가설 화장실과 비닐하우스가 나란히 있었다. 열 개가 넘는 비닐하우스들은 전부 굴 포장마차로, 입구에는 '이토시마 굴'이라고 적힌 깃발이 펄럭이고 있다.

간장 냄새를 풍기는 곳은 역시 이 굴구이 노점이었다. 부드러운 바닷바람과 함께 식욕을 돋우는 냄새가 풍겨온다. 그러나 주차장에는 차량도 한 대 없고 손님도 보이지 않았다.

들려오는 것은 새소리뿐. 그리고 음정이 맞지 않는 노랫소리였다.

—노래를?

"파도 사이 생명의 꽃이 두 송이 나란히 피었네."

누군가 노래를 부르고 있다. 엔카였다. 젊은 사람 목소리다.

"형제 배는 아버지 유품. 모양은 낡아도 비바람에 강하다네. 나와 형님의 아아 꿈의 요람."

가락을 요란하게 꺾는 젊은 남자의 노랫소리가 바람을 타고 날아온다.

"하하. 역시 진짜 음치라니까."

박자라도 넣듯이 또 다른 남자의 목소리가 들려왔다. 흥겨워하는 부드러운 웃음소리. 엔카를 부르던 남자가 '음치'라는 혹평에 기분이 상했는지 노래를 그쳤다.

"내가 그렇게 음치야?"

"응. 할머니를 닮았네."

"말이 심하네."

"나야 감칠맛 나서 좋지만. 하하, 하지만 역시 음치는 음치라니까."

상대 남자가 몹시 즐겁다는 듯이 웃자 엔카 남자도 덩달아 웃기 시작했다. 잠시 듣고 있고 싶을 만큼 즐거운 웃음소리였다. 이렇게 평화로운 대화를 들어본 것도 오랜만이다.

몸을 숨기고 두 남자를 슬쩍 살펴보았다. 그들은 간판에서 제일 가까운 노점 앞에 있었다. 노래하던 남자는 비닐하우스로 짐을 옮기고 있었는지 종이박스 같은 것을 두 팔로 안고 있다. 즐겁게 웃던 다른 남자는 앉아 있는지 키가 많이 작아 보였다.

"가보자, 하루 짱."

"네? 왜요? 저 사람들과 인사하려고요?"

"뭐, 인사라면 인사지."

나는 변두리에서 누군가를 발견한 탓에 가슴이 설렜다. '귀한 인연'이라고 말하기는 어색하지만, 세계의 종말이 코앞에 닥친 지금은 이야기가 다르리라.

그런데 강사는 목소리를 낮춰 충고했다.

"수상해, 저 두 사람."

"말하는 걸 보면 평범한 사람 같은데요."

"사람은 겉만 봐서는 모르는 거야. 붙임성 있고, 누구와도 잘 어울리고, 지나가던 사람이 길을 물으면 흔쾌하게 안내해줄 법한 평범한 사람이 아무렇지도 않게 사람을 죽이거든."

"너무 극단적인 말씀이네요."

"하지만 세상이 끝장난다는 판에 이런 곳에 있는 놈들이라면 평범하다고 보기 힘들지."

발소리와 기척을 느꼈는지 두 남자가 뒤를 돌아보았다. 두 남자의 실루엣이 분명히 드러나자 나는 흠칫해서 숨을 삼켰다.

음치라며 즐겁게 웃던 남자—멀리서 볼 때는 의자에 앉아 있는 것처럼 보이던 남자는 휠체어에 앉아 있었다. 머리와 손발을 붕대로 둘둘 감아 얼굴이 거의 다 가려져 있다. 안면을 가린 하얀 천 사이에서 까만 눈동자가 우리를 쳐다보았다.

강사는 주눅 든 기색도 없이 쾌활한 목소리로 두 사람을 불렀다.

"오라버니들, 노래 멋지네."

음정이 맞지 않게 엔카를 부르던 남자가 얼굴이 확 굳어서 의아한 표정으로 이쪽을 노려보았다. 그는 키도 크고 눈에 띄는 은발머리를 하고 있어서, 우락부락하게 생긴 긴지마와는 또 다르게 접근하기 힘든 인상이었다. 가만 보니 귀에는 적어도 열 개가 넘는 피어스가 박혀 있었다.

"방금 그건 무슨 노래죠?"

은발머리가 무뚝뚝하게 대답했다.

"도바 이치로의 「형제 배」."

세대가 달라서 도바 이치로가 어떤 가수인지 '형제 배'가 뭔지 모르지만, 은발머리와 붕대 남자야말로 엔카 같은 걸 듣지 않을 연령대로 보였다. 붕대 남자는 얼굴이 안 보이지만 목소리를 들어보니 나와 비슷한 세대였다. 은발머리도 나와 별로 차이가 나지 않을 것 같았다. 어쩌면 둘 다 미성년인지도 모른다.

"두 사람, 지금 뭐 하는 거예요?" 하고 싹싹하게 묻는 이사가와 강사. 은발머리가 대답했다.

"우리는, 어, 전리품을 날랐을 뿐이야. 그러는 당신들은 뭐하는 거지?"

"이 근처에서 작은 사건이 있어서. 우리는 그걸 수사하는 중이에요."

"수사?" 은발머리 남자가 미간을 확 찡그렸다. "경찰이라고?"

"한때 경찰이었지."

"한때? 그럼 당신, 지금은 경찰이 아니잖아?"

"그래요, 자원봉사 같은 거지. 지금 탐문수사 중인데, 괜찮다면 최근 상황을 들어볼 수 있을까요?"

그 순간 은발머리의 눈동자가 불안하게 흔들렸다. 몸을 구부리고 옆에 있는 붕대 남자에게 뭔가 묻는 눈치였다.

'어떡할까, 형님.'

은발머리 남자의 입술은 분명 그렇게 움직였다. 뭔가 수상하다.

"후쿠오카 치안 유지에 협조해주셨으면 좋겠는데?"

강사가 채근하자 이번에는 붕대 남자가 대답했다.

"아, 협력해야죠. 우리 외에 후쿠오카에 남아 있는 사람을 정말 오래간만에 만나보네요. 반갑습니다."

이렇게 서서 이야기하기도 뭣하니까, 하며 붕대 남자가 굴구이 노점 안쪽을 손으로 가리켰다. 이쪽이 말도 제대로 하고 언행도 유연한 인상이다.

한편 은발머리는 안고 있던 종이박스를 땅바닥에 거칠게 내려 놓으며 불쾌함을 드러냈다. 그는 붕대 남자의 휠체어 손잡이를 잡고 비닐하우스 문턱을 능숙하게 피해 안으로 들어갔다. 그 동작만으로도 그가 휠체어 미는 데 익숙하다는 걸 알 수 있었다.

강사는 그들을 얌전히 따라가는 척하며 땅바닥에 있던 종이박스 속을 들여다보았다. 은발머리가 아까 '전리품'이라고 말했던 물건이다. 통조림이나 비상식량이 가득 들어 있을 뿐 특별히 수상한 물건은 없는 듯했다.

붕대 남자가 손짓하며 우리를 불렀다.

"들어오세요. 우리도 마음대로 쓰고 있는 거지만."

"여기서 지내세요? 둘이서?"

"네. 편리한 물건들이 많이 남아 있으니까."

굴구이 노점 비닐하우스는 널찍하고 콘크리트 바닥에는 업무용 철제 테이블과 파이프의자가 두 열로 놓여 있었다. 벽에는 큼지막한 메뉴판이 걸려 있고 굴, 가리비, 오징어, 야키오니기리표 면에 간장이나 된장을 바르고 살짝 구워낸 일본식 주먹밥 등의 글자가 춤추고 있다. 보기만 해도 배에서 꼬르륵 소리가 날 것 같았다.

테이블 사이 통로에는 석유난로가 여러 개 놓여 있었다. 본래는 비닐하우스에 들어온 손님을 위한 난방용 설비였겠지만 전기도 가스도 끊긴 지금은 이 난로가 생명줄이었다.

입구 근처 난로에는 석쇠가 놓여 있어 연기를 피어올리고 있었다. 밖에 흘러다니던 고소한 냄새의 출처는 역시 이곳이었을까. 석쇠 위에 있는 것은 껍질을 까낸 굴이었다. 이런 시절에 어떻게 해산물을 구했느냐고 물으며 놀라자,

"그거, 전리품이에요. 굴 통조림."

붕대 남자가 눈치껏 가르쳐주었다.

"근처를 뒤져보니 창고에 통조림이 남아 있는 집이 있었어요. 고등어 통조림이나 참치 통조림 같은 거. 굴 통조림은 흔한 게 아니어서 기왕 먹는 거 석쇠에 구워볼까 해서요."

전리품이란 아무래도 동네를 뒤져서 찾아낸 물자를 뜻하는 말 같았다. 붕대 남자는 석쇠 옆에 있던 빈 깡통을 들어 포장을 보여주었다. '기름에 잰 훈제 굴'이라고 적혀 있었다.

"좋은 곳이에요, 이토시마는. 특히 이 굴 노점이 좋아요. 아, 괜찮다면 이거 같이 먹어볼래요? 이토시마산도 아니고 통조림이긴 하지만."

꽤 그럴싸한 생각이라는 듯이 붕대 남자가 환한 표정으로 말했지만—붕대 때문에 표정은 알기 힘들지만 아마 웃고 있는 것 같았다—은발머리는 나지막한 소리로 "어이" 하고 그를 말렸다. 그러나 붕대 남자는 물러서지 않았다.

"같이 먹어야 맛있지. 자, 앉아요 앉아."

우리는 붕대 남자가 권하는 대로 테이블에 앉았다. 배낭을 껴안고 앉자 난로 열기에 등이 따뜻해졌다. 붕대 남자가 석쇠에 올

린 굴을 흡족한 얼굴로 뒤집고 있자 은발머리는 한숨을 짓고 "할 수 없지" 하며 주전자 올릴 준비를 했다. 다른 난로로 차를 끓여 줄 심산인 듯했다.

소풍이나 캠핑을 하는 듯한 편안한 분위기는 물론 겉치레일 뿐이었다. 이사가와 강사는 굴구이 노점의 인테리어를 재빨리 둘러보고 경계심을 감추려고도 하지 않았다.

"그런데 두 분 성함은?"

난로 위 은색 깡통을 쳐다보며 강사가 말을 꺼냈다. 은발머리와 붕대 남자는 얼굴을 마주보고 뭔가 눈짓을 나눴다.

은발머리가 대답했다.

"나는…… 히노. 그리고, 얘는…… 아키타."

소개하다가 어색하게 뜸을 두어서 위화감을 느꼈지만 굳이 지적하지는 않았다. 나는 잠자코 두 사람에게 목례했다.

"두 사람은 어떤 관계?"

"친척."

"사촌?"

"응. 왜 무슨 문제 있어?"

"문제는 무슨. 왜 이렇게 까칠해? 히노 군."

은발머리 히노는 아까 아키타를 '형'이라고 불렀는데, 친척이라면 그 호칭이 납득이 간다. 강사는 질문을 이어나갔다.

"왜 후쿠오카에서 탈출하지 않았어?"

"아키타가 입원해 있었어. 화재에 휩쓸려 심한 화상을 입어서.

무리하게 움직일 수 없었지."

"호오. 그래서 히노 군이 곁에 남아준 거군. 사이가 꽤 좋은가
봐."

빠른 말투로 대화를 끝내버리려고 하는 히노는 뭔가를 숨기려
는 태도로 보였다. 아키타도 방금 전까지 활발하던 언변을 감추
고 히노와 강사의 대화를 가만히 듣고만 있었다.

난로에 올린 깡통에서 하얀 김이 나오기 시작했다.

히노는 날카로운 눈으로 강사와 나를 차례대로 노려보았다.

"당신들, 무슨 수사를 한다는 거야?"

"그 전에 너희들 이야기를 조금 더 듣고 싶어. 그래, 왜 가명을
쓰는 거지?"

"엉?"

"진작에 알았어. 히노 군이 워낙 발연기라서."

나는 얼른 입을 가렸다. 그렇게라도 하지 않으면 비명을 질러
버릴 것 같았다. 긴박한 공기가 비닐하우스 안에 팽팽하게 들어
찼다.

"심한 화상 때문에 움직일 수 없었다니, 설정치고는 너무 잡스
럽지 않아? 얼굴을 붕대로 둘둘 감아야 할 만큼 심한 화상이라면
목도 데어서 제대로 말도 못할 텐데 아키타 군 웃음소리가 아주
해맑았거든. 실은 화상 같은 건 없었지?"

주전자가 슉슉 소리를 낸다. 물은 진작 끓고 있었다.

"붕대를 감은 것은 얼굴을 감추려는 거겠지? 본명을 알리고 싶

지 않고 얼굴도 드러내고 싶지 않다면 대체 어떤 사람일까."

나의 망상은 나쁜 쪽으로만 부풀어갔다. 히노가 말하는 '형'이 만약 반사회적 무리 구성원 간의 끈끈한 관계를 보여주는 호칭이라면—그야말로 조직폭력배들이 말하는 '형님' 같은 말이라면 어떡하나.

"이봐, 아키타 군은 범죄자 맞지? 세상이 혼란한 틈을 타서 형무소를 탈출했나?"

처음 움직인 것은 히노였다. 등 뒤의 파이프의자를 집어 들고 앞에 앉은 강사에게 휘둘렀다. 강사는 의자를 발로 차며 바닥을 굴러서 공격을 피했다. 파이프의자가 거세게 콘크리트 바닥을 때렸다.

강사 손 밑에는 무기가 될 만한 것이 없다. 그렇게 생각하는 순간 강사가 난로 위 주전자를 잡고 펄펄 끓는 물을 뿌렸다. 히노는 재빨리 몸을 피했지만 손가락 끝에 열탕이 튀었는지 "앗 뜨거!" 하고 외쳤다.

두 사람이 적당한 거리를 두고 서로 노려보았다.

"형을 잡으러 왔군."

"무슨 말인지 모르겠네. 좀 자세히 얘기해주지 않겠어?"

대화가 잘 맞물리지 않는다. 아무 근거는 없지만 나는 이 두 남자가 어떤 범죄에 연루되어 있다고는 생각할 수 없었다. 그러나 강사와 히노 사이에는 이미 호전적인 분위기가 감돌고 있었다. 히노가 다시 이사가와 강사의 머리를 노리고 파이프의자를 번쩍 쳐들었다.

나는 재빨리 뒤쪽 테이블 뒤로 몸을 숨기고 아키타가 앉은 휠체어도 끌어당겨 테이블 뒤로 피하게 했다.

히노의 방어가 허술해진 틈을 놓치지 않고 이사가와 강사가 거리를 좁혔다. 목깃을 움켜잡고 발목을 노려 발을 옆으로 휘둘러 찼다. 히노는 균형을 잃었지만 재빨리 몸을 돌려 엎드렸다가 상체를 일으키려고 했다. 강사가 뒤에서 그의 목에 팔을 감았다.

"반항하면 이대로 졸라버린다."

히노는 잠시 2, 3초쯤 고통스럽게 신음하다가 이윽고 "이얍!" 하는 기합소리와 함께 상체를 확 젖혔다. 은색 뒤통수가 이사가와 강사의 턱을 강타하자 속박이 풀렸다. 히노는 강사와 적당한 거리를 확보하자 굴 깔 때 쓰던 집게나 랜턴 등 주위 물건들을 손에 잡히는 대로 집어던졌다. 강사는 도발하는 웃음을 지었다.

"오, 그래, 똘똘하네. 힘겨운 상대와 겨룰 때는 거리를 두고 물건을 던져서 위협하는 게 상책이지."

"닥쳐!"

이사가와 강사도 굴 집게를 되던졌다. 뭐랄까 진흙탕싸움 같았다.

나와 아키타는 잠시 숨을 죽이고 두 사람을 지켜보았지만 어느새 긴장이 풀리고 영문 모를 싸움을 멀찍이 구경하는 이 상황이 우스꽝스러워졌다. 이윽고 우리는 얼굴을 마주보고 고개를 갸웃거려 보였다.

"왜 싸우는 건지."

"글쎄……."

나와 아키타가 거의 동시에 소리를 질렀다.

"이제 그만하죠, 강사님!"

"그만둬, 히카루!"

히노라고 소개했던 은발머리의 본명이 히카루인 듯했다.

이사가와 강사나 히카루나 우리 요구에 일체 응하지 않았다. 싸움에 몰두하느라 들리지 않는 듯했다.

"일단 멈추세요! 위험하니까 그만두세요, 강사님!"

"대화를 해보자. 어이! 히카루, 말 좀 들어!"

목소리는 여전히 전달되지 않는다. 이게 뭐람. 혈기 왕성한 은발머리는 몰라도 아키타—본명인지는 아직 모르겠지만—라면 아마 이야기가 통할 것 같은데. 서로 상황을 설명하면 폭력 사태에 이르지는 않을 텐데.

어떡할까, 라는 표정으로 다시 아키타와 눈길을 교환할 때였다. 은발머리, 즉 히카루가 콘크리트 바닥에 떨어져 있던 주전자를 주워 들고 있는 힘껏 던졌다.

이사가와 강사가 재빨리 피하자 주전자는 허공을 날아 우리가 숨어 있던 테이블로 일직선으로 날아왔다. 나는 안고 있던 커다란 배낭을 반사적으로 내던졌다. 뜨거운 쇳덩어리가 배낭과 함께 바닥에 떨어져 깡, 하는 메마른 소리를 냈다.

위기일발. 가슴을 손으로 누르며 숨을 깊이 토했다. 싸움에 열을 올리던 두 사람이 그제야 이쪽을 돌아다보았다.

아키타는 어이없다는 듯이 웃으며 히카루에게 물었다.

"이제 속이 시원해?"

"뭐가 시원해. 이것들 입을 막아두지 않으면 또 형이……."

"막아두다니, 이 사람들을 죽이려고?"

히카루는 눈동자가 흔들리고 모호한 투로 말했다. "그런 건 아냐."

이사가와 강사는 기세가 죽었는지 토라진 아이처럼 입을 삐쭉거렸다.

"먼저 폭력을 휘두른 건 그쪽이야. 나는 정당방위였어."

히카루 대신 아키타가 고개를 숙였다.

"맞습니다. 죄송합니다, 사실대로 말하죠."

"사실대로 말하고 나면 어떻게 되는 거지?"

"당신들한테 달렸죠."

아키타는 그렇게 말하고 뺨에 손을 올려 붕대 매듭을 당겼다. 얼굴에 감긴 붕대가 천천히 풀리고 하얀 천 안쪽에서 맨얼굴이 나타났다. 피부는 창백하고 화상자국 따위는 전혀 없었다. 곱슬기가 전혀 없는 찰랑찰랑한 머리카락, 까맣고 시원하게 생긴 눈.

퍼뜩 알아차렸다. 나는 이 사람을 알고 있어.

"우리의 진짜 이름은, 료도라고 합니다. 아까는 친척이라고 거짓말을 했지만 형제입니다. 나는 료도 아키히토, 이쪽은 동생 히카루."

흔치 않은 성이어서 바로 기억이 살아났다. 료도 아키히토는 8년 전 일어난 살인사건—통칭 료도 사건의 범인이었다.

8년 전, 미야자키현 히노카게초의 주택에서 한 남자—마세기 겐지, 당시 52세—가 교살되었다. 근처 파출소에 자수한 것은 피해자의 조카 료도 아키히토, 당시 20세였다. 그는 어릴 때 부모 역할을 하던 조부모를 여의자 동생과 함께 삼촌 마세기 겐지에게 맡겨졌으나 오랫동안 학대를 당했다.

그리고 료도 사건은 아키히토가 늘 휠체어를 이용하는 사정 때문에 세간의 큰 관심을 끌었다. 그는 선천성 경골결손증을 가지고 태어나 두 살 때 양다리를 절단했다—.

눈앞에 살인범이 있다. 이 사실을 어떻게 받아들여야 할지 알수 없었다. 그는 왜 변두리 굴구이 노점 같은 곳에 숨어 있을까.

아키타, 즉 아키히토는 내 생각을 읽은 것처럼 말했다.

"십일월에 일어난 후쿠오카 형무소 집단 탈옥에 편승해서 나왔어요. 만약 당신들이 나를 봐주지 못하겠다면 형무소로 돌아가야죠."

"안 돼, 절대로 못 돌아가!"

히카루가 아키히토의 말을 가로막았다.

"형은 형무소를 나와서 나쁜 짓을 저지르려고 하는 게 아냐. 운석이 떨어질 거라는데도 죄수들을 형무소에 그냥 가둬두잖아. 이건 너무하잖아."

"히카루, 잠깐 들어봐."

"형은 잘못한 거 하나도 없어! 왜 형무소에서 죽어야 하는데."

소행성 충돌이 공표되기 전까지 도쿄에서 지내던 히카루는 형의 탈옥을 돕기 위해 인파를 거스르며 후쿠오카까지 그 먼 길을 왔다고 한다. 그는 집단 탈옥을 계획하던 지정폭력단 '도린회'의 수감자와 조직원들과 협력해서 죄수들을 밖으로 빼냈다.

어찌된 일인지 나는 히카루의 간절한 호소에 마음이 흔들렸다.

이사가와 강사는 팔짱을 끼고 말했다.

"나 개인적으로는 범죄자가 형무소 밖을 돌아다니는 걸 바라지 않아. 운석이 떨어져도 형기를 마쳐야 한다고 생각해."

그건 너무 심한데.

"뭐라고!" 하며 히카루도 거친 목소리로 말했다.

"끝까지 들어. 범죄자가 거리를 돌아다니지 않았으면 좋겠어. 다만 해를 끼치지 않는다면 내버려둘 생각이야. 당신들이 연속살인사건의 범인이 아니라는 걸 증명할 수 있어?"

히카루는 "헐" 하며 미간을 찡그리고 아키히토는 눈을 휘둥그레 떴다.

"그제 이 근방에서 살인사건이 일어났어. 하카타와 다자이후에서도 비슷한 사건이 일어났고."

강사는 연속살인사건의 내용을 간략하게 설명했다. 잠자코 듣던 히카루가 익명의 전단지 대목에서 입을 열었다.

"다치나미 준야란 놈의 사체를 발견한 게, 나야."

이번에는 우리가 "헐" 하며 되물을 차례였다.

"아까 형이 말했잖아. 우리는 이 굴구이 노점 근처 집들을 뒤져서 먹을 걸 모았어. 어제도 내가 근처 아파트나 연립주택에 들어가 먹을 게 있는지 뒤지고 다녔어. 자살한 놈들 사체가 천장에 매달려 있는 건 흔한 일이지만, 그 집은 너무 찜찜해서 일단 경찰에 신고해 두었던 거야."

설마 이런 우연이 있을 줄이야. 아니, 우연이 아니다. 이 근방에 남아 있는 사람이 애초에 너무 적으니까.

"그게 바로 그 전단지였군. 그럼 왜 익명으로 알렸지?"

"최초목격자는 귀찮게 심문하잖아. 형에 관한 얘기가 드러나면 곤란하니까."

그래도 히카루는 살해현장을 무시하지 않았던 것이다. 난폭하지만 본성까지 사악하지는 않다. 두 사람에게 묻고 싶은 것이 산더미 같았다.

바닥에 구르던 주전자와 자빠진 테이블을 쳐다보고 아키히토가 쿡쿡 웃음을 흘렸다.

"늦었지만, 차 한 잔 드실래요? 이번에는 싸우지 말고."

3 장 —— 주모자

"이런 판국에 면허 따려고 운전학원엘 다녀! 당신, 진짜 특이하네."

나를 손가락질하며 웃어대는 히카루. 인류 멸망을 눈앞에 두고 운전학원에 다니는 사람이 못 견디게 재미있는지 그는 내 이야기를 몹시 듣고 싶어 했다. 아직 자기소개만 했을 뿐인데 가까운 친구처럼 구는 태도라니. 이사가와 강사와 방금 요란하게 싸워 놓고 어찌 이렇게 태평할 수가 있는지 어이가 없었다.

다시 난로에 올린 주전자 물이 마침내 끓기 시작했다. 아키히토가 타준 차를 이사가와 강사는 망설임 없이 마셨다. 히카루도 무던하지만 강사도 조심성이 없다고 할까 태세 전환이 빠르다고 할까. 여전히 곤혹스러운 건 나뿐인가.

히카루가 나에게 물었다.

"당신, 학생이지?"

"아뇨. 회사원이었어요. 운전학원은 대학 때 등록해두었지만, 취직 전 봄방학 때 면허를 따지 못해서 취직한 후에도 잠시 더 다녔던 거예요."

"그럼 스물셋? 동갑이네."

이야기를 하다 보니 동갑이라는 사실을 알았지만, 그는 불행한 수요일 이전에 무슨 일을 하고 있었는지는 자세히 말하지 않았다. 염색하고 피어스도 다닥다닥 박은 히카루가 양복을 입고 회사에 다니는 모습은 상상하기 힘들었다. 내 동생 세이고도 피어스를 많이 달고 염색을 했지만 히카루는 그 박력부터가 달랐다.

"무면허 운전이라고 단속할 사람도 없는데, 진짜 착실하시네."

그렇게 말한 것은 아키히토였다.

"내가 워낙 신경이 둔해요. 제대로 배우지 않으면 불안해서요."

히카루가 다시 끼어들었다. "외골수로 착실하기만 한 것도 사람 질리게 하지."

배려를 할 줄 아는 아키히토와 대조적으로 히카루는 대놓고 말하는 유형이지만 묘하게도 화가 나지는 않았다. 가만 보니 의외로 어린 표정이 있고 건방진 말투도 귀여운 구석이 있었다. 그렇게 생각하는 순간 자연스럽게 경어가 떨어져나갔다.

"이사가와 강사님은 경찰 출신이지만 지금은 운전학원 강사로 일하셔. 학원에서 만났어."

"흠."

"오늘 아침 학원에서 교습차를 타려고 하는데 트렁크에 사체가 있었어. 그래서 그 사람을 죽인 범인을 찾고 있는 거야. 여기 오게 된 건 그냥 우연이고 당신들을 체포해야겠다는 생각은 없었어. 안심해, 형과 헤어질 일은 없을 테니까."

"그렇다면 처음부터 그렇다고 말했어야지."

히카루는 안도의 한숨을 지었다.

"아까는 미안. 강사님은 절대 나쁜 분이 아니거든."

"착한 사람은 펄펄 끓는 물을 사람한테 끼얹지 않아."

"그건 정말 미안해."

미안해하는 기색이 없는 이사가와 강사를 가볍게 흘겨보고 나서 다시 내가 사과했다.

석쇠에 구운 통조림 굴은 맛있었다. 살이 퍼석퍼석하고 양념도 너무 진했지만 따뜻한 음식을 먹는 것만으로도 허기가 채워져 눈물이 날 것 같았다. 보답으로 배낭에서 꺼낸 초코과자를 나눠주자 형제는 몹시 기뻐했다.

테이블에 있던 먹을거리를 다 해치울 무렵에야 탐문이 시작되었다. 강사는 의자에 깊이 앉아 듣는 자세를 취했다.

"사체는 언제 발견했지?"

"어제 아침." 히카루가 답했다.

"그건 아까 들었고. 정확한 시간."

"모르겠어."

즉각 실망스런 대답을 하는 동생을 대신하여 아키히토가 끼어들었다.

"히카루는 동트기 전부터 주변 집들을 뒤지러 다니니까 새벽 5시쯤이 아닐까요?"

강사는 역시 기억력이 뛰어난지 메모를 하지 않았다. 대신 내가 스마트폰 화면을 터치하며 부지런히 정보를 입력했다.

"사체를 발견했을 때 상황을 자세히 말해봐."

히카루는 기억을 더듬는 표정으로 띄엄띄엄 말하기 시작했다.

"으음, 아마, 현관이 잠겨 있지 않았던 것 같아. 강제로 비틀어열 필요가 없어서 다행이라 여겼던 게 생각나. 그래, 문을 여는 순간 미지근한 공기가 흘러나왔고 피비린내가 나고……."

어제 새벽 5시경, 히카루는 뒤질 집을 물색하려고 항구 근처에 있는 다치나미의 집에 들어갔다. 현관에 피비린내가 가득해서 뭐라 표현하기 힘든 섬뜩함을 느꼈지만, 그래도 거실로 발을 들여놓았다. 그곳에서 온몸에 자상을 입은 사체를 발견했다.

바닥에는 상처에서 쏟아진 대량의 피가 고여 있고 혈흔도 아직 다 마르지 않은 상태였다. 맨발이 피에 미끄러져 엉덩방아를 찧었을 정도라고 한다. 살해되고 몇 시간밖에 지나지 않았다는 것은 아마추어 눈에도 분명했다. 범인이 아직 근처에 있을지 모른다. 위험을 느낀 히카루는 즉시 그 집을 뛰쳐나왔다. 바지와 양말을 피에 적신 채 돌아온 히카루를 보고 굴구이 노점에서 기다리던 아키히토도 크게 놀랐다고 한다.

"내가 허둥거리자 형이 '경찰에 가봐'라고 말했어. 하지만 탈옥한 형이 발각되면 안 되잖아. 그래서 전단지 뒷면에 몇 글자 적어 경찰서에 붙여 놓았지."

"역시, 아키히토 군이 권한 거였군?"

이사가와 강사가 확인하자 아키히토는 고개를 끄떡였다. 강사는 바로 질문을 이어갔다.

"수상한 사람이나 이상한 소리는 없었나?"

"아무도 없었어."

"뭐든 좋아. 마음에 걸리는 일은 없었어?"

히카루는 시선을 오른쪽 위로 던지며 생각하는 시늉을 하다가 답했다.

"그러고 보니, 옷을 제대로 갖춰 입은 게 이상하긴 했어."

강사는 흥미로운 듯 눈동자를 도르륵 굴렸다.

"옷을 제대로 갖춰 입었다면, 물론 사체를 말하는 거겠지?"

"응. 요즘 같은 시절에 옷을 제대로 갖춰 입는 놈이 어딨어. 난 불행한 수요일 이후로 지금까지 운동복이나 맨투맨만 입는데. 다들 그렇잖아. 하지만 그 집에 죽어 있던 놈은 와이셔츠인지 뭔지를 입고 있었던 것 같아. 교복이었나?"

피해자는 고등학교 교복 같은 것을 입고 있었음, 이라고 메모를 추가했다. 뜻밖의 장소에서 최초 발견 당시의 상황을 알게 된 것이다.

이번에는 이사가와 강사가 다자이후 건과 하카타 건에 대한 수사 상황을 두 사람에게 설명했다. 다자이후 운전학원 교습차량 트렁크에 사체가 유기되어 있었던 것. 피해자 위장에서 발견된 명함을 통해 신원을 알아낸 것. 놀랍게도 이사가와 강사는 긴지마에게는 말하지 않았던 NARU 이야기도 들려주었다.

"앞으로도 범인을 추적할 겁니까?"

그렇게 물은 것은 아키히토였다.

"그래야지."

"지구가 끝날 때까지? 어떻게?"

"우선은 다치나미 준야의 모친을 찾아볼까 해."

다치나미 준야의 유족에 대해서는 긴지마에게 들었었다. 모친 이름은 가사기 마리코. 이토시마시의 사립초등학교에서 교사로 일했으며, 다치나미의 부친과 이혼한 뒤 직장 근처에서 혼자 살았다고 했다. 긴지마가 주소도 알려주었으므로 찾아가는 것 자체는 쉬울 것이다.

가사기 마리코가 다치나미의 사체와 유류품을 받아갔다고 했다. 다른 피해자와 마찬가지로 다치나미 준야도 'NARU'와 관계가 있었다면 가사기가 가져간 스마트폰에 기록이 남아 있을 것이다.

히카루가 불쑥 말했다.

"우리도 태우고 가."

"왜?" 하고 이사가와 강사가 눈을 휘둥그레 떴다.

"나는 최초목격자야. 지켜볼 권리 정도는 있잖아. 아니, 이렇게 자세히 알게 되고 보니 신경이 쓰이잖아!"

"참 뻔뻔하네. 탈옥을 눈감아주는 것만도 고맙게 생각해야지."

"시끄러, 이 깡패 같은 인간이!"

다시 노려보는 두 사람. 정말 안 맞는 사람들 같다.

으르렁대는 두 사람을 남의 일처럼 방관하고 있는데 강사가 불쑥 얼굴을 이쪽으로 홱 돌리며 말했다.

"하루 짱은 히카루 군이 따라와도 괜찮겠어?"

"아, 예."

"그럼 좋아."

좋다고? 이사가와 강사는 이번에는 아키히토에게 물었다. "그쪽은 어떡할래?"

아키히토는 고개를 천천히 가로저었다.

"사양할래요. 몸이 이래서 틀림없이 민폐가 될 거예요."

아키히토의 말투에서는 비굴함이 느껴지지 않았고, 그래서 더 쓸쓸하게 들렸다. 히카루가 불만스러운 얼굴로 뭔가 말하려고 했지만 내 목소리가 더 빨랐다.

"가, 같이 가지."

생각지도 못한 말이 튀어나와 나 스스로도 놀랐다. 나는 나오는 대로 계속 말했다.

"강사님과 히카루 군이 또 싸우기 시작하면 나 혼자서는 곤란하잖아."

"하지만, 민폐가 될 텐데."

같이 가지 않겠다고 고집하는 아키히토. 강사가 거들었다.

"남 생각 말고 네 마음이 가고 싶은지 아닌지를 묻고 있는 거야, 하루 짱은."

아키히토는 잠시 고민하는 듯하다가 이윽고 입술로 부드러운 호를 그렸다.

"그럼, 잘 부탁합니다."

우리는 굴구이 노점을 나와 근처에 세워둔 교습차량으로 형제를 데려갔다. 히카루와 아키히토가 뒷좌석에 나란히 앉고 휠체어도 접어서 실었다.

아키히토는 히카루의 도움을 받아 시트 깊숙이 앉고 풀어둔 붕대를 다시 얼굴에 감기 시작했다. 룸미러로 보며 말을 건넸다.

"그 붕대, 얼굴을 감추기 위한 거지?"

"응. 히카루가 준비해준 거야."

아키히토의 온화하게 웃는 얼굴이 점차 하얀 붕대로 가려져갔다.

"온몸에 심한 화상을 입고 입원해 있던 친척 형을 데리고 나왔다는 설정이지. 그 설정을 생각해낸 것도 히카루야. 지금이야 그냥 부적 같은 거지만."

"멍청한 동생이라 미안해" 하고 찌르퉁하는 히카루.

형제가 나누는 대화에 절로 미소가 지어져서 나도 모르게 눈길을 내렸다.

내 마음 깊은 곳에 있는 차가운 감정의 정체는 알고 있었다. 죄책감이다. 나는 이사가와 강사와 단 둘이 있는 것이 점점 두려워져서 아키히토와 히카루를 끌어들이려 했는지도 모른다.

*

다치나미 준야의 모친 가사기 마리코는 다치나미 부자와 마찬가지로 이토시마 시내에 살았다고 하는데, 가사기의 아파트는 후나코시 항구에서 조금 떨어진 JR 지쿠히선 하타에역에서 도보로 몇 분 걸리는 곳이었다. 비교적 시내에 접근하기가 수월한 환경인 듯하다. 뒷좌석에서 상체를 앞으로 내민 히카루가 핸들을 쥔 나에게 천진하게 물었다.

"하루는 면허 따면 뭘 하고 싶은데?"

겨우 몇 분밖에 안 되는 드라이브 동안 히카루는 나를 '하루'라고 격의 없이 부르기 시작했다.

"면허는 못 따. 시험장이 폐쇄되어서 학과시험도 칠 수 없고."

"그런 말이 아니잖아. 두 달 뒤면 운석이 떨어져. 뭔가 사정이 있어서 운전학원에 다니는 거 아냐?"

"차 타고 가고 싶은 데가 있어서."

"어딘데?"

대답하기가 힘들다. '추억의 장소'라고 짧게 대답하자 더 캐묻지는 않았다. 히카루는 질문 상대를 이사가와 강사로 바꾸었다.

"그런데 하루도 당신도 후쿠오카에서 도망치지 않았네?"

"당신이라니. 최소한 이사가와 씨라고 불러."

"이사가와…… 씨, 가족은?"

거침없는 질문이었다. 강사에게 가족이 있는지는 나도 모른다. 캐물어서는 안 되는 화제라고 판단해서 묻지 않았지만, 솔직히 궁금하기는 했다.

강사가 심드렁하게 대답했다.

"세상 사람들이 다 가족을 갖고 있는 건 아니잖아. 나는 혼자야. 하루 짱도 멸망의 혼란으로 부모님을 잃었고. 지금은 남동생과 단둘이 지내고 있다고 하던데."

히카루는 살짝 난처한 표정이 되었다.

"미안. 이상한 걸 물었네."

"그 정도로 울상 짓진 않아. 히카루 군에게 사이좋은 형이 있는 게 부러울 뿐이지."

드물게 강사와 의견이 맞았다. 나도 료도 형제가 돈독해 보이는 것이 부럽다. 나는 시선을 앞으로 향한 채 히카루에게 물었다.

"히카루 군은 도쿄에 살았다고? 아키히토 군을 도우려고 일부러 후쿠오카까지 온 거야?"

대도시에 있었으면 비행기나 배를 타고 해외로 탈출할 기회가 있었을지 모르는데. 형을 탈옥시키기 위해서였다고 하지만 지금은 후회하지 않을까?

그러나 히카루는 자신만만하게 콧방울을 부풀리며 말했다.

"우리는 한국으로 밀입국할 거야. 한국에는 북조선 핵무기에 대비해 견고한 쉘터가 많이 건설되어 있다잖아. 거기라면 운석이 떨어져도 괜찮을 거라는 얘기를 들었어."

히카루는 아키히토와 함께 배를 타고 쓰시마를 거쳐 한국으로 건너갈 계획이라고 했다. 급격한 인구 감소로 연안 경비가 허술해져서 밀입국이 쉽다며, 출발 예정은 이월 초. 지금은 필요한 연료나 식료품을 모으는 중이라고 했다.

애들 속임수 같은 얘기잖아, 라고 누가 비웃어주리라 기대했지만 차 안은 정적에 싸여 있었다.

한국의 쉘터가 안전하다는 것은 말할 나위도 없는 헛소문이다. 불행한 수요일 이후 끝도 없이 생겨나는 가짜뉴스 가운데 하나일 뿐이다. 가령 배편으로 한국에 건너간다고 해도 유령도시로 변한 그곳의 쉘터에 무슨 수로 들어가겠다는 것일까. 설사 안에 들어갈 수 있다고 해도 충돌 예측 지점에서 그렇게 가까우니 쉘터째 날아가 버려 맨땅이 되는 것이 고작일 텐데.

어설프고 유치한 계획이라고밖에 말할 수 없었다.

"하루와 이사가와 씨도 데려가줄 수 있어."

백미러에 비친 히카루의 눈은 순진하고 올곧게 반짝거리고 있었다. 진심이구나. 그 계획이 희망이라고 믿어 의심치 않는구나. 아키히토는 아무 말도 하지 않았다. 아무래도 형은 그것이 어리석은 계획이라고 생각하는 듯하다.

"쉘터에 들어가면 진짜 안전하다니까. 어때, 같이 가자."

이사가와 강사가 헛기침을 한 번 하고 말했다.

"생각해보지."

이토시마에 도착할 즈음 해가 기울기 시작했다. 시각이 16시를 지나서 나는 별안간 초조해지기 시작했다. 빨리 가사기 마리코를 만나 스마트폰을 받지 않으면 너무 늦게 귀가하게 될 것이다.

집에 있는 동생이 마음에 걸렸지만, 차가 이것 한 대밖에 없으니 이제 와서 돌아가고 싶다고 말할 수도 없다. 세이고는 밥을 제대로 챙겨먹을까? 지금도 혼자 방 안에 있을까?

하타에역을 지나 가사기의 아파트 근처까지는 순조롭게 갈 수 있었지만, 내가 길을 한 번 잘못 접어든 탓에 주택가를 빙빙 도는 처지가 되었다. 조수석에서 길을 지시하던 이사가와 강사는 특별히 초조해하지 않고 안내해주었다.

"어디 적당한 데 세워봐. 일단 좀 쉬자."

나는 왔던 도로를 되돌아가 역 근처 농협 직매장으로 핸들을 돌렸다. 도로 한복판에 세워도 뭐라고 할 사람은 없지만, 기왕 주차할 거라면 넓은 주차장에 세우기로 했다.

이토시마 농협이 운영하는 하타에 역 근처 직매장은 농협 직매장 중에서는 전국 최고 매출을 자랑하는 이토시마시의 주요 관광지였다. 신선한 채소나 해산물, 푸성귀, 생화 등 농수산물을 풍부하게 취급해서 구경만 해도 즐거운 장소였다고 기억하고 있다. 다른 현에서 온 차량과 관광버스로 북적이던 주차장도 지금은 그냥 공터로 변해 버렸지만.

이곳 역시 출입구 자동문의 유리는 깨져 있었다. 대부분의 식료품점과 마찬가지로 여기 상점들도 약탈되었겠지.

차가 멈추자 히카루는 얼른 도어를 열고 밖으로 뛰어나갔다.

"하루, 시장을 둘러보러 가자. 뭔가 남아 있을지도 몰라."

"전부 약탈당했을 것 같은데……."

내키지는 않았지만 아키히토와 강사가 다녀오라고 권해서 히카루와 둘이 어지럽혀진 산지직송 거래시장을 탐색하기로 했다.

아니나 다를까 생선부터 병입 잼에 이르기까지 상점 내 식료품은 전부 약탈당한 상태였다. 바닥에 점점이 떨어진 혈흔으로 식료품을 약탈하러 들어온 사람들끼리 싸웠음을 짐작할 수 있었다. 유일하게 생화 매장만은 말라서 빛깔을 잃은 꽃들이 남아 있었다.

"아무것도 없네."

"여기도 보통 난리가 아니었나 봐. 도쿄에서도 상점들이 이래?"

"그렇지 뭐. 관동보다 이쪽이 더 심하긴 하지만."

시장에서 소프트크림가게 간판을 발견하자 히카루가 아쉬운 듯 입을 삐쭉거렸다.

"소프트크림 먹고 싶었는데. 밀크딸기 아이스크림 말이야."

"그런 건 더더욱 없지."

대충 둘러보고 만족했는지 히카루는 금세 "그만 됐다" 하며 탐색을 끝내려고 했다.

"정말 그만하고 갈래? 뒤쪽 창고에 뭔가 남아 있을지도 모르잖아."

"그냥 한번 둘러보고 싶었을 뿐이야. 이제 됐어."

그렇게 말하고 히카루는 가게 내부를 둘러보았다.

"한국으로 건너갈 때까지 어디서 지낼지 정하지 못하고 있었어. 후쿠오카에 산 적이 없어서 여기 지리도 잘 모르고. 그러다가 뭔가 맛난 게 먹고 싶어서 이토시마에 갔던 거야. 하지만 거기도 역시 아무것도 없고 기껏해야 굴 통조림 정도밖에 찾아내지 못했지."

농담처럼 웃으며 말하지만, 듣는 쪽은 너무 안타까워 겉치레 웃음조차 망설여졌다.

이런 상황에서도 나는 집에 식료품을 많이 비축해 두었다는 사실을 밝히지 않고 있었다. 대단한 양은 아니지만 절약하면 아키히토와 히카루에게도 조금 나눠줄 수 있을 것이다. 그래도 잠자코 있었다. 나는 이 형제를 믿지 않는 것일까. 물론 그럴 만도 하지, 처음 만난 사이니까. 조심해서 나쁠 게 없지. 나는 전혀 이기적인 행동을 하는 게 아냐. 그렇게 속으로 변명하지만 이의를 제기하는 또다른 나도 있었다. 이래서는 아버지와 다를 게 없잖아.

편의점 보존식을 잔뜩 싸들고 돌아온 아버지는 남들에게 나눠주는 것을 허용하지 않았다. 고용한 점원들이 "식료품 좀 나눠주세요"라고 집에 찾아와 부탁할 때도 아무것도 없다고 거짓말을 해서 돌려보내고 현관 안쪽에 바리케이드를 쌓았다. 나는 그 모습을 말없이 지켜만 보고 있었다. 살아남자면 어쩔 수 없는 일이라고 자신을 타이르며.

몇 달 전의 유쾌하지 못한 기억을 뇌 주름에서 캐내고 있는데 히카루가 불쑥 "어이" 하고 말을 걸었다.

"이월에 노아의 방주가 우주로 뜬다는데, 정말이야?"

나는 고개를 끄덕였다. 노아의 방주는 비유다.

이천이십사년 유월 이일, 소행성 충돌을 공표하기 전에 어느 나라의 실업가가 민간우주기업을 설립하고 정원 50명이라는 전대미문의 거대한 유인 우주선 제조 계획을 발표했다. 어디선가 기밀 정보를 듣고 지구를 탈출할 준비를 시작했던 것이다.

오는 이천이십오년 이월 이십팔일, 우주정거장에 도킹하여 소행성 충돌의 충격을 피하는 것을 목적으로 그 유인 우주선이 발사된다. 우주선에 승선할 50명을 정하는 기준은 공헌도가 높은 사람들 중에서 CEO가 독단으로 결정한다고 하니 어이가 없다. 전 세계에서 '노아의 방주 흉내'라는 비판이 쏟아졌지만 계획은 예정대로 실행될 것이라고 한다. 유언비어도 뭣도 아닌 거짓말 같은 실화였다.

승선 인원은 비공개지만 올해 구월 말 일본 내각총리대신이 방주 탑승권을 얻었다는 사실이 폭로되어 국내외에서 비난이 쏟아졌다. 만약 매년 연말에 하는 유행어 대상인지 뭔지가 열렸다면 수상이 곤혹스럽게 내뱉은 말, "그러니까 나중 일은 여러분이 서로 협조해서 어떻게든 해 보세요"라는 발언이 단연 가장 많은 표를 얻었을 것이다.

히카루는 한숨을 지으며 중얼거렸다.

"부자들은 생존할 권리를 살 수 있어서 좋겠다."

"하지만 우주로 도망쳐본들 살지 어떨지 알 수 없잖아."

전혀 위안이 되지 못하겠지만 나는 그 계획의 약점을 지적했다.

애초에 현대 우주기술로는 인류가 생존하는 데 필요한 물자들을 폐쇄된 공간에서 장기간 자급자족할 시스템을 구축할 수 없다. 때문에 노아호는 소행성 충돌의 충격과 그에 따른 2차 재해가 수습될 때까지만 국제우주정거장에 피난해 있다가 지구로 귀환하는 것을 목표로 하는데, 2차 재해가 언제 수습될지 예측이 모호한 상태이며, 귀환할 때 지상에서 충분한 지원을 얻을 수 있을지도 장담할 수 없다. 만약 지상으로 돌아오지 못하는 상황이 계속된다면 자원 부족, 식량 부족이란 문제를 극복할 수 없을 것이다. 그리고 무엇보다 50명이나 타는 대형 우주선이 성공한 전례가 없다. 최악의 경우는 모두 죽는다.

"그러니까 노아의 방주는 현명한 계획이 아니야. 정말 살아남고 싶은 부자라면 서양 쪽에 튼튼한 쉘터를 건설하고 있다고 하잖아."

나도 모르게 말이 많았다고 후회했지만 히카루는 감탄한 듯 "제법 유식한걸" 하고 말했다.

"잘은 모르지만 제발 충돌하지 않았으면 좋겠는데."

"그러게."

주차장으로 돌아온 우리는 교습차량 앞에서 흠칫하며 멈췄다. 차량 옆에 낯선 여자가 서 있었다. 여자는 차에서 내린 이사가와 강사에게 뭐라고 말하는 중이다. 뒷좌석에 앉은 아키히토가 걱정스레 창유리 밖으로 상황을 지켜보고 있다. 누구일까, 이 사람은.

여자는 삼십대 중반 정도로 보였다. 연두색 스웨터는 기름기로 지저분하고 머리카락은 헝클어져 있었다. 한 마디로 불결했다. 그러나 무엇보다 이상한 것은 그 외모가 아니라 여자가 내내 방실방실 웃고 있다는 것이다.

지금 규슈에 남은 사람은 다들 사연이 있다. 흠칫 뒷걸음질하며 몸을 도사렸지만 여자는 직매장에서 나온 우리를 보자 그 표정을 유지하며 천천히 다가왔다.

여자가 말했다.

"미안해요. 저어, 먹을 걸 좀 얻을 수 있을까요?"

이사가와 강사가 우리를 비호하듯 한 걸음 나섰다.

머리끝에서 발끝까지 관찰해보니 여자는 무기가 될 만한 것을 들고 있지 않았다. 주차장 한복판에 어느새 낯선 민트그린 자전거가 생겼는데, 여자가 타고 온 것일까? 그렇다면 이동 수단은 저 자전거고 자동차가 없는 모양이다.

"갑자기 말 걸어서 정말 미안해요. 하지만, 벌써 며칠을 굶었거든요."

여자 배에서 꼬르륵 소리가 났다. 나는 잠시 망설이다가 배낭에 손을 넣어 건빵 남은 것과 시리얼 바를 여자에게 내밀었다.

"이거라도 괜찮다면."

여자는 그것을 재빨리 낚아챘다.

"고마워요, 정말 고맙습니다……."

입꼬리를 더욱 끌어올리며 만면에 웃음을 지었다. 신기하게도 극심한 기아에 시달리고 있을 여자는 방금 얻은 먹을 것을 그 자리에서 입에 넣지 않고 소중하게 바지 주머니에 넣었다.

여자는 초점이 맺히지 않은 눈으로 우리를 둘러보았다.

"당신들도, 가사기 선생 댁으로 가시나요?"

뜻밖의 이름이 튀어나와서 나는 눈을 깜빡거렸다. 히카루도 교습차량에 있는 아키히토에게 시선을 던지며 서로 고개를 살짝 끄덕였다. 다치나미 준야의 모친 가사기 마리코는 초등학교 교사로 일했다고 들었다. 여자가 말하는 가사기 선생이 바로 그 사람일까?

"물론 그러시겠죠. 가사기 선생을 의지하려고 찾아오는 사람이 많아요. 제가 안내해드릴까요?"

여자의 제안에 대답하려고 내가 입을 여는 순간, 옆에서 뻗어온 손이 가로막았다. 이사가와 강사가 눈짓으로 나에게 뭔가를 전하려 했다. 입을 다물고 강사에게 맡기기로 했다.

강사는 태연한 얼굴로 시치미를 뗐다.

"아뇨, 우리는 식료품을 찾다가 여기까지 흘러온 것뿐이에요."

"그래요? 하지만 이 근방 슈퍼마켓은 다 털려서 아무것도 없잖아요."

"뭐, 근근이 버티고 있어요. 그런데, 가사기 선생이란 분은 누구죠?"

"저쪽에 초등학교가 보이죠? 거기서 교사로 일하던 분입니다. 그 초등학교는 금방 문을 닫아버려서 지금은 교사가 아니지만."

여자가 가리키는 것은 니시큐슈 자동차도 고가도로 너머로 보이는 크림색 학교였다. 유치원이 병설된 기독교계 사립초등학교. 역시 가사기 마리코의 직장이다.

소행성 충돌 공표 후 제일 먼저 폐쇄된 것은 사립초등학교였다고 한다. 회사, 공공시설, 국공립학교 등 조직이란 조직의 관리직들은 갑작스런 중대 사변에 공황 상태에 빠져 제대로 대응하지 못하고 개중에는 시월 중순까지 질질 끌며 운영을 계속한 곳도 있었다고 하는데, 그 점에서 사립학교는 폐쇄 판단이 빨랐다.

"가사기 선생은 미처 피하지 못한 근처 주민들을 모두 마을 공민회관에 불러들여서 돌봐주세요. 좋은 분이죠."

"공민회관, 에서요?"

"네. 바로 저기 있는 하타에 제2공민회관이에요."

정형외과의 한다 선생 같은 인물이다. 어디에나 친절한 사람은 있는 모양이라고 나는 순순히 감탄했다. 여자는 '가사기 선생'을 계속 칭찬해마지 않았다.

"정말이지 부처님 같은 분이세요. 우리 아들 담임교사였는데,

아들이 학교에 가고 싶어 하지 않을 때도 자기 일처럼 대처해주시고."

"오. 아드님이 몇 살이죠?"

"초등학교 6학년이에요."

그때 처음으로 위화감을 느꼈다. 지난 몇 달 동안 가정—특히 자녀가 있는 가정을 후쿠오카에서 본 적이 없다.

교습차량 도어를 통해 지켜보던 아키히토가 신중하게 물었다.

"아주머니도 거기서 지내세요?"

"나는……," 잠시 머뭇거리다가, "네. 아들과 함께 신세지고 있어요."

"그럼 지금 공민회관으로 돌아가는 길이세요?"

"네, 뭐 그렇죠."

가만 보니 여자는 상처투성이였다. 광대뼈나 손등에 푸른색, 보라색, 붉은색 등 다양한 빛깔의 멍이 흩어져 있었다. 일상에서 지속적으로 폭력에 노출되어 있다는 증거였다. 나는 깊은 공포를 느끼고 나도 모르는 사이 여자한테서 한 발 두 발 물러서고 있었다.

"정말로 먹을 것을, 고마워요. 그럼 저는 이만."

여자는 결국 자기 이름도 밝히지 않고 발을 질질 끄는 듯한 걸음으로 자전거를 향해 걸어갔다.

"잠깐만요. 아직 할 얘기가."

아키히토가 부르는 소리가 들리지 않는지 연두색 스웨터 여자는 금세 멀어져갔다.

"이사가와 씨, 괜찮을까요? 저 여자를 따라 공민회관에 가면 가사기 마리코 씨를 만날 수 있을지도 모르는데."

"일부러 혼자 보낸 거야."

이사가와 강사는 입가를 끌어올리며 웃었다. "저 여자를 미행하자."

"당연히 그래야지" 하며 갑자기 흥미를 보이는 히카루. 이 수사에 가장 어울리는 사람은 의외로 히카루인지 모른다.

강사가 핸들을 잡고 적당한 거리를 두며 여자의 자전거를 따라갔다. 거리를 두고 있다고 해도 도로에 다른 차가 다니는 것도 아니니 상대방도 뻔히 알 수밖에 없는 미행이었다. 여자도 미행당하고 있음을 알고 있을 것이다. 그러나 민트그린 자전거는 태평하게 계속 움직였다. 나의 불안감은 더욱 깊어졌다.

여자가 자전거를 멈춘 것은 역 근처 주택가. 하타에 제2공민회관 앞이었다. 이곳이 가사기가 주민을 모아서 돌보고 있다는 피난소다. 여자는 흐느적거리는 걸음으로 부지 안으로 들어갔다.

강사는 세 집쯤 떨어진 거리에서 교습차량을 세우고 소리가 나지 않도록 가만히 운전석에서 내려 공민회관 정문을 앞장서서 들어갔다. 아키히토가 "나는 차에서 기다릴게요"라고 말했지만 히카루가 받아들이지 않고 거반 강제로 아키히토를 업고 뒤따라 들어갔다.

여자는 현관 포치에서 멀거니 서 있었다. 문이 조금 열려 있었다. 공민회관 안에 있는 누군가와 이야기하는 듯했다.

처음 듣는 목소리였다. "이게 전부야?"

여자가 대답했다. "죄송해요, 이젠 어딜 가봐도 아무것도 없어요."

"이봐, 우치다 씨. 한 집 한 집 꼼꼼하게 뒤져보고 다닌 거야?"

"물론이죠."

"하는 수 없지. 그럼 우치다 씨, 수색 범위를 넓혀야겠어."

"하지만…… 자전거로는 아무래도 힘이 드는데."

주차장에서 만난 여자의 이름이 우치다인 듯했다. 음색으로 짐작건대 문을 사이에 두고 우치다와 이야기하는 상대도 여성이다. 우치다보다 어느 정도 연상인 듯했다.

그러자 상대 여자가 대뜸 날카로운 목소리로 말했다.

"당신 애 엄마잖아! 아들을 굶길 거야? 밥이 필요하다고, 밥이! 겨우 요거 들고 슬금슬금 돌아오다니, 제정신이야?"

대화 내용은 충분히 짐작할 수 있었다. 공민회관에 있는 여자는 우치다에게 먹을 것을 구해오라고 부탁했지만 우치다가 들고 돌아온 전리품—내가 준 시리얼 바와 먹다 남은 건빵—은 여자를 만족시킬 만한 것이 못 되었다. 그래서 격분하는 것이다.

그러나 아무리 그래도 너무한 처사였다. 우치다는 "죄송해요, 죄송해요"라고 거듭 사죄하지만 여자는 전혀 봐주지 않았다. 왜 이렇게 노골적인 상하관계가 생겨났을까.

"제대로 된 음식을 구하기 전에는 돌아오지 말라고 몇 번을 말해.”

“해가 지려고 해서…… 죄송해요, 아들 얼굴을 보고 싶었을 뿐이에요. 벌써 며칠이나 만나질 못해서.”

“내가 아들과 우치다 씨를 갈라놓기라도 한 것처럼 말하네. 이제 나도 관둘래.”

“죄송해요, 죄송해요.” 간절하게 사죄하는 우치다의 목소리가 어둠에 녹아들었다.

그때 살짝 열린 문 틈새로 몽둥이 같은 것이 쑥 튀어나왔다. 굵은 막대기처럼 생긴—장대나 대걸레자루일까?

이사가와 강사는 그것을 보는 순간 땅을 박차고 우치다에게 뛰어갔다. 몽둥이가 우치다의 머리로 떨어지기 직전에 강사가 문 틈새로 몸을 집어넣으며 그것을 손바닥으로 퍽, 소리가 나게 막았다.

놀라서 달려가 보니 문 안에 중년여인이 대걸레를 잡고 서 있었다. 불쑥 나타난 우리를 보고 놀라면서도 “누구죠?” 하며 몸을 도사렸다. 이사가와 강사가 도발하듯 웃으며 한손에 잡은 대걸레자루를 있는 힘껏 밀었다.

“진정하세요. 신분을 밝힐 테니까 먼저 그쪽부터 이런 무기는 쓰지 마세요.”

“이게 무기라고요? 이 대걸레자루가?”

“네. 이 사람 머리를 때리려고 했잖아요. 명백한 폭행죄, 아니 상해죄가 성립될 뻔했어요.”

강사와 여인이 3초 정도 눈싸움을 계속했다. 여인은 강사 뒤에 선 우리를 힐끔 보고는 키가 크고 요란하게 염색한 히카루의 머리를 보더니 대걸레자루를 내렸다.

그제야 이쪽을 돌아본 우치다가 놀란 얼굴을 하고 있었다. "당신들은 아까……."

우치다가 멍투성이였던 이유를 알 것 같았다.

히카루는 아키히토를 업은 채 한쪽 다리를 능숙하게 움직여 문을 더 크게 열었다.

"어이, 아줌씨, 왜 사람을 때리려고 하지?"

여자는 말이 없었다. 뭐라고 대답해야 이 상황을 원만하게 수습할 수 있을지, 아니, 어떻게 해야 우리를 구워삶을지 궁리하는 표정이었다. 히카루가 재촉하듯 "어이!" 하고 으르렁거리자,

"가사기 선생은 잘못 없어요. 제 잘못이에요." 하며 우치다가 끼어들었다.

"엄마 노릇 못하는 저를 가사기 선생이 꾸짖고 있을 뿐이에요."

"엄마 노릇이라니, 그게 뭔데?" 하고 묻는 히카루.

"아무튼 오해예요. 제가 잘못한 겁니다. 아무 일도 아니라니까요."

우치다는 대걸레자루를 든 여자를 '가사기 선생'이라고 불렀다. 역시 이 여자가 가사기 마리코인가? 유류품과 시신을 인수해 갔다는 다치나미 준야의 유일한 유족. 친절하고 부처님 같은 사람이라는 우치다의 평가는 이제 믿을 수 없었다. 가사기는 대체 무

슨 목적으로 이 공민회관에 남았을까.

가사기가 갑자기 상냥한 목소리로 돌변해서 우치다에게 바짝 다가섰다.

"말 좀 해줘, 우치다 씨. 이 사람들, 내가 무슨 악당이라도 되는 것처럼 말하잖아. 대체 뭐예요, 당신들, 누구세요?"

우치다는 주뼛거리면서도 우리를 차례대로 쳐다보았다. 근처에서 우연히 만났을 뿐이니 우치다도 우리에 대해 아는 것이 전혀 없다. 이사가와 강사가 한 걸음 나섰다.

"가사기 마리코 씨로군요. 아드님 사건을 수사하고 있는 사람들입니다."

"경찰?"

"뭐 그런 셈이죠. 아드님 시신을 인수해가셨다고 들었어요. 묻고 싶은 게 있어서 왔는데……."

우치다가 곤혹스러운 듯 손으로 입을 막고 가사기를 돌아다보았다.

"네? 가사기 선생의 아드님이 죽었어요?"

대체 우치다와 가사기 마리코의 관계는 무엇일까. 함께 지내는 사이치고는 거리감이 있다. 게다가 우치다는 가사기의 아들 다치나미 준야가 살해된 것을 모르는 듯했다.

현관 앞에서 엿들은 두 사람의 대화가 되살아났다.

―아들 얼굴을 보고 싶었을 뿐이에요. 벌써 며칠이나 만나질 못해서.

—내가 아들과 우치다 씨를 갈라놓기라도 한 것처럼 말하네. 이제 나도 관둘래.

아들이라면 아마 주차장에서 우치다가 이야기한 초등학교 6학년 아이를 말하는 것 같다. 우치다의 말투로 짐작건대 가사기는 우치다와 아들이 만나는 것을 제한하고 있는 것일까? 아무래도 두 사람이 교사와 학부모라는 건전한 관계에 있는 것처럼 보이지는 않았다.

"우치다 씨를 잠시 다른 곳에 가 있게 해주시겠어요?"

이사가와 강사가 제안하자 가사기는 우치다에게 공민회관 사무실에서 기다리라고 지시했다.

공민회관으로 들어간 우리는 로비 바닥에 앉아 내부를 둘러보았다. 안쪽에 다다미방 세 칸과 다목적 홀이 있는 것 같은데 긴 복도는 인기척 없이 휑뎅그렁했다. 히카루는 아키히토를 앉히려고 교습차량에서 휠체어를 꺼내왔지만, 로비에는 가사기가 들여다 놓은 물건들이 흩어져 있어 발 디딜 자리도 마땅치 않아 휠체어 옮기느라 고생을 했다. 가사기는 이 공민회관을 주인처럼 점유하고 있는 듯했다.

"왜 후쿠오카에 남은 거죠?"

"아무렴 무슨 상관이에요? 당신들한텐 말하고 싶지 않아요."

거반 드러누운 자세로 바닥에 앉은 가사기는 우치다가 모습을 감추자 더욱 오만한 말투가 되었다. 초등학교 교사라고는 생각하기 힘든 행동거지였다. 아니, 내가 학생 때도 이렇게 위압적으로 행동하는 교사가 많았던 듯도 하다.

이사가와 강사가 헛기침을 한 번 하고 내처 질문했다.

"뭐 좋습니다, 사실 당신이 무슨 사정으로 여기 있는지는 문제가 아니니까. 우치다 씨라고 했나요? 그 사람과는 어떤 관계죠?"

"그게 무슨 상관이죠? 아들 사건과는 무관한데."

"직업상 묻지 않을 수 없군요. 다른 범죄의 냄새가 나서 말이죠."

분위기가 팽팽해지는 것을 느꼈다. 강사를 노려보던 가사기가 체념하듯 한숨을 지었다.

"우치다 씨 아들을 내가 맡아두고 있어요."

가사기에 따르면 연두색 스웨터 여인의 이름은 우치다 히토미. 히토미의 아들 우치다 요지는 가사기가 일하던 사립초등학교에 다녔고, 그 학급 담임이 가사기였다고 한다. 작년 일월 요지는 반 아이들의 집단 따돌림으로 공황장애를 일으켜 사람이 많은 곳이나 폐쇄된 장소에 공포심을 품게 되었다. 우치다 히토미는 바깥으로 나가지도 못하는 요지를 데리고 후쿠오카에서 탈출하기는 어렵다고 판단하고 현지에 남기로 결심했다. 그런 두 사람을 불쌍히 여긴 가사기는 아이의 담임교사로서 돌봐주고 있을 뿐이라고 말했다.

아키히토가 옆에서 끼어들었다.

"요지 군의 아버지는요?"

"몰라요. 아마 혼자 피난 갔겠죠."

요지는 지금도 공민회관 안쪽 다다미방에 혼자 있다고 하는데, 가사기의 말은 어디까지가 진실일까. 미처 대피하지 못한 모자를 보살필 만큼 다정한 사람처럼 보이지는 않았다.

나도 마음에 걸리는 것을 물어보기로 했다.

"저어, 다른 사람들은요?"

가사기가 얼굴을 잔뜩 찡그렸다.

"뭐요? 똑똑히 말하세요."

"아, 아까 밖에서 우치다 씨와 잠시 이야기했는데, 가사기 씨가 근처 주민들을 모아서 피난소를 꾸리고 있다고 들었어요. 여기 피난한 다른 사람들은 어디 있죠?"

"아, 다른 사람들. 다른 사람들은…… 다른 사람들도 먹을 걸 구하러 다니고 있어요."

얼른 납득이 되지 않았다. 뭔가 켕기는 사정이 있는 거라고 직감했다. 이쪽에서 두 사람이 번갈아가며 질문할 때마다 가사기의 안색은 굳어져갔다.

이사가와 강사가 이어서 물었다.

"가사기 씨는 식량 조달하러 나가지 않나요?"

"나는, 말했잖아요, 요지 군을 돌봐야 한다고. 역할 분담 같은 거죠."

"그래요? 아이 돌보는 사람치고는 우치다 씨에 대한 예의가 없어 보입니다만."

"요즘은 식량이 부족해서 요지 군도 제대로 먹지 못했어요. 영

양가 있는 식사를 하게 해주고 싶어서 아까는 우치다 씨에게 강하게 말했을 뿐이에요."

계속 입은 놀리고 있지만 나오는 말들이 모두 경박하고 수다스럽다. 물 위를 흐르는 기름처럼 매끄럽다. 히카루가 핵심을 콕 짚었다.

"당신, 저 아줌마를 편리한 식량 조달책으로 부리고 있군. 대걸레자루로 때려가면서."

"젊은이가 말을 함부로 하네. 사지 멀쩡한 사람이 식량을 구하는 건 당연한 거지. 이런 판국에 히키코모리 아들을 돌봐주고 있는데 성의 표시 정도는 해야 하잖아."

아키히토가 발끈해서 말했다.

"때리는 것도 성의 표시인가?"

"내가 언제 때렸다고 그래. 도망친 남편한테라도 맞았나보지."

빤한 거짓말이라는 것은 알고 있었다. 우치다 얼굴에는 갓 생긴 멍도 있었으니까. 가사기는 우치다에게 폭력을 휘두르고 있다.

어차피 모두 죽는다. 기왕 죽을 거, 막판에라도 편하게 살고 싶다. 타인을 부려서라도 막판의 막판까지 편하게 지내고 싶다. 아마 어떤 이유 때문이든 후쿠오카 탈출을 포기한 가사기는 능란한 언변으로 우치다를 구워삶으며 혹사해왔을 것이다.

이 사람은 사악하다. 게다가 그 사악함을 숨기려고도 하지 않는다. 어차피 지구는 곧 끝날 테니까.

"그보다는, 그래, 준야에 대해서 물어보려고 왔다고 했잖아요?"

화제를 돌리려는 속을 빤히 드러내는 가사기. 이사가와 강사의 눈빛이 점점 차갑게 변해갔다.

"그럼 우치다 씨에 관한 건 나중으로 돌리고, 어디 자세히 들어봅시다. 사건 당일 밤 다치나미 준야 씨의 행적에 대하여 뭐 짚이는 것은 없습니까?"

조금 여유를 찾은 가사기가 웃음을 보였다.

"몰라요, 그런 바보 녀석의 행적 같은 건."

이혼 후 가사기와 피해자는 교류가 별로 없었다고 들은 바 있다. 같은 이토시마 시내에 살았고 두 사람 모두 피난 대신 후쿠오카에 남아 있었는데도 연락조차 하지 않았다고 가사기는 말했다.

"아드님을 마지막으로 만난 게 언제죠?"

"글쎄요. 1년, 아니 1년 반 전이었나?"

"준야 씨의 사망 추정 시각은 이십구일 오후 11시부터 다음날인 삼십일 오전 1시 사이로 보입니다. 그 시간대에 가사기 씨는 뭘 하고 있었죠?"

"뭡니까, 나를 의심하는 거예요?"

"죄송해요, 그냥 형식적으로 하는 질문입니다."

"내가 전혀 무관하다는 건 이미 증명되었어요. 사체자루를 가져온 형사가 알리바이란 걸 물었지만 그제 밤에 공민회관에 있던 것을 우치다 씨가 증언해주었어요."

"그랬나요? 그럼 아드님 시신과 유류품을 인수했다는 것은 사실이군요."

가사기는 가볍게 고개를 끄덕여 인정했다.

"수사에 진전이 있어서, 현장에 있던 유류품을 다시 조사할 필요가 있습니다. 아드님 휴대폰을 넘겨주시겠어요?"

이사가와 강사가 부탁하자 가사기는 갑자기 씩 웃으며 몸을 젖히고 가슴을 폈다. 입을 다문 채 아무 대답도 하지 않았다. 이윽고 강사가 낮은 목소리로 압박했다.

"이러면 가사기 씨에 대한 심증이 나빠집니다."

"당신 심증이 나빠져도 내가 곤란할 일 전혀 없어요."

"뭐라고요?"

"당신들, 경찰도 아니잖아요. 암만 봐도 공무원처럼 보이질 않네요."

아키히토의 휠체어와 히카루의 은발머리를 쳐다보고는 깔깔 웃었다.

"경찰 허가를 받고 수사하는 겁니다만."

"이제 경찰은 아무것도 못한다고 그럽디다. 어디서 허세를 떨어. 흠, 그래, 그 녀석 스마트폰을 원하는 거였군."

거드름피우는 투로 대화에 응하려 하지 않는다. 곤혹과 초조가 뒤섞인 표정을 짓고 있는 우리에게 가사기는 요란하게 한숨을 지어 보였다.

"아직도 모르겠어요? 이봐요, 협조하는 보람이 있다면 준야 스마트폰을 내줄 수도 있다고 말하는 거예요, 나는."

이사가와 강사의 눈썹이 움찔하며 꿈틀거렸다. 나도 모르게 "뭔 소리야"라고 중얼거려서 가사기의 쏘는 듯한 눈초리를 받았다.

"대가를 원한다?"

"그래요. 돈은 말고, 이제 돈은 종잇조각일 뿐이니까. 식수든 따뜻한 음식이든 뭐라도 좀 내놔 봐요. 경찰 관계자라면서요? 그럼 식료품 배급을 받을 텐데."

"대가가 없으면 협력하지 않겠다는 건가요?"

"당연하지."

강사는 냉정하려고 애쓰는 듯했지만 분노를 억제할 수 없는지 벌떡 일어섰다.

"아드님 시신을 봤잖아요. 얼마나 고통스럽게 죽었는지 짐작이 되지 않으세요?"

"몰라요. 제대로 보지 않았으니까."

"당신이 인수했잖아요?"

"순찰차가 불쑥 찾아와서 자루에 든 사체를 떠넘기고 갔을 뿐이에요. 그냥 마당에 내다버렸어요."

꼭 쥔 주먹이 분노로 바르르 떨렸다. 너무 어이가 없어 목소리도 나오지 않았다.

잠시 침묵이 드리운 탓인지 주변 소리가 잘 들렸다. 밖에서 지저귀는 참새 소리, 사무실에서 희미하게 들려오는 우치다 히토미의 숨소리, 그리고 내 고막 속에서 울리는 이명—너무나 조용하다.

아키히토가 말했다.

"아이 소리가 들리지 않는데?"

그 말을 듣는 순간 가슴 속에 차가운 바람이 지나간 기분이었다. 같은 곳에 있다는 우치다 히토미의 아들 목소리가, 기척이 전혀 들리지 않는다.

동생과 한 집에 살면서도 우리 오누이는 대화다운 대화를 거의 하지 않지만, 동생이 내는 기척은 매일 듣고 있다. 복도를 걷는 발소리나 의자 삐걱대는 소리. 한 집에 있으면 흔히 말하는 생활소음이라는 것이 들리게 마련이다.

나는 튕겨나듯 벌떡 일어나 로비를 지나 긴 복도로 향했다. 그때까지 야비한 웃음을 짓고 있던 가사기가 안색이 확 바뀌어, 뛰기 시작한 나에게 달려오려고 했다. 히카루가 얼른 발을 걸어 넘어뜨려서 가사기의 행동을 막았다.

지평선 너머로 사라진 해의 잔조에 의지하여 어둑한 다다미방을 차례대로 살펴보았다. 아무도 없다. 다목적 홀의 미닫이문을 열었다. 아무도 없다. 홀 옆의 통용문을 열고 뒤뜰을 확인했다. 아무도 없다.

어느 곳에도 우치다의 아들 요지는 보이지 않았다. 요지는커녕 공민회관은 우리 말고는 아무도 없었다. 우치다는 속고 있다.

어느새 내 옆에 이사가와 강사가 와 있었다. 강사는 텅 빈 다다미방을 보며 눈을 가늘게 뜨고 숨을 깊이 들이마셨다. 강사가 내뿜는 강렬한 분노에 소름이 돋았다.

이사가와 강사는 몸을 획 돌려 히카루 발에 걸려 넘어진 가사기의 머리카락을 그러쥐고 복도로 질질 끌고 갔다. 가사기가 새된 비명을 질렀지만 격앙한 이사가와 강사는 개의치 않았다.

놀라서 쫓아가보니 강사는 로비 바닥에 가사기를 내동댕이치고 그 몸뚱이 위에 걸터앉았다. 히카루와 아키히토는 너무 놀라 몸이 굳은 채 상황을 지그시 바라보고만 있었다.

"요지 군을 어디로 보냈지? 무슨 짓을 한 거야?"

"아무 짓도 하지 않았어!"

강사는 눈동자를 어둡게 이글거리며 가사기의 멱살을 움켜쥐었다. 가사기가 흔들리는 눈빛으로 도움을 청하듯 나를 보았다.

"날 똑바로 봐! 뭐든 대답을 해!"

있는 힘껏 뺨을 후려쳤다. 가사기의 목이 옆으로 크게 흔들렸다.

"가만 놔둘 줄 알았어? 계속 입 다물고 있으면 모가지 날아갈 때까지 때린다!"

나약한 소리로 울부짖는 가사기. 입술이 터지고 피가 뚝뚝 떨어지고 있었다.

"그만하세요, 강사님!"

보다 못해 뒤에서 강사의 겨드랑이에 팔을 넣어 강제로 떼어내려 했지만 내 힘으로는 어림도 없었다. 강사가 두 번, 세 번 가사기의 얼굴을 때렸다. 나는 강사에게 필사적으로 매달리며 가사기에게 호소했다.

"가사기 씨, 전부 말하세요! 안 그럼 이 사람한테 죽어요!"

신변의 위험을 느꼈는지 가사기가 순순히 말하기 시작했다.

사태의 시작은 역시 소행성이었다. 요지가 반에서 심하게 왕따를 당한 뒤 타인의 시선을 극도로 두려워하게 된 탓에 소행성 충돌이 공표되어도 집에서 나가지 못했다. 우치다 부부는 가족이 함께 후쿠오카를 탈출할 수 없다는 것을 깨닫고 절망했다. 판단력과 이성을 잃어버린 우치다 히토미의 남편은 구월 중순 아들과 함께 자살했다.

우치다 히토미는 아들의 죽음을 받아들이지 못했다. 시월 초, 우치다는 가사기가 후쿠오카에 남았다는 소문을 어디서 들었는지 가사기가 사는 연립주택으로 찾아왔다. 우치다는 가사기에게 '아들이 방에서 나오지 않는다'며 상담을 청했다고 한다.

처음에는 가사기도 우치다의 이야기를 믿고 성실하게 상담에 응했다. "아들을 설득해서 밖으로 나올 수 있게 해주세요"라고 호소하자 가사기도 하는 수 없이 요지와 면담하겠다고 승낙했다. 그런데 우치다의 집을 방문한 가사기는 크게 놀랐다. 우치다가 부패한 아들과 남편의 사체를 집 안에 두고 마치 그들이 살아 있는 것처럼 행동하고 있었던 것이다. 가사기는 우치다의 상태를 이용하기로 했다. 엉터리 이야기를 믿는 척하며 "내가 요지를 맡아줄 테니까 먹을 걸 구해와라"라고 지시하자 우치다는 우직스러울 만큼 가사기를 맹신하며 가사기에게 음식을 열심히 가져다주게 되었다.

요지와 남편의 사체는 가사기가 농사용 손수레에 싣고 초등학교 모래밭으로 옮겼다고 한다. 경찰에서 넘겨받은 다치나미 준야의 사체도 그들을 처리한 것처럼 모래를 덮어 방치해 두었다. 구월에 폐쇄된 이래 아무도 찾아오지 않게 된 사립학교는 사체를 유기하는 데 더없이 좋은 장소였다.

가사기의 고백을 듣고 나서도 이사가와 강사는 가사기를 사납게 흔들어댔다.

"당신이 요지 군을 죽인 거 아냐? 요지 군도 다치나미 준야도 전부 당신 짓이지?"

"천만에, 아녜요! 시체를 묻었을 뿐이에요! 이미 죽어 있었으니까!"

거짓말하는 것처럼 보이지는 않았지만 요지의 죽음을 이용한 것은 분명했다. 아마 우치다 히토미는 지난 몇 달 동안 식료품과 생활용품을 전부 가사기에게 갖다바치며 지냈을 것이다.

공민회관에서 피난소를 꾸렸다는 것은 거짓이고 요지를 돌봐준다는 것도 거짓이었다. 그러나 가사기는 전부 정신착란에 빠진 우치다가 만들어낸 망상이며, 자신은 어디까지나 그 망상을 이용했을 뿐이라고 주장했다.

"우치다 씨를 왜 때렸지?"

"그, 그건, 그 여자, 기분 나쁘니까."

주눅 든 기색도 없이 가사기는 그렇게 단언했다.

"내가 왜 이런 꼴을 당해야 하죠? 나는 지금까지 누구한테나 친절했어요. 머리가 돌아버린 여자와 어울려주었다고요. 바보 같은 아들 준야의 사체자루까지 싫은 소리 한 마디 없이 인수했고. 준야만 해도 뭐 하나 칭찬할 만한 아이가 아니었는데."

공포에 질린 가사기의 발언은 금세 횡설수설로 변하여, 불쑥 자기 아들 다치나미 준야 이야기로 옮겨갔다.

"교사 아들이란 녀석이 급우를 괴롭혔으니 내가 얼마나 난처했는지 몰라요. 이런 내 마음도 모르고 바보 같은 남편이란 작자는 아들의 응석을 받아주기만 하니 나만 바늘방석이었어요. 전학을 시키지 말았어야 했는데. 그대로 메이소학원 고등부에 진학하게 놔두고 준야도 고통을 겪게 했어야 하는데!"

메이소학원. 얼마 전에 들었던 명문학교다.

—아, 그리고, 다카나시가 졸업한 중학교는 메이소학원 중등부라고 합니다. 아시죠. 히가시히에역 근처에 있는 명문사립.

긴지마가 말해준 하카타 피해자와 출신 중학교가 같다. 학년도 같다.

다치나미 준야는 동급생을 괴롭힌 탓에 그 학교에 계속 다닐 수 없어서, 중고일관교인 메이소학원 중등부를 나왔지만 고등부로 진학하지 못하고 조난고등학교에 진학했던 것이다.

이사가와 강사는 침을 뱉었다.

"쓰레기 같은 것."

"잘못을 좀 했다고 살아 있어선 안 된다는 거예요?"

"그래. 너 같은 악당은 살 가치가 없어. 소행성이 충돌하기 전에 내가 때려죽여주지."

그렇게 차갑게 쏘아붙이고 다시 가사기를 때리려고 주먹을 허공으로 쳐들었다. 무엇이 강사를 이렇게 몰아세우는지 알 수 없었다. 강사의 옆얼굴에서는 인간성이 깨끗이 사라지고 인형이나 마네킹처럼 차가운 표정만 남아 있었다. 나는 히카루와 아키히토에게 소리쳤다.

"이리 와서 강사님 좀 말려!"

먼저 움직인 것은 아키히토였다. 휠체어에서 기어 내려와 강사의 팔을 잡았다. 그것을 본 히카루가 그제야 정신을 차리고 가세했다.

이사가와 강사는 잠시 저항하다가 "하루 짱은 착하다니까" 하고 희미한 미소를 지으며 팔을 내렸다. 그리고 가사기 위에 타고 앉은 채 매서운 눈으로 가사기를 노려보았다.

"앞으로 우치다 씨에게 절대 접근하지 마. 그리고 다치나미 준야의 스마트폰을 당장 내놔."

"알았어요, 알았으니까 비켜요. 지금 가져올 테니까."

경찰에게 넘겨받은 다치나미 준야의 유류품은 다목적 홀의 수납상자에 넣어두었다고 한다. 가사기는 눈물 젖은 눈으로 "바로 돌아온다니까"라고 호소해서 풀려나자 비척거리는 걸음으로 로비를 나갔다.

"무슨 일이에요?"

소란한 소리를 들은 우치다 히토미가 가사기와 자리바꿈하듯 사무실에서 나왔다. 불안한 표정으로 "가사기 선생님은요?" 하고 나지막이 물었다.

"우치다 씨, 당신은 가사기 씨에게 속고 있어요."

"죄송해요, 무슨 말씀이신지?"

이사가와 강사의 손바닥에 피가 묻은 것을 보자 우치다의 얼굴에서 금세 핏기가 사라졌다. 다치나미의 스마트폰을 가져오겠다고 나간 가사기는 기다릴 만큼 기다려도 모습을 보이지 않았다.

히카루가 다목적 홀로 달려갔다.

"어이! 그 여자가 도망치고 있어!"

뛰어가 보니 다목적 홀 옆의 비상구가 활짝 열려 있었다. 문을 나가 급하게 도망치는 가사기의 작은 뒷모습이 보였다. 그때 우치다가 갑자기 이사가와 강사에게 매달리며 양 어깨를 흔들었다.

"가사기 선생한테 무슨 짓을 한 거예요! 우리한테는 저분이 꼭 필요하다고요!"

날카롭게 째지는 목소리로 아우성치는 우치다를 강사가 열심히 설득했다.

"잘 보세요, 우치다 씨. 여기에 아무도 없잖아요. 요지 군도 여기엔 없어요."

"있잖아요, 여기!"

다목적 홀 안을 가리키며 우치다가 단언했다. 휑뎅그렁한 홀에는 가사기가 가져다 놓은 짐들만 지저분하게 놓여 있을 뿐 아무도 없었다.

우치다 히토미는 피해자다. 가사기 마리코에게 속아 이용당하고 고통받고 있다. 도와야 한다고 머리로는 이해하지만 우치다의 신들린 표정에 아연하고 말았다.

"가사기 선생님!"

순간적으로 벌어진 일이었다. 우치다는 이사가와 강사의 제지를 뿌리치고 가사기를 쫓아 비상구를 뛰어나갔다. 가사기 마리코는 얼핏 뒤를 돌아보았지만 다시 뛰기 시작했다. 마치 우치다에게서 도망치듯이.

*

교습차량 전조등이 한밤의 어둠을 일직선으로 뚫고 있었다. "하루 짱이 운전해"라고 해서 운전석에 앉았지만 강사는 행선지를 고하지 않았다. 그저 이곳에서 멀어져야 한다는 생각으로 핸들을 꼭 쥐었다.

아키히토가 불쑥 말했다. "그 사람들은 어떻게 되려나."

부근을 수색해 보았지만 가사기도 우치다도 보이지 않았다. 결국 다치나미 준야의 스마트폰을 확보하지 못했다. 앞으로 66일간 두 여인이 어떻게 지낼지, 어떻게 살아갈지 아무도 알지 못한다.

어차피 두 달 뒤면 지구는 끝난다. 그동안 남들이 죽든 살든 상관없다고 생각해버리면 조금 편해질까? 오늘 아침부터 내내 그랬다. 새로운 정보를 얻을 때마다 늪 속으로 가라앉는 것처럼 마음이 무거워졌다.

"이제 어떡하지?"

이사가와 강사의 물음은 아키히토와 히카루 두 사람에게 던진 것이었다. 두 사람은 대답을 찾지 못하고 침묵했다. 나는 심호흡을 반복하여 마음을 가다듬고 나서 입을 열었다.

"다자이후까지, 같이 가는 건 어때?"

백미러 너머로 뒷좌석을 보았다. 아키히토는 평소처럼 부드러운 미소를 지을 뿐 감정을 드러내지 않았지만 히카루는 눈을 크게 뜨고 놀라움을 표했다.

"무슨 소리야. 나랑 형은 한국으로 피난한다니까."

"출발하려면 아직 멀었잖아. 우리 편의점에 식료품 여유분이 있어. 두 사람만 괜찮다면 그거 가지러 가지 않을래?"

식료품 여유분을 숨겨 놓고 있었다는 죄책감에 나는 내심 흠칫거렸다. 왜 지금까지 말을 안 했냐고 비난해도 어쩔 수 없었다.

그러자 차 안에 쾌활한 목소리가 울렸다.

"엄청 도움 되지! 고마워, 하루."

히카루는 몇 번이나 고맙다고 말하며 요란할 정도로 고마움을 표하려고 했다. 아키히토는 붕대에 가려져 있어도 알 수 있을 정도로 미안한 듯 눈썹꼬리를 내렸다.

"너무 고맙네. 하지만 하루 짱, 동생과 함께 지내고 있잖아?"

이사가와 강사가 끼어들었다. "운전학원에 묵으면 되겠네."

이번에는 내가 놀랐다.

"괜찮겠어요, 강사님?"

"내 학원도 아닌데뭐. 하루 짬만 괜찮다면 상관없지."

처음 보는 사람을 집으로 불러들여 식료품을 나눠주려고 하다니, 오늘의 나는 어딘지 이상하다. 하지만 더 일찍 이렇게 했어야 했다고 생각했다. 이사가와 강사에게도, 히카루와 아키히토에게도.

하카타역까지 돌아온 우리는 갈 때와 마찬가지로 쓰키구마 분기점을 거쳐 도시고속도로로 들어가 다자이후 나들목 방면으로 핸들을 틀었다.

좁은 차에 네 명이 타고 가는 야간 드라이브는 조용했다. 가끔 누가 한두 마디 할 때도 있지만 저마다 상념에 빠져 있었다. 오오노조에 접어들 즈음 히카루가 운전석과 조수석 사이로 얼굴을 들이밀고 앞유리를 들여다보듯 동녘 하늘을 올려다보며 말했다.

"저기 보이는 빨간 별. 저거, 테로스인가?"

"아니, 화성이야."

나는 진행방향에서 잠깐 눈길을 돌려 동녘 하늘을 바라보았다.

"올해 십이월은 화성이 잘 보여. 화성은 지구에 가까워졌다 멀어졌다를 2년 2개월마다 반복하는데, 지금은 접근하는 때거든. 특히 내년 일월 십육일은 가장 가까울 때라 더 예쁠 거야. 한동안은 태양 반대편에서 빨갛게 빛나는 화성을 밤새 육안으로 볼 수 있어."

이사가와 강사는 "하루 짱은 별을 좋아하는구나"라고 감탄했다. 그래, 나는 별을 좋아한다.

다자이후 시내로 가려면 다자이후 나들목이 아니라 그 직전의 미즈키 나들목으로 나가야 한다. 19시 50분이 지나서 미즈키 나들목에 무사히 도착한 우리는 식료품 보급을 위해 우리 집 편의점으로 향했다. 아버지는 식료품을 거의 다 집 안으로 옮겨놓았는데, 편의점에서 미처 옮길 수 없었던 비상식품은 자물쇠를 채운 뒤쪽 창고에 숨겨두었다. 캄캄한 편의점이 시야에 들어올 때는 20시가 지나고 있었다. 이렇게 장시간 운전석에 앉은 것은 처음이었다.

차를 편의점 주차장에 세우자 이사가와 강사가 대시보드에 두었던 교습원부를 얼른 꺼냈다.

"그럼, 오늘의 고속도로 실습은 합격이야."

나는 그가 내민 원부를 빤히 쳐다보다가 아, 하는 소리를 냈다. 많은 일들이 일어난 탓에 까맣게 잊고 있었지만 원래 오늘은 고속도로 실습이 있는 날이었다.

나는 혼자 차에서 내려 아버지한테 받아둔 열쇠로 뒤쪽 창고에 들어가 식료품을 접이식 컨테이너에 잇달아 던져 넣었다. 과일젤리, 2리터들이 차와 사이다, 통조림, 라면, 수프 건더기, 냉동카레, 냉동파우치 쌀밥 등. 그 참에 수건이나 손수건, 반창고, 두통약 등 잡화류와 예비용 가스 버너도 가져가자.

어쩌면 나와 세이고가 먹을 식료품이 부족해질지 모른다는 불안이 머리를 스쳤지만 깊이 생각하지 않기로 했다. 컨테이너를 작은 캐리어에 싣고 밖으로 밀고 나갔다.

캐리어를 밀며 편의점 뒤 우리 집을 바라보았다. 세이고 방에 랜턴 조명이 꺼져 있었다. 잠을 자기에는 이른 시각이지만 세이고가 언제 자고 언제 일어나는지 나도 잘 모른다. 세이고는 불안하지 않았을까? 왠지 마구 울고 싶었다. 어릴 때부터 별에 매료되어 왔지만 밤 특유의 쓸쓸함은 싫었다.

시트에 다 싣기 힘들 정도로 많은 짐을 히카루에게 넘기자 그는 크게 기뻐했다.

"우와, 굉장해, 진수성찬이네! 사이다까지 있어! 이거 전부 받아도 돼?"

다행이다. 나와 세이고는 탄산음료를 못 마시니까 탄산음료를 좋아하는 사람에게 주는 게 낫다.

"그럼 나는 이만 실례할게요."

목례를 하고 집으로 가려고 하는 나를 아키히토가 불러 세웠다.

"하루 짱은 같이 안 가? 운전학원에. 같이 가서 저녁 먹지?"

이사가와 강사에게 배웠는지 아키히토도 어느새 '하루 짱'이라 부르고 있었다.

"나는 사양할게. 집에 동생도 있고."

이사가와 강사도 나를 설득했다.

"모처럼 이렇게 모였는데, 동생도 데려가면 어때?"

"동생은 가고 싶어 하지 않을 거예요, 히키코모리라서."

"유감이네. 히즈미 미에코의 노트를 조사할 때 하루 짱도 도와주었으면 했는데."

그 말을 듣자 심장이 마구 뛰기 시작했다. 그래, 아직 노트를 조사하지 않았다.

"히즈미 미에코의 노트? 뭔데요, 그게."

히카루와 아키히토가 고개를 갸웃거렸다. 법률사무소에서 피해자의 노트를 발견한 사실을 설명하자 아키히토는 "일손이 필요한 작업이군" 하고 말했다.

솔직히 히즈미가 남긴 기록에는 관심이 많았다. 게다가 수사 진척 상황을 확인하고 싶었다. 강사의 추리가 어디까지 전개되고 있는지 궁금했다. 나는 다시 한 번 집을 돌아보고 나서 이사가와 강사 일행을 따라가기로 결심했다.

우리는 다자이후 운전학원 제1강의실에 양초와 랜턴을 늘어놓고 저녁식사를 준비했다. 냉동카레 파우치와, 본래는 전자레인지로 덥혀야 하는 냉동 쌀밥 팩을 물에 함께 데웠다. 이사가와 강사가 가져온 캠핑용 휘발유 버너는 물 끓이는 데 크게 활약했다.

모두들 따뜻한 밥은 오랜만이라며 카레를 열심히 입안에 쓸어넣었다. 아키히토와 히카루는 사이다를 맛나게 마셨다.

"오늘 수사를 하다 보니 내가 생각하던 범인상이 바뀌었어."

카레와 차를 번갈아 입으로 나르던 이사가와 강사가 쩝쩝거리며 말했다.

"하카타, 이토시마, 다자이후 등 제법 멀리 떨어진 세 곳에서 짧은 시간 안에 일어난 세 건의 살인은 자포자기에 빠져서 저지른 범행이거나, 도시 기능이 붕괴한 틈을 타서 뛰쳐나온 쾌락 살인마의 범행이라고 생각했었어. 하지만 그 생각은 피해자들 사이에 공통점이 없다는 믿음, 즉 무차별 연속살인이라는 선입견 위에서나 성립할 수 있는 범인상이었지. 만약 피해자 세 명 사이에 뭔가 관련이 있다면 원한에 따른 범행일 가능성도 있어."

아키히토가 의문을 표했다.

"원한? 어차피 두 달 뒤면 온 인류가 죽을 텐데 굳이 제 손에 피를 묻히면서까지 원한을 풀 필요가 있을까요? 미래가 없는데 무슨 의미가 있다는 거죠?"

"넓게 보자면 지구가 멸망하든 말든 이 세상 모든 것들이 원래 무의미한 거야. 그래도 무의미한 행위를 멈추지 않는 것이 인간이지. 봐, 인간은 언젠가 반드시 죽게 돼 있고 카레를 먹어도 언젠가는 똥이 되잖아. 그래도 우리는 카레를 먹지."

내가 볼멘소리를 했다. "지금 밥 먹고 있는데!"

히카루도 입을 우물거리며 대화에 참여했다.

"그럼, 범인은 세 사람에게 원한을 품고 있다가 지구가 멸망한다니까 그 전에 직접 원한을 풀고 싶었다는 거네."

"아직 단정할 수는 없지. 하지만 지금은 그렇게 생각하고 추적하고 있어. 첫 피해자 다카나시 유이치. 그의 휴대폰 메시지 앱에 NARU라는 수수께끼의 인물과 나눈 톡이 남아 있었어. 세 번째 피해자 히즈미 미에코도 컴퓨터로 NARU와 메일을 교환했고. 그리고 가사기 마리코의 증언으로 다카나시 유이치와 다치나미 준야가 모두 메이소학원 중등부에 다녔다는 걸 알았어. 첫 번째와 두 번째 피해자는 같은 중학교 출신이고, 첫 번째와 세 번째 피해자에게는 공통된 지인이 있었어. 이게 과연 우연일까? 세 피해자, 아니 NARU를 포함하면 네 사람은 연결되어 있었다고 생각하는 게 자연스럽겠지. 아쉽게 확보하지 못한 다치나미 준야의 스마트폰에도 NARU와 연락한 흔적이 남아 있을지 몰라."

"그럼 그 NARU란 놈이 범인인가?"

"제일 유력하긴 하지. 거기서 중요해지는 것이 바로 이 변호사 노트야."

강사는 교실 앞쪽에 있는 긴 책상에 쌓아둔 노트더미를 가리키며 한쪽 볼만 끌어올리며 웃었다.

"히즈미 미에코가 꼼꼼한 사람이어서 다행이야. 수임한 안건, 즉 갈등의 기록이 산더미처럼 남아 있는 거지. 이걸 뒤져보면 히즈미와 다른 피해자 두 사람, 혹은 NARU와의 접점이 나올 거야."

이사가와 강사는 확신하는 얼굴로 말했지만 나는 고개를 갸웃거렸다.

"이 방대한 기록에서 힌트가 될 만한 내용을 찾아내기는 어려울 것 같은데……."

"여기 네 명이나 있잖아."

역시 나를 붙잡은 것도 인해전술을 위해서인가? 노트를 팔랑 팔랑 넘기던 히카루는 깨알 같은 글자가 빼곡히 적혀 있는 것을 보더니 혀를 내두르며 일찌감치 전의를 상실했지만, 아키히토는 "해보죠뭐" 하고 협조적인 태도를 보여주었다. 될 대로 되겠지.

저녁을 먹은 뒤 이사가와 강사는 노트더미를 넷으로 나누었다. 표지에 적힌 연도가 더미에 따라 달랐다. 이천이십일년부터 이천 이십사년까지 4년치 기록이 망라되어 있었다.

"그럼 나는 이천이십이년 기록을 살펴볼게요."

내가 긴 테이블에서 노트더미 하나를 택하자 다른 사람들도 각 자 더미를 택해서 자기 자리로 옮겼다. 이천이십이년 노트는 모 두 14권. 쥐죽은 듯 조용해진 교실에 페이지 넘기는 소리만 울렸 다.

노트를 보면 볼수록 히즈미가 꼼꼼한 성격임을 알 수 있었다. 컴퓨터나 스마트폰에 입력하는 게 더 빠른 줄 알면서 굳이 종이 메모장을 들고 다니는 마음도 왠지 알 것 같았다. 아마 노트 작성 자체에 애착이 있는 사람이었을 것이다. 내 멋대로 친근감을 느 끼는 한편 뭐라고 형용키 힘든 죄책감이 부풀어갔다.

후쓰카이치 법률사무소가 다루는 분야는 교통사고나 부동산 갈등부터 채무 정리, 이혼, 유언 및 상속, 형사 사건까지 다방면 에 걸쳐 있고 법인 상대로는 기업법무 전반도 담당하는 듯했다. 노트 기록으로 보는 한 히즈미 미에코가 능한 분야는 아동학대,

체벌, 교사의 성폭행, 등교거부, 이지메, 아동상담소 등 행정기관과의 교섭 대행 등 주로 아동 권리에 관한 업무인 것 같았다.

히카루는 시작한 지 15분 만에 단서 찾기에 싫증이 났는지 입을 가리지도 않고 요란하게 하품을 했다. 반면에 아키히토는 손가락으로 글을 짚어가며 집중하고 있었다.

이사가와 강사는 굉장한 속도로 잇달아 페이지를 넘겼다. 읽는 속도가 전혀 달랐다. 지면을 대각선으로 쓱 훑어보는 것 같지만 그렇다고 적당히 읽는 느낌은 아니다. 필요한 정보를 한순간에 읽어내는 기술이 있는 듯했다. 나는 초조감을 느끼며 노트에 의식을 집중하려고 애썼다.

"히카루, 집중해."

히카루의 손이 놀고 있는 것을 보다 못해 아키히토가 교사 같은 말투로 말했다. 히카루는 불만스러운 목소리로 대꾸했다.

"십이월 마지막 날에 이게 뭐야."

"추석이든 설이든 무슨 상관이야."

"알아. 아아, 그래도 홍백가합전이 없으면 연말연시가 아니지."

노트를 훌훌 넘기며 읽는 히카루가 태평하게 콧노래를 흥얼거렸다. 역시 음치가 분명하지만 「아마기고에」라는 걸 겨우 알아들을 수 있을 정도는 됐다.

그리고 다시 5분이 지났을까, 히카루는 "휴식!" 하고 외치며 일어섰다. 이사가와 강사도 얼굴을 들고 "나 화장실"이라고 짤막하게 말하고 일어섰다. 교실에는 나와 아키히토 두 사람만 남았다.

아키히토는 노트에서 눈을 떼지 않은 채 물었다.

"하루 짱은, 나랑 히카루가 무섭지 않아?"

"오늘 만났으니까 아직은 조금 무섭지만……."

"그런 말이 아니라, 사실 나, 탈옥한 범죄자야. 살인범. 이사가와 씨와 하루 짱이 지금 추적하는 연쇄살인범과 비슷한 짓을 저질렀어."

아키히토는 히카루와는 또 다른 종류의, 상대방 가슴에 파고드는 재능을 가지고 있다. 하지만 지금은 단어를 골라가며 적당히 대답할 여유가 없었다.

"이 사건의 범인과 아키히토 군은 다르다고 생각해."

"내 처지를 동정하는 건가?"

"응. 그럴지도."

약자의 보복. 복수극. 료도 아키히토가 저지른 충격적 사건은 언론을 연일 장식하고 뒷얘기 좋아하는 주간지는 꼼꼼하게 지도까지 곁들여가며 살해 방법을 시시콜콜 보도했다. 아키히토는 삼촌 식사에 수면제를 넣고 한밤에 계획을 실행했다. 깊이 잠든 삼촌의 목에 비닐 끈을 감아 한쪽 끝을 베란다 기둥에 묶고 다른 한쪽을 휠체어 바퀴에 묶어서 교살했다. 당시 언론은 삼촌에게 학대받으며 살던 료도 아키히토를 비극의 주인공처럼 다루었다. 체포 당시 했던 "죽이지 않으면 내가 죽으니까"라는 진술은 지금도 기억하고 있다.

그러나 당장은 아키히토의 과거를 생각하고 있을 여유가 없다.

눈앞에 있는 기록을 추적해야 한다. 찾아내야 한다. NARU. 나루.

"멋대로 동정해서 미안."

"신경 쓰지 마. 이딴 놈을 동정하게 만들어서 나야말로 미안."

"아키히토 군은 상냥해."

"상냥하긴. 전혀 안 그래, 나."

초점이 흔들려 읽기가 힘들다. 눈앞의 노트 기록과 아키히토의 말이 머릿속에서 뒤섞이고 있었다.

"내가 체포되는 바람에 히카루는 살인범 동생이 됐지. ……후회하고 있어. 그런 짓 하는 게 아니었어."

그 말을 들으니 한 가지 기억이 떠올랐다. 인터넷뉴스인지 뭔지에서 보았을 것이다. 료도 아키히토는 삼촌을 살해한 뒤 제 몸에 불을 붙여 자살하려고 했다. 가족이 그것을 말리자 가까운 파출소에 자수했다고 한다. 아키히토의 자살을 말린 사람은 히카루였을까?

"아키히토 군, 후회하는구나."

"물론이지. 역시, 사람을 죽이는 건 좋지 않아."

"하지만 쓰레기 같은 놈이었잖아."

"하루 짱 입에서 쓰레기 같은 놈이란 말이 나오니까 왠지 설득력 있네."

살인이라는 수단을 택하게 했을 만큼 아키히토를 궁지로 내몬 그 삼촌이란 자는 논란의 여지가 없는 악인이었다. 그런 자를 죽이면 안 되는 이유는 무엇일까. 한낱 악인 따위를 죽여서 살인범으로 전락하는 것은 어리석기 때문일까? 아니면 '눈에는 눈'을 반복하다가는 결국 인류가 다 멸망해버리기 때문일까. 아키히토의 답은 달랐다.

"아무리 쓰레기 같은 놈이라도 생명을 위협받지 않을 권리는 있으니까, 라고 할까. 잘 모르겠네."

"아키히토의 삼촌이 만약 살해되지 않고 살았다면, 언젠가 자기 행동을 반성할 만한 사람이었어?"

"아니, 그 사람은 아마 전혀 반성하지 않았을 거야."

"그래도?"

"응. 그래도, 나는 반성하고 후회해."

우리의 대화가 끊기고 강사와 히카루가 짧은 휴식에서 돌아올 때였다. 나는 손에 든 노트에서 어느 이름을 발견했다. 강사의 "다녀왔어"라는 태평한 목소리가 귀에 들어오는 순간 나는 재빨리 그 노트를 배낭에 숨겼다.

"둘이서 무슨 얘기 했어?" 하고 묻는 이사가와 강사.

"아무것도요."

"아무것도 아닌 게 아닐 텐데."

강사는 웃으며 자리에 앉아 노트 조사를 계속하려고 했다. 나는 충동적으로 자리에서 일어났다.

"역시, 저는 그만 집으로 돌아갈래요."

강사는 의아한 표정으로 눈을 두어 번 깜빡였다.

"벌써 가게? 왜? 동생이 걱정돼?"

"네. 제대로 도와드리지 못해 죄송해요."

"그럼 데려다줄게. 밤길은 위험해."

"괜찮아요."

"내가 괜찮지 않아. 살인범이라도 나타나면 어쩌려고."

예감이 좋지 않았다. 혼자 가겠다고 버텨보지만 강사는 더 끈질기게 바래다주겠다고 주장했다. 교실을 나가는 나에게 히카루가 "내일 또 봐"라고 웃는 얼굴로 손을 흔들었다.

교습차량 조수석에 탄 나는 이사가와 강사의 옆얼굴을 바라보며 얕은 호흡을 반복했다. 침묵이 힘겨웠다. 아무 말이 없는 강사를 대신해서 내가 입을 열었다.

"이사가와 강사님은 NARU가 세 사람을 죽였다고 생각하세요?"

잠시 뜸을 두고, "몰라."

"그럼, 뭘 어디까지 알고 있는 거죠?"

"아직 아무것도 파악하지 못했어. 다만, 걸리는 점이 있다고나 할까."

온몸의 피가 빠르게 심장으로 몰려들었다. 가만히 있으면 이 박동을 강사도 듣고 말 것 같아 무릎 위의 배낭을 꼭 안았다.

"하루 짱 동생 말인데, 어느 중학교에 다녔어?"

나왔다.

"동생이 다니던 중학교가 어디야?"

"질문의 의도를 모르겠네요."

"사실은 알고 있지?"

손가락 끝이 떨린다. 더는 평정을 가장하기도 힘들어지고 있었다.

"강사님 이러는 거, 정말 질색이에요. 사적인 일을 꼬치꼬치 캐묻지 말아주세요. 내가 왜 동생이 다니던 중학교까지 말해야 하죠?"

"이상하다고 생각했어, 처음부터."

교습차량은 어디로 우회하지도 않고 우리 집으로 곧장 달리고 있었다. 강사의 억양 없는 목소리가 조용한 차량 안에 담담하게 흘렀다.

"어제 하루 짱은 엄마가 '스마트폰도 지갑도 통장도 차 키도, 아무것도 챙기지 않고 입던 옷 그대로 뛰쳐나갔다'고 말했지. 하루 짱 엄마는 차 키를 두고 나갔어. 즉 차를 집에 두고 나갔다는 거지. 하지만 오늘 아침 하루 짱을 데리러 갔을 때 주차장에 차가 한 대밖에 없었어. 두 대를 주차할 면적이던데. 사실은 아빠 차와 엄마 차 두 대가 있었지? 아빠는 집에서 목을 매 자살하고 엄마는 차를 두고 떠났고. 그럼 주차장에서 사라진 차 한 대는 누가 어디로 몰고 갔을까?"

그렇다. 4개월 전, 엄마는 차를 두고 집을 나갔다. 그날부터 바로 그제까지 아버지의 N-BOX 옆에는 엄마가 두고 간 델리카 D:2가 나란히 서 있었다.

"점심때 하카타 북서 주차장에 다카나시 유이치가 죽은 차를 보러 갔었지? 그때 긴지마 씨는 문제 차량의 색상은 언급하지 않았고 차종을 솔리오라고 잘못 말했는데 하루 짱은 곧장 델리카 D:2로—살해 현장이었던 파란색 차로 걸어갔지. 거리가 멀어서 피 묻은 시트까지는 보이지 않았을 텐데 말이야. 하루 짱은 그 차의 색상과 형태가 익숙했고, 그 차가 범행에 사용되었다는 걸 알고 있었던 거 아냐?"

말문이 막혔다. 뭐라고든 말을 해야 한다. 하지만 초조하게 생각할수록 호흡이 거칠어지고 사고는 갈피를 잃었다.

"하루 짱을 범인이라고 생각하지는 않아. 다만 범인을 위해 수사를 교란할 가능성은 있어. 하루 짱이 범인을 파악한 것은……
그래, 경찰서에서 피해자 이름을 들었을 때가 아닐까."

전부 강사가 말한 대로였다. 나는 다카나시 유이치와 다치나미 준야라는 이름을 알고 있었다. 동생의 나쁜 친구들. 예전에 그 아이들 이름을 들었을 때 두 사람 모두 '다'로 시작되는데다 특이한 성이네, 라고 생각했던 것까지 기억한다. 그 기억이 2년 전 머릿속 한쪽에 들러붙은 채 사라지지 않았다.

"그리고, 후쓰카이치 법률사무소에서 히즈미의 메일을 보았을 때도 하루 짱의 분위기가 이상했어. NARU의 정체를 파악했던 거 아냐?"

나는 눈을 꼭 감았다.

"하루 짱 동생 이름이 뭐지? NARU는 하루 짱 동생이겠지?"

NARU. 나루. 成.

세이고. 成吾. 내 동생.

나루는 중학 시절 동생의 별명이었다. 세이고. 네 메일주소가 피해자 컴퓨터에서 발견되었을 때 내 심정이 어땠는지 너는 이해할 수 있을지.

"하루 짱은 진상을 확인하기 위해 나를 따라온 거지? 그리고 하카타 북서 주차장에서 그 차를 보았을 때, 각오했을 거야."

그저께였다. 운전학원에서 돌아와 보니 주차장에 있던 엄마 차가 보이지 않았다. 차 키를 어디 두는지 아는 사람은 나와 세이고뿐이다. 면허도 없고 방 안에 틀어박혀 지내는 동생이 내가 없는 사이에 차를 몰고 나갔다고밖에 생각할 수 없었다. 어디로 갔지? 혼자 떠난 건가? 불안감이 몰려와 급히 집으로 들어갔지만 2층 방에서 평소처럼 소리가 들려와 나는 맥이 탁 풀렸다. 동생은 그대로 2층에 있다. 그럼, 그 차는—키와 함께 엄마가 두고 간 차는 어디로 갔을까. 동생은 내가 집을 비운 사이 차를 운전해서 어딘가에 버리고 돌아온 듯했다.

그때는 특별히 심각하게 생각하지 않았다. 이제 곧 지구가 끝날 판이니 세이고도 엉뚱한 짓—가령 무면허 운전 같은 짓도 해보고 싶었을 거라고 해석했다. 그런데 설마 그 차가 피로 새빨갛게 물들어 다시 내 앞에 나타날 줄이야.

긴지마는 이렇게 말했었다.

'운전석 도어나 핸들에 피해자 지문이 덕지덕지 찍혀 있었지만,

피해자 것이 아닌 지문도 여러 개 발견되었습니다. ……아마 가족이 사용하던 차 같습니다.'

그 차에서는 동생 지문이 잔뜩 나왔을 것이다. 그리고 내 지문도. 우리 가족이 타고 다니던 차다.

"다카나시와 다치나미는 열일곱 살, 하루 짱 동생과 동갑이지. 두 사람은 메이소학원 중등부 동급생이었어. 그리고 히즈미는 이지메 사건을 다루는 변호사였어. 가사기 마리코의 증언으로 다치나미가 중학교 때 동급생을 괴롭혔다는 것도 밝혀졌지. 하루 짱, 동생이 다카나시와 다치나미에게 이지메 당했던 거 아냐? 히즈미 미에코는 하루 짱 부모님이 고용한 변호사였던 거지?"

나는 딱 잘라 부정했다.

"아닙니다."

이사가와 강사는 다카나시와 다치나미에게 이지메를 당하던 세이고가 원한을 풀려고 그들을 살해했다는 스토리를 쓰고 있을 것이다. 하지만 그건 아니다. 그건 절대 아니다.

"세이고는 피해자가 아니에요. 다카나시 유이치와 다치나미 준야와 같은 처지예요. 두 사람처럼 가해자 그룹에 속해 있었어요. 히즈미 씨는 아마 세이고가 괴롭히던 상대 학생의 가족이 고용한 변호사일 겁니다."

2년 전 세이고네 담임의 전화를 받은 어머니의 첫 마디는 "그럴 리가요!"였다. 그날 대학이 쉬는 날이라 집에 있던 나는 엉뚱하게 커다란 어머니 목소리를 듣고 무슨 일인가 해서 귀를 기울였다.

엄마, 지금 그건 누구 전화야?

—세이고 학교에서. 담임교사야.

응? 세이고에게 무슨 일 있대?

—세이고가 같은 반 아이를 괴롭힌다는…… 상대쪽 부모가 내일 변호사와 함께 학교에 온대. 얘, 하루 짱, 어떡하지? 내가 어떻게 해야 할까.

잠깐만. 세이고가 이지메를? 이지메를 당한 게 아니고?

—세이고도 인정했대.

세이고가 스스로 누군가를 괴롭힐 리 없다. 본의 아니게 휘말린 게 틀림없다.

—하지만, 교사는 세이고가 주동자라고 했어.

주동자? 거짓말이야, 세이고가 그랬을 리 없어. 그런 짓을 할 수 있는 아이가 아냐. 그거, 교사가 속고 있는 거야. 틀림없어, 엄마.

세이고는 소심한 아이였다. 나도 대체로 얌전한 편이지만 세이고는 훨씬 얌전했다. 섬세하고 운동도 싫어하고 벌레 한 마리 못 죽이는 아이였다. 주위 남자아이들은 세이고를 '띨띨이'니 '빌빌댄다'느니 하며 놀렸지만, 그래도 그 아이 성격은 변하지 않았다.

상스러운 말을 쓰지 않는다. 함부로 남에게 상처를 주지 않는다. 누나인 내가 보자면 그런 점은 동생이 자랑해야 할 장점이었지만 정작 본인은 내다버리고 싶어 했던 것 같다.

중학교에 입학하자 동생의 분위기가 사뭇 달라졌다. 교칙이 무른 사립 명문 중학교. 과거 모습을 아는 초등학교 동창이 한 명도 없어서 원하는 자신을 연출하는 데는 더없이 좋은 곳이었다.

"잘은 모르지만 아마 동생이 세 사람을 죽인 것 같아요."

이제 세이고를 비호할 수는 없었다. 동생은 살인을 저지를 사람이 아니라고, 괜한 트집 잡지 말라고 말해줄 수는 없었다. 세이고는 벌써 오래 전에 내가 알지 못하는 사람이 되어버렸으니까.

나는 이사가와 강사를 방해할 생각이었다. 동생의 흔적이 있으면 지워버리겠다는 생각까지 하고 있었다. 한다 정형외과 옥상에서 동생과 통화하려고 한 것도 '네가 저지른 짓이 밝혀지려고 해'라고 경고하기 위해서였다.

교습차량은 어느새 우리 집 주차장으로 들어섰다. 비닐시트로 덮어 길가에 뉘여 놓은 아버지 시신이 헤드라이트에 희미하게 보였다. 강사는 엔진을 끄고 조수석으로 상체를 틀었다.

"노트를 숨기던데."

시선이 배낭으로 향했다.

"하루 짱이 스스로 이천이십이년 노트 더미를 선택한 이유를 알겠어. 거기 동생 이름이 나오겠지."

오늘 아침 트렁크에서 히즈미의 사체를 보았을 때는 이 수사가 동생에게 다다르게 될 거라고는 생각도 하지 않았다. 그런데 히즈미 변호사의 노트에 동생의 풀네임이 똑똑히 적혀 있었다.

"하루 짱, 내가 집 안에 들어가 봐도 되겠어? 동생을 한 번 만나게 해주면 돌아갈게."

"동생을 만나서 뭘 하려고요?"

"이야기만 들어볼 거야."

뇌리에 스친 것은 가사기 마리코를 무지막지하게 때리던 이사가와 강사의 모습이었다.

"이야기만 들어볼 거라고 약속할 수 있어요?"

"약속해."

"세이고를 때리거나 하지 않을 거죠?"

"안 때려. 절대로."

여기서 안달해봐야 소용없다. 나는 마음 단단히 먹고 강사와 함께 현관에 들어섰다.

"세이고는 2층에 있어요. 만나게 해줄 테니까 잠시 기다려주세요."

인사도 없이 캄캄한 집 안으로 들어갔다. 배낭에서 꺼낸 랜턴으로 현관을 비추는 순간 2층에서 무슨 소리가 들렸다. 세이고는 집 안에 있는 것 같다.

기다려 달라고 부탁했지만 강사는 교습차량에서 꺼낸 상비등을 들고 멋대로 계단을 올라갔다. 다자이후서에서 만난 이치무라는 이사가와 강사를 '위험'하다고 평했는데, 그 말이 의미하는 바를 이제는 분명히 알 수 있었다.

나는 혼자 주방으로 향했다. 싱크대에는 빈 컵라면 용기가 놓여 있었다. 그래, 세이고는 혼자 밥을 먹었구나. 화가 나 견딜 수 없었다. 괜히 나만 걱정하고 신경 쓰고 있었어, 바보처럼. 나는 싱크대 밑 수납공간에서 부엌칼 한 자루를 꺼내 바지 벨트에 꽂았다.

2층으로 뛰어올라가 보니 이사가와 강사는 아직 복도에 있었다. 어디가 세이고의 방인지 탐색하는 모습이었다. 나는 가져간 랜턴을 던져버렸다. 막다른 곳에 있는 방문 앞에 버티고 서서 양손으로 부엌칼을 꼬나들었다. 바닥에 떨어진 랜턴이 세이고가 복도에 버려둔 페트병과 부딪힌 뒤 난반사하며 주위를 희미하게 비추었다.

"나가주세요."

"하루 짱, 그거 치워."

"싫어요. 돌아가지 않으면 강사님을 죽일 수밖에 없어요."

죽일 수는 없을 거라고 나도 생각한다. 그런 엉뚱한 짓을 저지를 만한 배짱이 없다.

"강사님, 부탁입니다. 못 본 척해 줄 수 없나요?"

"그건 곤란해."

"왜죠? 아키히토 군은 그냥 내버려두면서."

"네 동생은, 또 다른 사람을 살해할 가능성이 있으니까."

강사의 말이 맞다. 세이고는 아직 충분히 죽이지 않았다. 세이고는 아마 과거의 잘못을 지우고 싶어 견딜 수 없을 것이다. 그래서 자신이 저지른 죄를 아는 사람들을 찾아가 다 죽이려는 것이다.

이지메가 폭로된 뒤 동생의 인생은 엉망이었다. 방에서 나오지 못했다. 고등학교에도 갈 수 없었다. 새로운 인간관계를 쌓을 수 없었다. 가족과 이야기를 나눌 일도 없었다. 다 자업자득이라고 말해버리면 그만이지만, 나의 가련한 동생은 인류 멸망을 앞두고 남을 원망하는 일 말고는 할 줄 아는 것이 없었을 것이다.

"강사님과 관계없는 일이잖아요."

"아니. 살아 있는 한 무관할 수 없지."

"이제 충분하지 않나요? 부탁하는데 제발 돌아가 주세요."

칼을 들이밀며 최대한 저항하는 자세를 보였다. 그러나 이사가 와 강사에게는 통하지 않았다.

강사는 성큼 나서서 거리를 단숨에 좁히며 부엌칼을 잡았다. 자루 부분이 아니다. 날이다. 그 사실을 인식한 순간, 강사의 오른손 손바닥에 빨간 선이 치달았다. 피가 뚝뚝 떨어져 바닥을 적셨다.

나는 비명을 지르며 칼을 놓았다.

"고마워, 하루 짱. 역시 너는 착해."

막으려고 손을 뻗었지만 강사는 주저없이 문을 열었다.

그 방에 동생은 없었다. 낯선 소녀 하나가 방바닥에 오도카니 앉아 있었다.

*

랜턴을 주워들고 방 안을 조심스레 비추었다.

"누구?"

잠시 소녀를 쳐다보다가 겨우 내놓은 말이 그것이었다.

나이는 열두어 살쯤. 초등학교 고학년이나 중학교에 막 입학한 정도로 보였다. 쇠꼬챙이처럼 빼빼 말라서, 더러운 체육복 틈새로 보이는 발목이 당장이라도 똑 부러질 것 같았다. 얼마나 오래 목욕을 하지 않았는지 소녀에게 다가가자 쉰내가 났다.

방 안에 세이고는 없었다. 기척조차 남아 있지 않았다.

"세이고는 어디 갔지?"

내 물음에 반응을 보이는 사람은 없었다. 소녀는 얼굴이 잔뜩 굳어서 바닥에 엉덩이를 붙인 채 뒷걸음질했다. 이사가와 강사가 소녀에게 다가가 눈높이를 맞추듯 무릎을 꿇었다. 피투성이 오른손을 등 뒤로 감추고 미소를 지었다.

"우리 꼬마, 배 안 고파?"

소녀는 고개를 저었다.

"배부르다고? 그럼 다행이고. 이 집은 네 집이 아니잖아? 하루짱—이 언니네 집이거든. 언제부터 이 방에 있었지? 괜찮아, 언니나 나나 화난 거 아니니까."

소녀는 잠시 침묵하다가 이윽고 마음을 굳힌 듯 입을 열었다.

"그 남자, 어디로 갔어요?"

뜻밖에도 씩씩한 목소리가 돌아와서 당황했다. 소녀의 동그랗고 커다란 눈동자에 나와 강사 얼굴이 번갈아 비쳤다.

"누구?"

"피어스 잔뜩 박은 사람. 그 사람이 이 집을 가르쳐주었어요."

피어스 구멍을 많이 뚫어서 두 귓바퀴가 반짝반짝 빛나던 세이고의 모습이 금세 떠올랐다. 세이고가 모르는 소녀에게 이 집을 가르쳐주었다고? 현기증이 날 만큼 상황을 알 수 없었다.

나는 조심스럽게 물었다.

"그 사람을 어디서 만났니?"

소녀도 경계심을 드러내며 대답했다. "다자이후역 근처에서요."

소녀가 입은 바지에 낯익은 중학교 이름이 자수되어 있었다. 내 모교의 체육복. 근처에 사는 중학생일까?

"그저께 아침에 혼자 걸어가는데 차 한 대가 다가오더니 나를 불렀어요. 그 차를 몰고 있던 사람이에요."

이사가와 강사가 상냥한 목소리로 물었다.

"몇 시쯤이었는지 기억나니?"

"시계가 없어서 모르겠어요. 하지만 9시에서 10시쯤이었을 거예요."

"그 차, 혹시 파란색이었니?"

소녀는 힘차게 고개를 끄덕였다. 파란 차를 몰고 피어스를 많이 박았다면 틀림없이 세이고일 것이다.

"왜 너에게 말을 걸었을까?"

"이런 곳을 혼자 돌아다니면 위험하다고. 어디 돌아갈 데는 있느냐고 물었어요."

"너는 뭐라고 대답했지?"

소녀는 다시 입을 다물었다. 이런 시기에 혼자 거리를 돌아다니고 있었다면 뭔가 사정이 있을 것 같았다.

"말하고 싶지 않으면 말 안 해도 돼. 그럼, 그밖에 또 뭐라고 했지?"

"먹을 게 필요하면 강변 편의점 뒤에 있는 집에 들어가 보라고 했어요. 자기 가족이 사는 집이니까 먹을 걸 나눠줄 거라고."

"그 말뿐이었어?"

"예."

"그 말만 하고 그 사람은 어디론가 가버렸니?"

"자기는 이제 집에 돌아갈 생각이 없다고 했어요. 집 열쇠도 주었어요."

소녀는 이사가와 강사에게 오른손을 내밀었다. 녹색 코끼리 스트랩이 달린 열쇠가 꼭 쥐어져 있었다.

"세이고의 열쇠야⋯⋯."

길가에서 외톨이 소녀에게 말을 걸고 식료품이 있는 곳을 가르쳐주다니, 뭔가 심경의 변화라도 있었던 걸까. 잇달아 의문이 솟아났다. 동생은 어디로 갔을까, 왜 나에게 아무 말도 없이 나갔을까.

"너, 언제부터 여기 있었니?"

나는 어느새 꾸짖는 말투로 묻고 있었다.

"말해봐. 언제부터 이 방에 있었지?"

"⋯⋯그저께부터. 그저께 그 피어스 남자가 이 집 위치를 가르쳐준 뒤로 계속 여기 있었어요."

말문이 막혔다. 소녀가 변명하듯 덧붙였다.

"그 사람이 가르쳐준 대로 이 집에 찾아와보니 아무도 없었어요. 그래도 배가 너무 고파서 그냥 집으로 들어와 라면과 통조림을 먹었어요. 주인이 화낼 것 같아서 2층에 숨어 있었는데⋯⋯."

소녀가 2층에 숨어 있을 때 내가 운전학원에서 돌아왔던 것이다. 나는 2층의 인기척을 동생이라고 믿고 평소대로 지냈다. 동생 이름을 부르지 않고 말도 건네지 않고 그냥 방 앞에다 가끔 식사를 가져다놓았을 뿐이다. 몹시 비정한 누나처럼 보였겠지.

"너무 무서웠거든요. 다다미방에 모르는 아저씨가 죽어 있어서."

지난 사흘간 동생 것이라고 믿었던 기척과 소리는 이 소녀의 것이었다. 세이고가 강사에게 죽을 일은 없다는 사실에 가슴을 쓸어내리는 한편 새로운 불안이 고개를 쳐들었다. 세이고는 소녀와 헤어진 뒤 어디로 갔을까. 지금 어디서 무엇을 하고 있을까.

─세이고는 정말 살인범일까.

아연해서 멀거니 서 있는 나에게 소녀가 말했다.

"그 사람, 살인 같은 거 하지 않아요."

문 하나여서 다 새어나갔는지 나와 이사가와 강사가 말다툼하는 소리를 들은 것 같다.

"나를 구해주었잖아요. 좋은 사람이에요."

상대가 어린 아이가 아니었다면 "어떻게 그렇게 장담하지?"라고 다그쳤을 것이다. 아무것도 모르면서. 세이고의 과거를 알면 절대로 좋은 사람이라고는 말하지 못할 것이다.

"이름, 말해줄래?"

이사가와 강사가 달래는 투로 묻자 소녀는 모기 같은 소리로, "나나코"라고 대답했다.

"나나쓰노낫파노코七つの菜っ葉の子 다양한 채소를 좋아하는 건강한 아이라고 해서 나나코예요."

이름도 한자도 내 친구 이름과 똑같다. 싫어도 머리에 남을 이름이다. 강사는 "나나코 짱이네" 하고 이를 보이며 웃었다.

"나나코 짱, 바깥 공기 쐬러 가자. 초콜릿도 먹고."

소녀의 눈동자가 흔들린다. "초콜릿?"

"응. 나나코 짱을 무섭게 할 일은 절대로 없을 거야. 아까는 놀라게 해서 미안. 나는 이사가와라고 해. 이쪽 언니는 하루 짱. 나나코 짱을 도와준 피어스 남자의 누나야. 우리는 어떤 사건을 조사하는 중이란다."

강사가 등을 쓸어주자 팽팽하던 긴장의 실이 툭 끊어졌는지 나나코는 눈물을 뚝뚝 흘리며 고개를 끄덕였다.

너무나 자연스럽게 나나코를 보호해주려고 하는 이사가와 강사. 보고만 있어도 왠지 가슴이 찡했다. 이런 비상 상황 아래 어린이를 돕는 데는 이유나 조건이 필요 없으며 강사는 그것을 지극히 당연한 일로 받아들이고 있었다. 자기 생각에만 빠져 있는 나하고는 달랐다.

강사는 오른손 출혈이 멎지 않아 도저히 핸들을 잡을 상태가 아니었다. 나나코와 이사가와 강사를 뒷좌석에 태우고 내가 운전학원으로 가는 차를 운전했다. 내가 저지른 짓의 심각성을 뒤늦게 깨닫고 등줄기에 식은땀이 흘렀다.

"강사님. 손은."

"괜찮아. 하루 짱 탓 아니야."

곧 다자이후 운전학원에 도착했다. 급히 제1강의실로 들어가려고 할 때 아키히토가 히카루 이름을 부르는 소리가 들려서 우리는 문 앞에서 뚝 멈추었다.

"히카루, 너는 그만 출발하지그래."

"갑자기 왜 그래. 조금 더 느긋하게 지내도 좋잖아. 우리는 연쇄살인범도 찾아내야 한다고."

"왜?"

"그야, 그런 악당을 그냥 놔둘 수는 없잖아."

"나를 탈옥시켜 놓고 그런 말이 나오냐."

문 틈새로 붕대를 둘둘 감은 아키히토의 얼굴이 살짝 보였다. 히카루는 등이 복도를 향하고 있어 표정까지는 알 수 없었다.

"더 이상 이 사건에 관여하지 말자. 하루 짱은 아무래도 범인을 비호하려고 하는 게 아닐까."

"하루가? 왜?"

"노트를 감추는 걸 봤어. 하루 짱은 나를 못 본 척해 주었어. 우리도 모르는 척하고 빨리 여기를 뜨자."

히카루가 놀라서 숨을 삼키는 소리가 복도까지 들렸다. 아키히토가 내처 말했다.

"히카루. 너 진짜 살아남고 싶다면 더 멀리 봐야 해."

구름 사이로 쏟아지는 달빛이 한순간 교실을 비추었다. 아키히토는 따뜻한 눈길로 히카루를 바라보며 엷은 미소를 짓고 있었다.

"무슨 소리를 하고 싶은 거야."

"한국은 안 돼. 중국으로 가야 해. 거기라면 아직 교통기관이 기능하고 있어. 남미행 티켓은 구할 수 없겠지만 유럽이나 서아시아 근처까지라면 도망칠 수 있을지도 몰라."

"걱정하지 마. 한국에는 쉘터가 있다니까."

"그런 곳이 안전할 거라고 진심으로 믿는 거야?"

히카루는 대답을 못하고 나지막이 끙, 소리를 냈다.

"중국까지 어떻게 가라는 거야?"

아키히토는 동요하지 않고 "믿는 게 있어"라고 대답했다.

"형무소에 같이 있던 사람들이 말하길, 밖에 있는 동료들이 중국으로 밀입국하는 배편을 준비해놓고 있다고 했어. 나를 태워줄 수도 있다고 했어. 결행 날짜에 항구로 가기만 하면 돼."

"혹시 그거."

"조직폭력 사람들이야."

"형도 그런 놈들과 어울리던 거야?"

"어쩔 수 없잖아. 같은 담장 안에 있었는데. 내 말 잘 들어, 나 대신 네가 배를 타라고."

어딘지 응석부리는 듯한 말투로 아키히토는 잔혹하기 그지없는 말을 했다.

"내 걱정은 하지 않아도 돼. 너는 그저 어떻게 살아남을 것인지만 생각하면 돼. 나는 일본에 남을 테니까."

잠깐의 침묵 뒤에 히카루가 사나워진 말투로 분노를 드러냈다.

"말도 안 되는 소리 하지 마, 어렵게 탈옥까지 했는데!"

"너한테 탈옥 도와달라고 부탁한 적 없어."

"그게 무슨 소리야. 어이, 잘 생각해. 일본에 있다간 죽는다니까."

"뭐, 그것도 나쁘진 않아."

"……뭐?"

"어쩌면, 아주 오래 전부터 죽고 싶었는지도 몰라. 그래. 그랬던 것 같아. 실은, 나는 늘 행성이 충돌해주면 좋겠다고 생각했는지도 몰라."

"개소리 집어 쳐!"

어린 아이처럼 발을 동동 구르며 히카루는 언어를 이루지 못하는 욕설을 퍼부었다. 얼굴은 보이지 않아도 그가 깊은 충격을 받았다는 것은 알 수 있었다.

그때 이사가와 강사가 힘차게 문을 열고 안으로 뚜벅뚜벅 걸어

들어갔다. 아키히토와 히카루는 갑작스런 소리에 놀라 말다툼을 그치고 돌아다보았다.

"무슨 일이야, 두 사람 다 화난 얼굴을 하고. 형제간에 싸우는 거야?"

강사는 놀리는 말투로 두 사람에게 물었다. 형제간 싸움이라고 하기에는 너무 치열했다. 히카루가 당황해서 외면하면서 눈에 고인 눈물을 거칠게 훔쳤다. 방해받은 탓에 분노를 풀 데를 잃은 두 사람은 잠시 가만히 있다가 옆에 있는 나나코를 의식하고 미간을 찡그렸다.

히카루가 의아하다는 투로 물었다. "그 아이는 뭐야?"

"나나코 짱. 혼자 있어서 우리가 데려왔지."

"알아듣게 설명해봐."

강사의 오른손을 본 아키히토가, "어!" 하고 큰소리를 냈다.

"이사가와 씨, 그 손은 어떻게 된 거예요? 피가……."

"넘어질 때 땅바닥을 잘못 짚었을 뿐이야."

이사가와 강사의 목소리에서는 동요가 전혀 느껴지지 않았다. 이대로 거짓말로 넘길 생각이겠지만 나는 견딜 수 없었다.

"내가 강사님을 다치게 했어."

"그러니까 제대로 설명을 하라니까."

우선은 다친 손부터 처치해야 한다. 운전학원에 가져다 놓은 잡화류 컨테이너를 뒤져보니 아직 개봉하지 않은 수건과 손수건 재고가 있었다. 피가 계속 흐르는 강사의 손바닥에 손수건을 대고 머리 고무줄로 강하게 묶었다. 꿰매야 할 정도로 깊은 상처면 어떡하나. 병균이 침입해서 죽어버리면 어쩌나.

교실은 쥐죽은 듯 조용해지고 모두의 시선이 나에게 쏠리는 것을 느꼈다. "범인은 내 동생이야. 동생을 비호하려고 수사를 방해할 생각이었어."

피에 젖은 손수건을 응시하며 밝혔다. 이사가와 강사가 내 말을 자르듯이 끼어들었다.

"아직은 하루 짱 동생이 범인이라고 단정한 것은 아니야."

"그만하세요. 강사님도 세이고가 범인이라고 생각하잖아요."

볼썽사납게 눈물이 터질 것 같아 불쾌하기 짝이 없었다. 나는 배낭에 감추었던 노트를 꺼내 일행이 보는 앞에서 책상에 펼쳐놓았다.

이천이십이년 시월 이십칠일 피해 학생, 보호자와 세 번째 면담

피해 학생의 상태가 비교적 안정되었고 세 번째 면담에서는 사실관계를 청취할 수 있었다. 비고 : 소노다 변호사와 함께 수임했지만 소노다 변호사는 심신의 피로로 사임했다.

1-이지메 발생 기간

이천이십이년 오월부터 현재까지. 3학년 진급 당시 반이 교체되면서 가해자 그룹 학생들과 같은 반이 되었다.

2-이지메의 구체적 양상

무시, 험담, 폭행 등 다양하다. 금품 요구. 후술.

3−학교 측의 대응

구월 초부터 피해 학생의 지각, 조퇴, 결석이 증가. 구월 삼십일 학급 담임이 컨디션 난조의 원인을 묻자 피해 사실을 호소했다. 피해 학생은 가해 학생들을 다른 공간에서 지도하는 방식으로 격리해달라고 요구했지만 담임이 그 뜻을 전하자 가해 학생들이 거부. 결국 피해 학생 측이 양호실로 등교하는 것이 어떠냐는 제안을 받는 상황이 되었다. 학급 교체 등의 조치도 취하지 않는 학교 측의 대응에 불신감을 품는다. 안전 배려 의무 위반을 추궁해야 할까?

4−피해 학생의 현재

이지메로 인한 결석일수는 35일. 신경정신과 통원 치료 중. 심신이 피폐. 학교 측에 손해배상을 청구하거나 가해 학생의 퇴학 처분 및 형사책임 추궁 등의 법적 목표는 결정하지 않았으며, 이지메 진상 해명이 최우선이라는 의사를 표하고 있다.

5−가해 학생 및 보호자의 성명, 연락처

가해자 그룹의 구성원은 다카나시 유이치, 다치나미 준야. 주범 역할을 한 학생은……

내가 노트를 숨겼다는 사실을 알고 있던 아키히토는 어딘지 납득한 듯한 얼굴이었지만 히카루는 나의 고백을 차마 믿지 못하겠는지 눈동자가 불안하게 흔들렸다.

"이게 동생 이름이라고? 피해자들과 연락하던 NARU라는 사람이 동생이었어?"

어느새 옆에 와 있던 나나코가 노트에 적힌 세이고의 이름을 뚫어져라 들여다보고 있었다.

"그 사람, 이름이 세이고였군요."

"그래." 내가 당혹스러워하면서도 고개를 끄덕이자,

"세이고 오빠는 살인 같은 건 하지 않아요."

공연히 화가 났다. 사람을 죽였을지도 모르는 동생을 '세이고 오빠'라고 부르다니. 알지도 못하면서 딱 한 번 만난 세이고를 철석같이 믿고 있다. 나나코 내부에 확고하게 자리 잡은 세이고의 이미지를 무너뜨리고 싶어 견딜 수 없었다.

"세이고는 나나코 짱이 생각하는 것만큼 좋은 사람이 아니야. 오히려 악인에 속한다고 생각해."

세이고는 악인이다. 그렇게 말한 순간 2년 전 기억이 봇물 터지듯 솟아났다. 학교 측의 연락을 받고 스마트폰을 귀에 댄 채 흐느껴 우는 어머니. "못된 짓이나 저지르고 다니다니!"라며 세이고에게 호통을 치는 아버지. 그런 부모 모습을 남의 일처럼 멍하니 쳐다보는 세이고.

"세이고는 중학 시절 같은 반 아이를 괴롭혔어. 이지메라고 간단히 표현하는 것도 무서울 정도로 지독한 짓을 저질렀어. 험담이나 무시는 물론이고 다른 아이들이 보는 앞에서 우스갯거리로 만들고 변기 물을 마시게 하고 강제로 머리카락을 가위로 자르거

나. 나나코 짱, 그런 아이가 같은 반에 있으면 어떻겠니? 정신이 올바로 박힌 사람이라고 생각할 수는 없겠지?"

"하루 짱, 잠깐만."

흥분하기 시작하는 나를 보다 못해 아키히토가 말렸지만 이미 쏟아내기 시작한 비난을 그칠 수 없었다.

"세이고는 정상이 아니었어. 그 아이가 죽인 거야. 이유는 모르지만 세이고라면 예전에 어울리던 아이들에게 오히려 원한을 품고 살해하고 다니는지도 몰라. 지구가 망하는 날을 앞두고 자포자기해서. 그러니까 잘 알지도 못하면서 순진하게 옹호하는 말은 더는 하지 말아줘."

단숨에 쏘아붙이자 나나코는 아무 말이 없었다. 겁에 질려 아키히토의 휠체어 뒤에 몸을 숨기려고 했다.

"말이 지나치네."

아키히토의 말에 퍼뜩 정신을 차렸다. 정상이 아닌 것은 오히려 나다. 어린 아이에게 무슨 소리를. 무턱대고 화풀이하는 거다. 진창에 빠져들듯 다시 무거운 침묵에 휩싸인 교실에 불쑥 이사가와 강사의 목소리가 울렸다.

"이제 그만 잘까."

어두운 분위기를 끊어내는 한 마디는 모두의 주목을 끌었다.

"피곤해서 신경이 날카로워진 것 같군. 피로와 스트레스는 싸움을 부르지."

물론 다들 지쳐 있었다. 그래서 거북한 문제는 전부 젖혀두고 일단 잠부터 자기로 했다.

강사가 운전학원에 가져다 둔 이불이 두 장뿐이어서 우리는 난로 옆에 나란히 누웠다. 나는 결국 집으로 돌아가지 않았다. 동생도 나도 없는 집. 불도 켜지 않은 캄캄한 집. 세이고도 지금쯤 잠자고 있을까.

*

잠을 청할수록 정신이 말똥말똥해진다. 망막에 각인된 한낮의 광경이 사라지지 않아 이불 속에서 연방 뒤척였다. 트렁크에 있던 히즈미 미에코의 사체, 한다 정형외과 옥상에 모여 있던 노인들, 긴지마의 체념해버린 표정, 시트가 피로 물든 어머니 차, 해변에서 웃고 떠들던 아키히토와 히카루, 동생 방에 앉아 있던 나나코.

달빛이 발치까지 뻗어와 있었다. 나는 엎드린 채 창을 통해 별을 올려다보았다.

밤하늘을 거대한 반구로 볼 때 구면 안쪽에 붙은 행성과 항성은, 우리 눈에는 북극성을 축으로 반시계방향으로 돈다. 매일 밤 동쪽 지평선의 정해진 지점에서 떠올라 서쪽 지평선의 정해진 지점으로. 하룻밤에 4분의 1씩 남중시각—별이 정남향으로 떠오르는 시각—이 빨라지는 것을 염두에 둔다면 별과 별의 위치 관계는 불변이므로 밤하늘은 컴퍼스도 되고 시계도 된다.

20시경에는 동녘 하늘에 보이던 겨울의 대삼각형이 이제 남서쪽으로 이동하고 있었다. 별자리 위치를 보니 지금은 대략 1시쯤 되려나. 랜턴으로 손목시계를 비추어 시각을 확인하니 짐작한 대로 1시 정각을 막 지난 참이다.

"아, 새해가 밝았네."

이런저런 생각을 하다 보니 날짜가 바뀌었다. 새해를 맞았다는 실감도 없이 절망의 이천이십오년이 찾아왔다.

이불에서 기어 나온 나는 코트를 걸치고 까치발로 교실을 빠져나갔다. 특별한 목적도 없이 차디찬 공기에 이끌리듯 비칠비칠 밖으로 나갔다. 그리고 배차 대기실 너머 현관이 보이는 곳에서 멈춰 섰다.

교습동 앞에 주차되어 있는 28번 차량. 그 옆에 사람 그림자가 있었다. 팔짱을 끼고 교습차량에 기대어 있는 것은 이사가와 강사였다. 강사는 하얀 숨을 토하며 하늘을 올려다보고 있었다.

현관을 지나 밖으로 나가자 강사는 가볍게 시선을 내려 내 눈을 보았다.

"양은 많이 셌어?"

"그걸로 잠자는 데 성공한 적이 없는걸요."

"시험해본 적은 있구나. 귀엽네."

분홍빛 원숭이 키홀더가 달린 키를 손가락에 꿰어 뱅뱅 돌리며 내 얼굴을 들여다보았다. 이사가와 강사의 눈동자가 달빛을 반사하며 반짝였다.

"드라이브라도 할래?"

말없이 고개를 끄덕였다. 어찌된 일인지 권유를 거절하는 선택지를 갖지 못했다. 손바닥을 다친 강사에게 핸들을 맡길 수 없다고 무의식중에 생각했는지도 모른다.

"제가 운전해도 될까요?"

"좋지. 원하는 곳으로 가봐."

이 동네에 23년을 살았지만 운전이 재미있는 드라이브 코스 같은 것은 알지 못한다. 낯익은 도로를 구불구불 돌기만 하는 정처 없는 드라이브가 될 것 같았지만, 가로등도 편의점 불빛도 없는 밤길은 그 암흑만으로도 신선하지 않을까.

조수석에 앉은 강사는 낯을 조금 찡그리며 한손으로 안전벨트를 했다. 오른손의 손수건에 밴 피가 마음 아팠다.

"죄송해요, 손."

"신경 쓰지 마, 괜찮아. 침 발라놓으면 나아."

그럴 리가.

어색한 손놀림으로 헤드라이트를 하이빔으로 바꾸었다. 우리는 운전학원을 나와 오른쪽으로 꺾어져 지쿠시노 고가선을 탔다.

유료주차장이 모여 있는 거리를 지나 한적한 주택가로 접어들자 시야 구석에 쓰레기봉투 같은 것이 들어왔다. 스쳐 지나는 결에 보니 메마른 꽃다발이었다. 주민들이 사라져도 소행성 충돌이 예정되어 있어도 이 도로가 비참한 사고 현장이었음을 소리 높여 주장하는 꽃. 그리고 보니 그제 교습 중에도 저 갈색 꽃다발을 본 것 같았다. 쓰레기처럼 도로에서 떠도는 꽃다발을 곁눈으로 보며 강사는 희미하게 웃었다.

"나, 왜 경찰을 그만두었는지 알아?"

갑작스런 질문에 놀람과 함께 한 줄기 불안이 스쳤다. 뭐라고 대답하기도 곤란한 질문이었다. 강사가 이 이야기를 꺼낸 의도도 전혀 짐작할 수 없었다.

"불상사 때문이라고 하지 않으셨나요?"

"그럼 어떤 불상사였을까?"

"수수께끼놀이도 아니고. 음, 오인 체포?"

"오, 꽤 그럴 듯하네."

어떻게 반응해야 좋을지 몰라 의미 없이 백미러를 점검했다. 농담으로 삼을 이야기도 아닌데 강사는 호들갑스런 목소리로 말했다.

"정답이 뭐냐 하면, 불법 수사."

불온한 울림의 단어가 튀어나와 나도 모르게 흡, 하고 살짝 숨을 삼켰다. 나는 서서히 속도를 줄이고 강사 이야기에 귀를 기울이는 태세를 취했다.

"미나미후쿠오카서에 있을 때 조직범죄대책과란 곳에 근무했어. 뭐, 쉽게 말해서 조직폭력배나 불법약물 같은 걸 단속하는 부서지. 어느 지정폭력단원을 각성제 밀매 용의로 추적하다가 그놈 차량을 영장 없이 수색해서 약물을 압수하고 서로 끌고 가 소변 검사도 강요했지. 법률을 어기고 있다는 건 알고 있었지만, 그놈은 유죄였고 여죄를 자백 받을 자신이 있었거든. 그놈 때문에 인생이 망가진 젊은이가 한둘이 아닌데다 피해가 확산되기 전에 어떻게든 막아야 한다는 생각에 필사적이었어. 하지만 그게 불법수사로 판정된 거야."

"각성제 압수가요?"

"불법 수집 증거 배제 법칙이란 거야. 각성제 소지죄는 인정되었지만 사용죄는 삭제되었어. 징역 1년 6개월, 그것도 집행유예로 풀려났지. 전부 내 탓이야. 그놈은 그 후 술 마시고 트럭을 운전하다 다자이후 시내에서 초등학생을 치어 죽였어. 아홉 살 여자애였지. 기타자와 와카나 짱. 덴만구 옆 주택가에서 일어난 사고, 하루 짱도 알지?"

할 말을 잃었다. 방금 지나온 꽃다발 놓인 도로에서 일어난 그 비참한 사고는 아직도 기억에 새롭다. 초등학생 여자애가 뒤에서 덮친 음주운전 차량에 치여 운전수와 함께 사망한 큰 사건은 당시 이곳은 물론이고 전국을 떠들썩하게 했다.

도로 한복판에 교습차량을 세우고 사이드브레이크를 채웠다. 아무래도 이사가와 강사와 마주보며 이야기하고 싶어졌던 것이다.

범인을 잡겠다고 했던 일이 도리어 형벌을 줄이고 그 결과 무고한 아이가 생명을 빼앗겼다. 불법수사는 몰라도 음주운전 사고는 강사와 무관한 곳에서 일어난 일이지만 강사는 모든 책임을 제 어깨에 짊어지려고 하는 것 같았다.

"내가 오래 전부터 해온 일들은 전부 불법수사와 합법수사의 경계에 아슬아슬하게 걸쳐 있었어. 상사한테 종종 질타를 받았지. '법은 범죄자를 잡기 위해서만 있는 게 아니다. 경찰의 손발을 구속하기 위한 것이기도 하다'라고 말이야."

"후회하세요?"

"그래. 후회해. 차라리 그때 내가 그놈을 때려죽였어야 했어. 그랬으면 와카나 짱이 죽지 않았지."

"네?"

"쓰레기 같은 자들은 한 놈도 남기지 말고 죽여야 해. 그게 어렵다면 전과자에게는 위치추적 목걸이라도 채워야 해. 나쁜 짓을 하는 순간 폭발해서 목을 날려버리는 걸로."

생각지도 못한 대답이었다. 반사적으로 조수석을 쳐다보자 이사가와 강사의 검은 눈동자가 나를 보고 있었다. 심술궂은 농담 같은 것이 아니었다. 강사는 진심으로 그렇게 말하고 있었다. 나의 동요를 느꼈는지 강사는 시트 끝에 고쳐앉으며 짐짓 낄낄 웃어보였다.

"곤란하겠지? 이런 생각을 가진 경찰관이 있으면?"

우스갯소리로 넘기고 싶지 않고 당황한 모습을 보이고 싶지도 않아서 나는 입을 꾹 다문 채 강사의 눈을 응시했다. 이사가와 강사는 이윽고 억지웃음을 거두고 어깨를 떨어뜨리며 숨을 길게 내쉬었다.

"경찰관은 자기 권력이 가진 폭력성을 이해하고 법률의 범위를 넘어서는 수사로 시민의 권리를 위협하는 일이 없도록 늘 노력해야 한다. 뭐 이런 식으로 말하는 거, 좀 우습지 않아?"

"전혀 우습지 않아요. 경찰관에게는 중요한 마음가짐 아닐까요?"

"그야 그렇지. 나도 이론은 알아, 이론은. 하지만 나로서는 지켜야 할 시민인지 뭔지에 범죄자가 포함되는 것을 이해할 수 없단 말이야. 남의 생명이나 정신을 위협한 범죄자를 왜 굳이 배려해야 하지? 범죄자는 무슨 수를 써서라도 격리해야지."

솔직하게 말하자면 강사의 주장은 이상했고, 정의에 대한 그 망상 같은 집착에 공포를 느끼고 있었다.

"무슨 일이 있었나요?"

가족이 비참하게 살해되었거나 친구가 강도를 당했거나 하는 비참한 경험 때문에 범죄자를 증오하게 된 것은 아닐까? 대놓고 묻기가 그래서 에둘러 물었지만, 강사는 내가 하고 싶어 하는 말을 이해한 듯했다.

"그렇다고 내 가족이 살해되었거나 하는 트라우마가 있는 건 아냐. 무슨 형사 드라마의 주인공도 아니고. 이건 출처를 알 수 없는 이상한 정의감이야. 아니, 정의감이라고 하기도 뭣하군. 정의감에게 실례되는 말이겠지."

"전부터 그렇게 생각하셨어요?"

"응. 철들 무렵부터 이랬어. 아니, 사람들이 후천적으로 배우게 되는 정의감을 제대로 받아들일 수 없었던 것 같아."

"후천적인 정의? 그건 뭐죠?"

"내가 멋대로 해본 말일 뿐이야. 가령 말이지, 어린아이라도 살인이나 절도가 나쁜 짓이라는 건 알아. 누굴 다치게 하거나 물건을 빼앗거나 하면 안 된다는 것은 본능에 가까운 부분에서 인식할 수 있는 규범이니까. 하지만 후천적인 학습으로만 얻을 수 있는 감각도 있다고 봐. 감정적으로는 부정하고 싶지만 인간적 이성으로 선택하는 정의감이라고나 할까."

"아" 하고 모호하게 맞장구치면서도 나는 강사에게서 눈길을 뗄 수 없었다. 손에 잡히듯 이해한 것은 아니지만 어떻게든 강사의 논리를 곱씹어 납득해보고 싶었다.

동의할 수 없고 공감도 못하겠지만 이해해주고 싶었다.

"나는 전부터 사형제도에 전적으로 찬성이었어. 빼앗긴 생명과 권리는 되돌아올 수 없는 거니까 흉악범을 감방에 몇 년 처넣어둔다고 죄가 씻기지 않잖아. 인과응보, 즉각 죽이면 된다고 생각했어. 지금도 그렇게 생각해. 그런데 세상의 조류는 사형 폐지이고, 전 세계의 형사법 연구자들은 '사형은 살 권리를 침해한다, 야만스럽고 잔학하고 비인도적인 제도다'라고 인식하고 있지. 다시 말하지만 나도 이론은 이해할 수 있어. 하지만 감정이 받쳐주질 않아. 도저히 받아들일 수 없어. 왜냐하면, 그렇게 되면 약탈한 놈이 이기는 거잖아."

타인의 인생을 위협한 악인에게는 목걸이라도 채워둬야 한다. 사람을 죽인 악인에게는 죽음으로 갚게 하자. 죄인은 무조건 엄하게 다스려야 하며, 그것을 위해서라면 경찰은 무슨 짓을 해도 상관없다. 세월이 아무리 흘러도 그 생각은 바뀌지 않았다고 강사는 한숨과 함께 말했다.

"결국 내 생각은 악인을 때려눕히고 싶어 하는 원시적인 욕구일 뿐이야. 이래서는 범죄자와 다를 게 없지."

"아무리 그래도 범죄자와 다를 게 없다고까지……."

"똑같은 거야. 내 감정에 따라 허용하기도 하고 불허하기도 하는 거니까. 아키히토 군도 살인을 저질렀지만 동정의 여지가 있다는 건 직감적으로 이해할 수 있어. 그래서 봐준 거야. 하지만 가사기 마리코는 동정할 수 없었지. 그래서 때렸어. 하루 짱 동생이 연쇄살인범이라면 용서할 수 없다고 생각했어. 그래서 방으로 쳐들어갔어. 그래, 횡포지."

밤은 고요하여 세상에 단 둘만 있는 것 같았다.

이 사람은 왜 나 같은 사람에게 속을 털어놓았을까. 아마 깊은 이유 같은 것은 없고 그저 이야기를 하고 싶었을 뿐이겠지. 죄책감과 고독감이 부풀어오를 때 우연히 내가 곁에 있었을 뿐. 그래도 말상대로 선택되어 아주 조금은 영광으로 느꼈다.

분홍 원숭이 키홀더를 꼭 쥐고 다시 시동을 걸었다. 차를 출발시키자 바로 교차로가 나타났다. 달빛이 신호기의 푸른 등을 살짝 비추고 있어 마치 나아가라고 일러주는 것 같았다. 나는 교차로에서 정확히 30미터 앞에서 깜빡이를 켜고 핸들을 돌렸다.

"실은 휘발유 훔치러 운전학원에 갔던 거예요."

불쑥 이야기를 시작한 나에게 강사가 고개를 획 돌리며 "뭐?"
하고 당혹감을 드러냈다. 나답지 않게 웃고 말았다. 언제나 놀라
는 쪽은 나였으므로 강사가 낭패하는 모습을 바라보니 기분이 좋
았다.

"불행한 수요일 이후 처음으로 운전학원에 찾아갔던 십이월 초
얘기예요. 지구가 멸망하기 전에 구마모토에 가고 싶었거든요.
부모님 차에 들어 있는 연료만으로는 부족할 것 같아서 휘발유를
훔치러 여기에 왔던 거예요. 아무도 없을 줄 알고. 그런데 강사님
이 계셔서 '운전 배우러 왔다'고 졸지에 거짓말을 한 거죠. 그때는
거짓말해서 죄송해요."

"왜 그래, 갑자기."

"왠지, 비밀을 고백해야 할 것 같은 분위기여서."

"바보. 잠자코 있으면 몰랐을 텐데."

강사는 쓴웃음을 지으며 "바보"라고 다시 한 번 말했다.

"하루 짱도 제법이네. 그냥 착한 아이라고만 생각했는데."

"착한 척하고 있을 뿐이에요. 좋은 사람으로 보이고 싶어서."

"호오."

"누구에게 친절을 베풀 기회가 오면 늘 '아, 좋은 사람이란 걸
보여줄 기회다'라고 필사적이 되고 말거든요. 밥맛이죠?"

"누구나 많든 적든 그런 구석이 있어. 원래 그런 거야."

강사는 뺨을 긁적이며 흥흥, 하며 콧소리로 웃었다. 지금이라
면, 오늘 밤 분위기라면, 그동안 내내 묻지 못했던 것을 물을 수

있을 것 같았다.

"강사님은 왜 여기 남았어요?"

"글쎄" 하고 강사가 생각하는 모습을 보였다.

"왠지 지쳐버려서. 수많은 사람들과 함께 일본을 탈출하고 서로 몸을 부대끼며 피난하고 절망하고 울부짖고 하는 거. 상상만 해도 됐다 싶었어. 그러느니 죽는 게 낫겠다고 생각했을 뿐이야."

"집단행동, 강사님도 싫어하세요?"

"그럴지도 몰라. 아무리 안달해도 내 심정이 타인에게 완벽하게 전해지는 일은 없으니까, 다 귀찮아지지."

"그럼, 왜 저를 데리고 다니며 수사하는 거죠? 혼자 가볍게 움직이는 게 편하실 텐데."

"모르겠어. 그냥 그러고 싶어서가 아니었을까."

겨울 하늘은 아름다웠다. 프레아데스성단의 성군이 육안으로도 7, 8할이나 똑똑히 보이는 것을 보니 오늘은 매우 맑은 날이다. 가장 도드라지게 보이는 빨간 별은 황소자리의 일등성 알데바란. 그리고 그 동쪽에는 등간격으로 늘어선 세 개의 별—오리온자리를 상징하는 삼형제별. 사냥꾼 오리온의 발아래에는 깡충깡충 도망치는 토끼도 보인다. 토끼자리는 3등성과 4등성으로 구성된 조금 어두운 별자리지만, 오늘 밤은 쫑긋 선 두 개의 긴 귀까지 명료하게 보인다.

별보기를 방해하는 야간 조명을 광해라고 한다. 불행한 수요일 이후 거리에서 사람들이 사라지고 전기가 끊기자 비로소 밤하늘이 광해에서 완전히 해방되었다. 이렇게 예쁜 밤하늘은 가족여행으로 갔던 구마모토 천문대에서 본 이래 처음일 것이다. 마치 은빛 액세서리를 천구에 가득 흩뿌려놓은 것 같았다.

절로 말이 흘러나왔다.

"동생도 나랑 많이 닮은 아이였어요. 눈치가 느리고 낯가리고 남들 앞에서 말도 잘 못하고 남들과 어울리는 데도 서툴고."

아마 동생도 나와 마찬가지로 누군가 이 세상을 자신의 별 볼 일 없는 미래와 함께 몽땅 날려버려 주기를 기대했던 것은 아닐까.

"미안. 그렇게 강제로 동생 방으로 쳐들어가서."

"저도 바보 같은 짓을 해서 죄송해요. 강사님을 다치게 했잖아요."

"응. 많이 다쳤어."

손수건 감은 오른손을 살살 흔들며 이사가와 강사가 쾌활하게 웃었다. 한쪽 볼만 끌어올리는 조소 같은 웃음이 아니라 얼굴을 온통 구기는 웃음이었다.

"동생을 잡고 싶어요. 도와주실래요?"

강사는 긍정의 뜻을 표하는 대신 조수석에서 손을 뻗어 내 머리를 쓰다듬었다. 그 손을 완곡히 거부하려고 했지만 오히려 강사에게 "한 손 운전은 안 돼!"라고 주의를 받았다. 살짝 부아가 치민다.

"이건 다른 얘기인데, 하루 짱은 차를 운전해서 뭘 하고 싶어?

아까 구마모토에 가고 싶다고 했는데, 구마모토는 제일 위험한 곳이잖아."

"아직은 비밀이에요."

"왜? 비밀을 고백하는 분위기 아니었어?"

"그건 방금 전까지고요."

야간 드라이브를 마치고 운전학원으로 돌아갔다.

운전학원에 도착한 나는 이사가와 강사가 잠에 든 것을 확인한 뒤 이치무라에게 연락을 취했다.

위성전화 사용은 처음이라 전원을 켜는 것부터 긴장이 되었다. 특이한 호출음 뒤에 잔물결 같은 잡음이 들릴 뿐이어서 처음에는 연결이 된 것인지 아닌지 알 수 없었지만, "들리세요?"라고 묻자 즉시 응답이 돌아왔다. 심야라지만 이치무라도 아직 깨어 있었던 것 같다.

〈안녕하세요, 무슨 일 있습니까?〉

"……역시, 특별히 말씀드릴 것은 없어요."

나는 용기를 쥐어짜내어 말했다.

"이사가와 강사님은 이치무라 씨를 싫어하는 것 같아서 몰래 연락할 수는 없을 것 같아요. 죄송해요, 이 위성전화는 돌려드릴 게요."

모처럼 보여준 배려가 거절당했으니 이치무라는 기분이 상했을 것이다. 싫은 소리 한두 마디쯤은 각오하고 있었다. 그런데 이리듐 위성을 거쳐 온 것은 아무렴 상관없다는 듯한 선선한 목소리였다.

〈아가씨가 그렇게 느낀다면 어쩔 수 없죠.〉

"그, 그래도 괜찮겠어요?"

이치무라는 〈전혀 상관없어요〉라고 깨끗하게 물러섰다.

〈그래도 필요할 때가 반드시 있을 테니까 그 위성전화는 아가씨가 계속 가지고 있어요. 나는 선배를 돕고 싶을 뿐입니다. 당신과 다르지 않아요.〉

4 장
——
잔류한 사람들

제1강의실 책상에 통조림이나 젤리음료 같은 비상식량이 놓였다. 오세치나 조니 같은 정월 음식이 없는 무미건조한 새해 첫날이다.

"아키히토 오빠는 왜 후쿠오카에 남았어?"

나나코는 레토르트 수프를 후루룩거리며 아키히토에게 다정하게 말을 건넸다. 상냥하고 얌전한 아키히토에게 마음을 열었는지 나나코는 스스럼없이 아키히토 옆에 앉아 있었다.

"히카루와 한국으로 대피하려고."

"한국? 일본 근처는 전부 운석에 날아가 버리는 거 아니야?"

"나도 그렇게 생각하지만. 아무것도 하지 않는 것보다는 낫지 않겠어?"

나나코는 나와 시선이 마주치려고 하자 살짝 눈길을 피했다. 어제 일 때문에 마음을 닫아버린 듯하다.

아키히토와 히카루 사이에는 대화가 없다. 두 사람은 나나코를 상대해주며 서로 안색을 살피는 듯했다. 날이 밝고 당장이라도 싸움이 터질 것 같은 분위기는 사라졌지만 두 사람은 여전히 냉전 중이다.

"그럼 본제로 들어갈까."

배도 불러졌을 무렵, 강사가 입을 열었다.

"먼저 생각해야 할 문제는 범인의 향후 동향이야. 세 명으로 만족했을까? 아니면 더 죽일 생각일까."

아키히토와 히카루가 내 안색을 살피고 있었다. 형제의 얼굴이 특별히 닮지는 않았다고 생각했지만, 걱정스레 흔들리는 눈동자와 갸웃거리는 고개의 각도는 꼭 닮았다.

히카루가 조심스레 물었다.

"정말 하루 동생이 범인일까?"

"하루 짱의 동생 세이고 군은 소행성 충돌이 발표되고 닷새 후인 구월 십이일, 히즈미 미에코와 메일을 주고받았어. 그날 다카나시 유이치와 메시지 앱으로 연락한 것도 확인되었고. 다치나미 준야의 유류품은 확인하지 못했지만 세이고 군은 그하고도 연락했을 가능성이 높아."

"죽은 사람들과 아는 사이였을 뿐이겠지?"

"그것만이 아냐. 하루 짱의 어머니 차를 동생이 운전했던 것 같은데, 차가 하카타에서 발견되었어. 다카나시 유이치는 동생이 운전했을 차에서 살해되었어. 범인으로 단정할 수는 없지만 가장 유력한 피의자인 것은 분명해. 당사자 이야기를 듣기 전에는 뭐라고 단정할 수 없지만."

다들 분위기만 살필 뿐 입을 열려고 하지 않았다. 내가 이사가와 강사의 뒤를 이어서 입을 열었다.

"동생을 추적해볼 생각이야."

결심이 흔들리지 않도록 나 스스로를 타이르는 심정으로 목소리에 힘을 주었다.

"세이고는 2년 전 이지메 사건에 관련된 사람들을 최대한 찾아내서 죽일 작정인 것 같아. 지금껏 집에 돌아오지 않는 것은 아마 다음 표적을 찾고 있기 때문일 거야."

동생은 이지메 가해자였으니 복수가 살인 동기라고 할 수는 없다. 일종의 책임 전가 혹은 자포자기에서 비롯된 살인. 생각해볼 수 있는 동기는 그것밖에 없었다.

"내가 동생을 찾아내서, 체포할 거야."

살인은 아직 끝나지 않았다. 그것이 내가 내린 결론이다.

살해된 세 사람이 우연히 후쿠오카에서 피난하지 않았을 뿐이지, 애초에 이지메 사건 관련자는 대부분 일본을 탈출했을 것이다. 그래도 동생은 최후의 시간을 살인에 할애할 작정인 것이다.

"이런 상황에 불쾌한 이야기를 해서 미안해요. 잊고 싶은 사람은 잊어요."

내 말이 채 끝나기 전에 이사가와 강사가 익살맞게 오른손을 번쩍 쳐들며 내 말을 막았다.

"잊고 싶지 않은 사람은 세이고 군 추적을 거들면 된다는 말이지."

히카루도 재빨리 "당연히 거들어야지" 하고 받았다.

"동생과의 최후의 이별을 이런 식으로 맞아야 하다니, 하루가 너무 괴롭겠다."

안타까운 표정을 짓는 히카루가 나보다 훨씬 슬퍼보였다. 우리 오누이가 서로를 이해하지 못한 채 지구 멸망을 맞는 것을 진심으로 안타까워해주는 것 같았고, 그런 순박함이 부러웠다.

"괜찮아, 하루, 우리가 도울게. 얼른 동생을 찾아서 충분히 이야기하자고."

히카루가 돕겠다고 하면 아키히토까지 함께하게 될 텐데. 그 점이 마음에 걸려 눈길을 내리다가 문득 나나코가 시야에 들어왔다.

그러고 보니 이 아이를 어떻게 할지에 대해서도 전혀 이야기된 것이 없었다.

"그런데 강사님, 나나코 짱도 데려가실 생각이세요?"

"왜 나만 놔두고 가려고 해요?"

나나코가 매섭게 노려보았다. 나에게만 말투가 몹시 퉁명스럽다. 뜻밖에 강사는 "같이 가도 좋지 않아?"라고 가볍게 말했다.

"위험하지 않을까요?"

"살인마가 어슬렁거리는 도시에 혼자 놔두는 게 더 위험하지."

승리라도 한 것처럼 가슴을 펴는 나나코. 수사 팀 멤버도 어느새 다섯 명으로 불어나 제법 큰 살림이 되고 말았다.

아키히토가 불쑥 중얼거렸다.

"히즈미 씨라는 분은 이지메 사건 피해자의 담당변호사였구나."

"응."

"동생과 가까이 교류했었나?"

"모르겠어. 하지만 동생이 이지메 관련자와 접촉하려 했다고 가정한다면 히즈미 씨는 비교적 먼 위치에 있는 사람일 것 같아."

2년 전 이지메 사건이 발각되었을 때 변호사를 통해 면담이 몇 번 있었다고 들었다. NARU—세이고가 히즈미에게 보낸 메일에는 '2년 전에 히즈미 씨가 무슨 일이 있으면 연락하라고 가르쳐주신 전화번호가 남아 있어서 다행입니다'라는 대목이 있었으니 아마 두 사람은 연락처를 교환한 정도의 관계였을 것이다. 그러나 우리 집안에서 히즈미 변호사의 이름이 거론된 적은 한 번도 없었다.

새삼 생각해보니 히즈미와 세이고의 관계는 얕다. 살해 대상으로서 히즈미 미에코의 우선도는 낮았을지 모른다.

"세이고 군 사건에 더 깊이 관여하던 사람이 있었나?"

동생이 제일 죽이고 싶어 한 것은 누구일까. 지금 우선 생각해야 할 점은 그것이다. 나도 모르게 "나카노 이쓰키"라고 중얼거렸다.

"나카노…… 누구?"

"나카노 이쓰키 군. 세이고가 괴롭히던 급우. 세이고가 누군가를 원망했다면……."

그 아이를 죽이려고 했을 가능성이 높다.

잇달아 기억이 살아났다. 세이고에게 몇 달간이나 괴롭힘을 당한 같은 반 남학생. 학급 사진에서 얼굴을 본 적이 있는데, 가냘프고 얌전해 보이는 아이여서 예전의 세이고와 어딘지 닮은 분위기였다. 세이고는 세 명을 죽인 뒤 그 아이를 찾아갔을지 모른다.

히즈미 미에코가 남긴 메모를 다시 조사해보니 나카노 이쓰키 이름은 금방 찾을 수 있었다. 다행히 간밤에 내가 숨긴 노트에 나카노 이쓰키 보호자의 것으로 짐작되는 연락처까지 적혀 있었다. 이쓰키의 모친 나카노 미야코의 전화번호였다.

나는 벌떡 일어났다.

"제가 연락해볼게요."

한다 정형외과 옥상으로 가야 한다. 그가 어디 있는지는 모르지만―이미 해외로 피난했을지도 모른다―아무튼 지금은 그 옥상에서 전파를 잡아 연락을 시도해봐야 한다. 동생이 나카노 이쓰키를 찾아내기 전에 그 아이에게 위험을 알려야 한다.

우리는 급하게 28번 교습차량에 탔다. 조수석에 이사가와 강사가, 뒷좌석에는 아키히토, 히카루, 나나코가 앉았다.

"어떻게 전화하려고요?"

몹시 의아해하는 표정으로 묻는 나나코. 나는 뒷좌석에 둔 배낭을 쳐다보며 어색하게 대답했다.

"정형외과 옥상에서 만난 할머니가 스마트폰을 높이 쳐들면 전파 잡기가 쉬워진다고 했어."

배낭 속에는 셀카봉이 들어 있다. 간밤에 이사가와 강사와 드라이브하고 돌아오다가 집에 들러 가져왔다.

"작년 황금연휴 때 친구 셋이랑 디즈니랜드에 갔었어. 그때 사둔 걸 집에서 가져왔어. 설마 이렇게 쓰게 될 줄은 생각도 못했지만."

내 방 옷장에는 셀카봉이 두 개나 잠자고 있었다.

디즈니랜드에서 돌아올 때 친구 나나코의 짐이 비행기 기내 반입 규정 중량을 초과하고 말았다. 탑승 시각 막바지라 급했던 우리는 허둥지둥 나나코의 짐을 조금씩 나눠서 각자 캐리어에 담았는데, 그때 내가 챙긴 나나코의 셀카봉을 깜빡 잊고 돌려주지 못했던 것이다. 이제 와 생각하니 이것도 나나코의 유품이 되고 말았다.

한다 정형외과를 향해 현도를 남쪽으로 달릴 때였다. 오른쪽 코인세탁소 뒤에서 순찰차 한 대가 쓱 나타나 건너편 차선으로 들어섰다. 사이렌도 울리지 않고 빨간 경광등도 켜지 않았지만 환한 대낮이라 흰색과 검은색의 차체 도색이 금방 눈에 띄었다.

순찰차는 전방을 가로질러 이쪽으로 다가왔다. 상대방이 점차 속도를 늦추길래 나도 브레이크를 밟았다. 차체에는 '후쿠오카현 경찰'이라는 글자가 적혀 있었다. 아니나 다를까 운전석에 있는 사람은 이치무라였다. 이치무라는 교습차량 옆에 순찰차를 바짝 대고 도어 유리를 내렸다.

"저치는 상관 말고 당장 출발해."

이사가와 강사가 불쾌한 얼굴로 말했지만, 아무리 그래도 이런 상황에서 모르는 척 가버리는 것은 너무 부자연스럽다. 마지못해 운전석 유리를 내리자 이치무라가 친근하게 말을 건넸다.

"선배님, 여기서 또 뵙네요. 아가씨도."

강사는 흥, 하고 콧방귀로 미소 짓는 이치무라를 무시했다. 꺼림칙한 일이 있었던 건 아니지만 간밤에 위성전화로 통화한 게 떠올라 나는 내심 간이 조마조마했다.

뒷좌석에서 "저 사람 누구야?"라는 히카루의 불만에 찬 목소리가 들려왔다. 경찰을 경계하는 히카루는 상체를 쑥 내밀어 아키히토를 가리려고 했다.

이치무라는 교습차량 안을 들여다보았다. 뒷좌석의 세 사람을 빤히 보며 "오호" 하며 턱에 손을 댔다.

"뒷좌석 분들은?"

강사가 짧게 대답했다. "친척."

"그래요? 역시 선배님 친척답군요. 이런 판국에 이렇게 함께 드라이브라니, 아주 특이하시네."

"이봐, 당신, 순찰차 자랑이라도 하러 온 거야?"

"방범순찰 중입니다."

"섣부른 거짓말 말고."

"헤헤, 실은 자료 작성을 위해 외근하는 중입니다. 하지만 겸사 겸사 순찰하는 것도 사실이고요."

"그럼 경광등을 켜."

"변함없이 엄격하시네. 너무 그러지 마세요, 나도 많이 힘들어요."

힘들다고 하지만 그의 표정에는 피곤한 기색이 전혀 보이지 않았다.

"그래, 무슨 용건이지?"

"용건은 없습니다만 눈에 띄기에 나도 모르게 차를 세운 거죠. 아무 얘기나 하고 싶어서요. 혼자 있으면 사람이 그리워지지 않습니까."

강사가 그를 노려보는 동안 나는 별 생각 없이 이치무라가 탄 순찰차를 보았다. 앞 범퍼가 크게 찌그러져 있었다. 내 시선을 알아챈 이치무라가 도어 밖으로 팔을 내밀어 차체를 가볍게 두드리며 말했다.

"보기 흉하죠? 이삼일 전에 시내 산길을 달리는데 나무에 목을 매단 사체가 갑자기 툭 떨어지는 바람에 찌그러져버렸네요. 얼마나 놀랐던지."

그제 우리가 산악도로 교습을 위해 기타다니 댐으로 갈 때도 자살자의 사체가 차로 떨어졌었다. 이치무라도 같은 일을 당한 걸까. 나도 모르게 끼어들었다.

"우리도 산악도로를 운전할 때 그런 일이 있었어요. 오지 자살 이겠죠."

"그래요. 아가씨도 놀랐겠군요. 무사해서 다행입니다. 그러니까 아무리 이성을 잃더라도 자살 같은 건 하지 맙시다, 여러분."

"누가 한데?" 강사가 혀를 차며 내뱉었다.

그 뒤로도 이치무라는 잠시 이런저런 잡담을 늘어놓았지만 금세 만족했는지 순순히 시동을 걸고 순찰차를 출발시키려고 했다.

"수사 진척은 궁금하지 않은가보지?"

강사가 도발적으로 물어도 당황하지 않고,

"선배가 어떤 분입니까. 틀림없이 사건을 해결해줄 줄 믿고 있습니다."

이치무라는 다시 한 번 뒷좌석 쪽을 들여다보고 핸들을 한 손으로 잡은 채 웃는 낯으로 손을 흔들며 출발했다.

"저놈은 누구야?" 하고 히카루가 불쾌감을 드러내며 다시 물었다. 강사는 입술이 일그러지도록 입을 꾹 다물었다. "상관없는 놈이니까 알 거 없어."

정형외과에 도착하자 한다 선생은 인원이 늘어난 수사 팀에 입을 벌리며 놀라움을 표했다.

"오오, 웬일로 젊은 사람들만 모였어요."

보호자 없는 나나코, 온몸을 붕대로 감아 얼굴을 감춘 아키히

토, 그 아키히토 곁에 바짝 붙어 있는 히카루. 아무리 봐도 수상
쩍은 면면이지만 한다 선생은 고맙게도 꼬치꼬치 캐묻거나 하지
않았다. 이사가와 강사의 손바닥 상처도 아무것도 묻지 않고 치
료해주었다.

옥상은 변함없이 근처 노인들이 모이는 장소인지, 어제와 거의
다르지 않은 면면이 모여 있었다. 대합실 소파에 앉아 있던 나가
카와 씨도 오늘은 옥상에 있었다. 옥상에서 전파를 잡아 전화 통
화를 하고 싶다고 말하자 모두들 흔쾌히 받아주었다.

휴대전화를 높이 올리는 데 필요한 도구는 셀카봉이 전부였
다. 유선 타입 셀카봉에 스마트폰을 물리면 준비 완료. 손잡이 쪽
에 있는 셔터 버튼이 통화 버튼도 된다. 셀카봉을 이용한 전화 통
화에 관심이 있는지, 그때까지 멀리서 구경하던 노인들이 우리가
준비하는 동안 하나둘 모여들었다. 특히 나가카와 씨와 어느 노
파—바로 어제 셀카봉을 이용하라고 권해준 사람이다—두 사람
은 우리가 하는 짓이 궁금한지 가까이서 흥미진진하게 구경하고
있었다.

당장이라도 나카노 미야코에게 전화를 걸고 싶지만 청중이 많
으니 왠지 걸기가 힘들었다.

"미안허우, 빤히 쳐다봐서."

그렇게 말한 사람은 역시 어제 만났던 싹싹한 노파였다.

"여기 있는 사람들은 전부 전화를 걸고 싶어 하는 늙은이들이
라서 그만. 나가카와 씨도 손주한테 연락하고 싶댔지?"

노파가 나가카와 씨에게 호응을 구하지만 나가카와 씨는 입을 꾹 다문 채 대답이 없다.

"손주요? 무슨 일이 있으셨어요?"

내가 묻자 노파는 나가카와 씨를 곁눈으로 보며 말했다.

노파에 따르면 나가카와 씨는 근처 주민이 아니라 불행한 수요일 이후 한다 정형외과에 찾아왔다고 한다.

위암을 앓던 나가카와 씨는 구월 칠일—소행성 충돌이 공표되던 시간에 위의 일부와 임파절 절제를 위해 후쿠오카 시내의 한 병원에서 한창 개복 수술을 받고 있었다. 마취에서 깨어나 보니 세상이 광란 상태였다. 노인은 결국 피난할 타이밍을 놓치고 말았다.

독일의 일본계 기업에서 일하던 나가카와 씨의 딸은 다행히 비교적 안전하다고 알려진 유럽에 머물 권리가 있었다. 딸은 부친을 탈출시키려고 인파를 역행하여 후쿠오카로 돌아오려고 했지만, 나가카와 씨는 딸을 말리고 혼자 남기로 결심했다. 그 뒤 나가카와 씨는 생전에 다시 만날 일이 없는 딸이 그리워 휴대전화로 매일 밤 딸 가족과 연락하고 있다고 한다.

그러나 구월 말, 자택 근처 무선기지국이 기능을 멈추어 전화 통화를 할 수 없게 되었다. 그래서 그는 전파가 잡히는 곳을 찾아 자전거 여행을 시작하여 십일월에 이 정형외과에 다다랐던 것이다. 요즘은 한다 정형외과 옥상에서 잡히는 전파도 많이 불안정해졌지만, 자기 또래 노인들이 모이는 피난소가 마음이 편해서 이곳을 인생 최후의 거처로 택한 것이라고 한다.

말이 많은 노파와는 대조적으로 나가카와 씨는 부정도 긍정도 하지 않았다. 표정 없는 밋밋한 얼굴 밑으로 씻어낼 수 없는 외로움을 안고 있는 듯했다. 옆에서 조용히 듣고 있던 아키히토는 "그랬군요"라고 쓸쓸하게 말했다.

"병 때문에 움직일 수 없어서 규슈를 미처 빠져나가지 못한 사람들이 많을 겁니다."

"애고, 그렇게 슬퍼할 것까진 없수. 그보다 온몸을 붕대로 둘둘 감은 거 보니, 그쪽도 몸을 다쳐서 대피하지 못한 거유?"

아키히토는 히카루를 힐끗 쳐다보고는 고개를 숙였다. "뭐, 그런 거죠."

"딱하네. 젊은 사람이 얼마나 힘들었을까."

나는 친구의 셀카봉을 꺼내 노파에게 내밀었다.

"괜찮으시면 이걸 쓰세요. 나가카와 씨와 다른 분들도요."

"오! 아가씨는 이거 안 필요해?"

"이거 친구 거예요. 두 개씩은 필요 없어서 드리는 겁니다."

"세상에, 빌려주기만 해도 되는데."

노파가 사양했지만 거반 떠넘기다시피 주었다. 가지고 있으면 계속 친구 생각에 슬플 것 같아, 필요한 사람에게 주는 편이 낫겠다 싶었다. 나가카와 씨는 여전히 말없이 우리 모습을 지켜보기만 했다.

우리는 노인들이 지켜보는 가운데 마침내 나카노 미야코의 휴대전화에 연락을 시도했다. 키가 큰 히카루가 셀카봉을 한껏 높이 쳐들자 화면의 안테나 표시가 한 줄 나타났다. 나나코가 "된다!"라고 외치고 구경꾼들도 술렁거렸다.

역시 높은 곳을 흐르는 전파를 잡는 데 셀카봉이 도움이 된 것일까. 히즈미의 노트에 있던 번호를 입력하자 바로 호출음이 울리기 시작했다. 누군가가 침 삼키는 소리가 들렸다.

상대는 좀처럼 전화를 받지 않았다. 나카노 이쓰키 일가는 이미 후쿠오카를 떠난 것일까? 그렇다면 승용차 말고는 교통수단이 없는 세이고에게 공격당할 염려는 없다. 호출음은 계속 울렸다.

전화를 끊으려고 할 때였다. 13번째 호출음이 그치고 누군가의 목소리가 귀에 들어왔다. 연결됐다!

'어떡할래, 하루 짱?'

강사가 소리 없이 입모양으로 그렇게 물었다.

"제가 말할게요."

나는 스피커폰으로 설정된 스마트폰 화면을 향해 까치발을 해서 얼굴을 최대한 가까이 댔다.

"저어, 여보세요."

높은 어조로 인사했다. 통화 상대는 한 마디도 하지 않고 희미한 숨소리만 들렸다.

"저어, 들리세요? 갑자기 연락드려서 미안합니다."

내 이름을 밝히고 세이고의 누나라고 말했다. "나카노 미야코 씨 전화 아닌가요?"

잠깐의 침묵 후에 상대는 한숨을 길게 토했다.

〈무슨 일이죠?〉

젊은 남자의 목소리. 나카노 미야코의 목소리는 아니었다.

"혹시, 나카노 이쓰키 씨세요?"

〈아, 예. 그런데요.〉

전화를 받은 것은 나카노 이쓰키 본인이었다. 동생에게 심하게 학대당한 피해자. 지금 그 아이와 전화가 연결된 것이다.

"저어, 동생 때문에 정말⋯⋯."

〈용건이 뭡니까?〉

"미안합니다."

〈밑도 끝도 없이 미안하다고 하면 어떡하라는 겁니까. 무슨 일이냐고 묻고 있잖아요. 이런 판국에 전화를 하다니, 솔직히 불쾌하네요.〉

짜증 섞인 말과는 달리 그의 목소리는 희미하게 떨리고 있었다. 막상 대화를 하려니 죄책감과 방어심리 때문에 사죄의 말만 떠올랐다. 그러나 세이고의 누나인 나에게는 상대를 보호할 의무가 있다. 마음을 다잡고 본제로 들어갔다.

"나카노 씨는 아직 후쿠오카에 남아 있나요?"

〈그런데요. 그게 왜요?〉

"가족과 함께 남았나요? 다들 무사하세요?"

〈아주 힘듭니다. 가정용 풍력발전기가 있어서 죽지는 않았지만.〉

서투르게나마 하카타, 이토시마, 다자이후 세 군데에서 발생한 연쇄살인 사건을 설명했다. 세 피해자 가운데 두 명이 나카노 이쓰키를 괴롭히던 사람이라는 사실도 밝혔다.

"처음에는 세 사건의 피해자에게 공통점이 없다고 보고 무차별 연속살인인 줄 알았습니다. 하지만 첫 번째 피해자 다카나시 유이치 씨와 두 번째 피해자 다치나미 준야 씨가 예전에 같은 반 학생이었고 세이고가 저지른 이지메 사건의 가해자 그룹에 속한다는 사실이 밝혀졌어요. 게다가 다자이후에서 사체로 발견된 변호사는 나카노 씨를 대리하던 분이었어요. 세 사건은 연결되어 있는 거예요."

설명하면서 적절한 단어를 고르느라 힘들었다. 동생 세이고가 살인범이다, 세이고는 사건 관련자들에게 엉뚱한 원한을 품고 있고 당신 목숨을 노릴 가능성이 높다, 그러니 도망쳐라. 이 충고를 과연 제대로 알아들을까.

"세이고가 어디 있는지는 모릅니다. 저어, 혹시 내 동생이 연락하지는 않았나요?"

그렇게 묻는 순간, 나카노 이쓰키는 갑자기 격분했다.

〈내가 죽였다는 겁니까!〉

엉뚱한 비약에 놀라서 한순간 말문이 막혔지만 얼른 "그게 아니에요"라고 부정했다. 내 설명이 형편없었던 탓이다.

"아니, 아닙니다. 당신을 범인으로 보는 것은……."

〈날 의심하겠지. 내가 원한 때문에 놈들을 죽였다고 생각하고

전화한 거야.〉

"아뇨. 나는 세이고가 범인이라고 생각합니다. 당신이 공격을 당하지 않을까 걱정돼서."

〈거짓말. 말만 그렇지 어차피 놈을 편들 거잖아!〉

노한 목소리를 끝으로 전화 저쪽은 쥐죽은 듯 조용해지고 정적이 찾아왔다. 잠시 후 나카노 이쓰키는 떨리는 목소리로 말했다.

〈누가 죽였는지 모르지만, 후련하네.〉

뒤에서 귀를 세우고 있던 히카루가 "무슨 개소리야"라고 씩씩 거려서, 내가 한 손을 들어 그를 말렸다.

〈그 새끼 누나라면 잘 알겠네. 그 새끼들은 죽어도 싸.〉

나는 그의 말에 분개할 자격이 없다. 이 아이가 학교 다닐 때 겪은 일에 대해서도 극히 일부만 알고 있을 뿐이다.

나카노 이쓰키는 얌전한 학생이었다. 친구는 적었지만 급우들과 어울리지 못한 것도 아니었다고 한다. 놀리는 말은 점점 심해지고 세이고 등 가해자 그룹의 학대는 공갈 폭행에까지 다다랐다.

아무 말 없이 가만히 기다리자 이사가와 강사가 불쑥 내 어깨를 쳤다.

"잠깐 바꿔줘."

나의 당혹감에 아랑곳없이 강사가 통화에 끼어들었다.

"전화 바꿨습니다, 이사가와라고 합니다."

〈예?〉 이쓰키도 당혹스러운 목소리를 냈다.

〈……누구세요, 당신.〉

"고하루 씨와 함께 사건을 수사하고 있는 사람입니다. 고하루 씨와는 다자이후 운전학원에서 만났어요."

〈그러니까 누구냐고요.〉

"아, 이런 상황에 불쑥 연락해서 미안합니다. 하지만 살인사건 이라서요. 수사에 협력해주실 수 없나요?"

〈아무것도 모른다고 했잖아요.〉

"그러지 마시고. 세이고 씨는 그쪽에 나타나지 않은 거죠?"

〈―네, 알 게 뭡니까. 그딴 자식.〉

"그래요? 세이고 씨는 만나지 않았다, 그런 말이죠?"

어디까지나 정중한 태도이지만 빠른 응답으로 상대를 압도하 며 질문을 거듭해나갔다. 낭패해 있던 나카노도 이사가와 강사의 페이스에 말려들어 어느새 말이 길어지고 있었다.

"그럼 살해당한 피해자들―다카나시 군이나 다치나미 군, 담당 변호사를 최근 만난 적이 있습니까?"

〈만났을 리가 없잖아요. 전학한 뒤로 본 적 없어요. 히즈미 씨 도 그 후 만난 적 없고요.〉

"호오."

강사는 턱에 손을 대고 두세 번 가볍게 끄덕였다. 그 정도 몸짓 으로도 강사가 뭔가 단서를 잡았다는 것을 알 수 있었다.

"피해자를 아는 사람은 이제 이 지역에 거의 남아 있지 않아요. 아까 나카노 씨는 후쿠오카에 남아 있다고 하셨죠? 괜찮다면 직접 만나 이야기를 들어보고 싶은데, 어디서 만날 수 없을까요?"

스피커에서 휘잉휘잉 바람소리 같은 소리만 들렸다. 이쓰키의 숨소리다. 강사가 직접 만나자고 제안한 순간부터 명백히 호흡이 거칠어지고 있었다.

〈……싫어요.〉

"우리에게 차가 있으니까 나카노 씨는 힘들게 움직이지 않아도 됩니다."

〈안 만나. 당신들과 할 얘기 전혀 없어.〉

그렇게 내뱉고 나카노 이쓰키는 전화를 끊었다. 음성이 끊기고 뚜우, 뚜우 하는 서글픈 전자음만 울렸다. 너무 서둘러 접근한 걸까? 셀카봉을 다시 높이 쳐들어 봐도 응답이 없었다.

주위에 모여 있던 노인들은 '연속살인'이니 '이지메 사건'이니 불온한 말이 들리는 대목부터 우리 곁을 떠나 거리를 두었다. 곁에 남아 있는 사람은 나가카와 씨와 싹싹한 노파 두 명뿐이었다. 히카루와 아키히토, 나나코는 심각한 표정으로 이쓰키와의 통화 내용을 되새기는 듯했다.

"어떡할 거야, 이사가와 씨. 놈이 전화를 끊어버렸잖아."

히카루가 불만스러운 얼굴로 스마트폰 화면을 이사가와 강사에게 보여주었다. 강사는 개운한 얼굴로 말했다.

"수확은 충분해. 나카노 이쓰키는 거짓말을 하고 있어."

나는 너무 놀라서 옆에 있던 나나코와 동시에 "네에?" 하며 얼굴을 마주보았다. 나를 내내 못마땅하게 대하던 나나코는 쑥스러운지 이내 눈길을 돌려버렸다.

"무슨 말이에요?"

"간단한 얘기야. 하루 짱은 히즈미 미에코를 '변호사님'이라고 하면서 설명했지?"

그랬었나? 긴장한 탓에 잘 기억이 나진 않지만 변호사님이라고 말한 것 같기도 했다.

"나도 하루 짱과 마찬가지로 변호사를 이름으로 말하지 않았어. 나카노에게 질문할 때도 '다카나시 군이나 다치나미 군, 담당 변호사를 최근 만나본 적 있습니까'라고 했지. 그때 나카노가 뭐라고 대답했는지 기억나?"

―만났을 리가 없잖아요. 전학한 뒤로 본 적 없어요. 히즈미 씨도 그 후 만난 적 없고요

"히즈미의 노트에 따르면 당초에 다른 변호사와 함께 이 사건을 수임했어. '소노다 변호사와 함께 수임'했다고 적혀 있었지. 즉 담당 변호사는 두 사람이었다는 거야. 나도 하루 짱도 변호사 이름을 밝히지 않았는데도 나카노는 '히즈미 씨'라고 단정했어. 이지메 사건 이래 변호사는 만난 적이 없다는 나카노 이쓰키가 어떻게 살해된 변호사가 히즈미라는 걸 알았을까. 대화가 너무 매끄럽게 진행되었어."

피해자가 히즈미 미에코임을 간파했다면 히즈미가 이미 살해되었다는 사실을 내 전화를 받기 전에 알고 있었던 것은 아닐까, 라는 게 이사가와 강사의 추리였다.

설명을 다 듣자 나나코가 문득 힘이 난 목소리로,

"그럼 역시 세이고 오빠는 범인이 아니네요."

하며 동의를 구하듯 히카루와 아키히토 쪽을 돌아다보았지만 두 사람은 말이 없었다. 나나코는 개의치 않고 말했다.

"범인은 나카노라는 사람 아녜요? 거짓말을 했잖아요. 역시 세이고 오빠는 아니었던 거야."

세이고에 대한 이 순수한 믿음을 어찌해야 하나. 나는 천천히 고개를 저었다.

"그런데, 나카노 이쓰키 군이 거짓말을 했다고 해도 세이고가 용의자라는 사실에는 변함이 없어."

"왜요?"

"범인이 아니라면 세이고가 행방을 감출 이유가 없으니까. 세이고는 엄마 차를 운전하며 다녔고, 그 차가 하카타 사건의 살해 현장이 되었어. 그것만으로도 충분히 의심스럽지."

"하지만……."

나나코의 주장을 받아들이지 않는 나. 그런데 이사가와 강사가 나나코를 옹호하듯 끼어들었다.

"세이고 군이 행방을 감춘 이유가 따로 있을지도 모르지."

"무슨 말이에요, 갑자기."

"세이고 군이 나카노 이쓰키가 보복하려고 하는 것을 알고 누나까지 당할까봐 집을 떠난 거라면?"

"……네에?"라고 말하는 것이 고작이었다.

"하루 짱에게 해가 갈까 두려워 차를 몰고 피한 거라고 생각하면 뭐 하나 부자연스러운 게 없잖아."

"그러니까 그건, 나카노 이쓰키 군이 세 사람을 죽인 범인이라는 건가요? 말도 안 돼요."

"왜? 가능성은 있어."

"나카노 군은 당연히 세이고와 친구들을 원망했겠지만, 히즈미미에코 씨는 담당 변호사였어요. 자기편이잖아요. 죽일 이유가 없어요."

"살인사건의 진정한 동기라는 것은 아무도 모르는 거야. 히즈미의 변호사 역할에 불만이 있었는지도 모르고 달리 원한을 품을 일이 있었는지도 모르고."

"……백 보 양보해서 나카노 군이 범인이라고 해도, 다카나시 유이치는 왜 세이고가 운전하던 차에서 죽어 있었죠?"

"세이고 군은 집을 떠난 뒤 역시 나카노 이쓰키를 피해 다니던 다카나시를 만나 함께 행동하기 위해 그를 차에 태웠다. 하지만 나카노에게 발견되어 차 안에서 살해당했다. 이런 스토리라면 정합성은 있지."

"차에 함께 있었던 세이고는 어디로 갔다는 거죠?"

"간신히 목숨을 건져 도망쳤거나 이미 살해되었거나."

아키히토가 핀잔을 주었다. "하루 짱한테 할 소리는 아니죠."

"내 가설이 백 퍼센트 맞다고는 생각하지 않아. 다만 나카노 이쓰키가 거짓말을 한 건 분명해."

불과 몇 분 전까지 동생이 살인범이라고 믿어 의심치 않았다. 나카노 이쓰키가 세이고의 다음 표적이라고 믿고 진심으로 그를 걱정하고 있었다. 그런데 이제 나카노 이쓰키야말로 진범일 가능성이 제시되었다. 머릿속이 뒤죽박죽이라 미칠 것 같았다.

동생이 이미 살해되었으면 나는 어떡하나.

히카루가 말했다.

"나카노 이쓰키를 찾아내야 한다는 말이네."

그러나 그와 연락할 수단이 완전히 끊어졌다. 이쪽을 경계하고 있을 터이니 다시 전화를 걸어도 받을 가능성은 거의 없다.

"메모해 둔 거, 이 전화번호뿐이에요?"

나나코가 묻자 강사는 미간에 주름을 모으며 고개를 끄덕였다. 우리가 가진 연락처는 이쓰키 모친의 휴대전화 번호뿐이다.

나나코는 이어서 나를 올려다보았다.

"하루…… 씨는 아무것도 몰라요?"

나를 하루 씨라고 부르기로 한 모양이다.

"아무것도. 세이고가 말썽을 일으켰을 때도 학교로 불려간 건 부모님이었으니까. 나카노 군을 직접 만나본 적은 없어."

"어디 사는지도 몰라요?"

"동생이 다니던 학교는 하카타구의 중학교였으니까 나카노 군의 집도 그 근처였을지 모르지만……."

모친의 휴대폰으로 받은 걸 보면 그는 가족과 함께 최후의 시간을 맞기로 한 것일까? 아니, 혼자 후쿠오카에 남았을 수도 있다. 지금 가지고 있는 정보는 나카노 이쓰키가 후쿠오카 어딘가에 있다는 것뿐이다.

"무슨 얘기들을 하는지는 모르지만."

불쑥 들려온 소리에 우리는 일제히 목소리의 주인공을 돌아다보았다. 그렇게 말한 것은 나가카와 씨였다. 그는 상의에서 포켓 사이즈 지도를 꺼내 펼쳤다. 후쿠오카현 지도였다. 몇 페이지로 분할된 지도에는 빨간 유성펜으로 화살표가 여러 개 그려져 있었다.

"이건 뭐죠?"

무뚝뚝한 대답이 돌아왔다.

"휴대폰 터지는 자리."

통화가 되는 장소를 찾기 위해 하카타구의 자택에서 다자이후까지 자전거를 타고 온 나가카와 씨는 도중에 찾아낸 통화 가능 지점을 지도에 표시해 두었다고 한다. 화살표가 조난구나 사와라구, 니시구, 나카가와 시 등에 분산되어 있는 것을 보면 나가카와 씨가 크게 우회하며 정형외과까지 다다랐다는 것을 알 수 있었다.

흩어져 있는 화살표가 가진 의미를 처음으로 이해한 사람은 아키히토였다.

"그렇지! 나카노 군도 이 화살표 가까이에 있는 거야."

히카루는 그와 달리 영문을 모르겠다는 표정이었다.

"나도 좀 알자. 알아듣게 설명 좀 해봐."

"그러니까, 휴대폰이 연결되는 구조는 대충 알지?"

"내가 알 리가 없잖아. 지금 나 놀리는 거야?"

"미안."

간밤의 다툼 이후 형제는 서로 불편한 기색이었지만 어색하게나마 대화를 시도하고 있었다. 아키히토가 설명하는 역할을 맡아주었다.

"그러니까, 휴대전화는 전파를 쏴 보내서 통화하긴 하지만 단말기끼리 직접 전파를 주고받는 건 아니야. 내가 히카루에게 전화하는 경우, 먼저 내 스마트폰에서 무선기지국에 전파가 가지. 무선기지국끼리는 광섬유 같은 유선 케이블로 연결되어 있고, 거기서 다시 다양한 통신 설비를 거치는 거야. 그러니까 내 스마트폰이 보낸 전파는 무선과 유선 네트워크를 거쳐서 최종적으로는 내가 통화하고 싶어 하는 상대방—히카루의 스마트폰에서 제일 가까운 무선기지국으로 가는 거야. 그리고 그 무선기지국에서 히카루의 스마트폰으로 전파가 가는 거지."

"……모르겠네. 결론을 말해봐."

"우리는 정형외과 옥상 근처 무선기지국에서 전파를 받았던 거야. 휴대전화는 상대방 근처에도 무선기지국이 있어야만 통화할 수 있어. 그러니까 나카노 군 근처에도 반드시 기지국이 가동되고 있었다는 말이지. 나가카와 씨가 지도에 표시한 통화 가능 장소 가운데 어느 한 곳 근처에 나카노 군이 있었던 거야."

나나코가 감탄했다.

"아키히토 오빠 엄청 똑똑하네!"

"물론이지, 형은 나랑 달리 머리가 좋아."

"근데 왜 히카루 오빠가 으스대?"

나가카와 씨가 자전거를 타고 거쳐온 경로에 표시된 화살표들은 주로 시청이나 구청, 동사무소 등 정전 대책을 한 무선기지국이 있는 장소와 일치하는 듯했다. 가령 이쓰키가 지금도 메이소학원 근처에 살고 있다면 그 근처 무선기지국의 전파를 이용했을 가능성이 높다. 메이소학원에서 가장 가까운 전차역은 후쿠오카시 지하철 공항선의 하카타역에서 한 정거장 떨어진 히가시히에역이다. 하카타역 주변이라면 나도 지리를 조금 안다. 지도를 살펴보니 한층 크게 그려진 화살표가 눈에 들어왔다. 화살표는 구청을 가리키고 있었다.

나가카와 씨는 내 시선을 알아채고 고개를 끄덕여보였다.

"시내는 안 돼. 식료품이 없거든. 하지만 이 근방은 전파가 잘 잡혀. 구청 근처 아파트나 주택을 뒤져보면 그 사람을 찾을 수 있을지도 모르지."

나가카와 씨는 그 말만 하고 자리를 떠나 아까 내가 준 셀카봉을 길게 뽑아 허공에 쳐들었다. 멀리 있는 소중한 사람과 통화하려는 것이다.

우리는 다시 하카타 방면으로 가기로 했다. 지금은 가느다란 실을 따라가는 수밖에 없다.

국도3호선을 직진하여 일반 도로를 통해 하카타 구청으로 가고 있을 때였다. 이사가와 강사가 별로 즐거워 보이지도 않는 밋밋한 목소리로 말했다.

"짜잔. 자, 퀴즈!"

"네?"

"퀴즈 낼 테니 잘 들어봐. 공기압이 낮은 타이어로 달리면 타이어가 파열되는 현상을 뭐라고 하지?"

마지못해 대답했다. "스탠딩웨이브 현상."

"정답. 그럼 노면이 젖어 있을 때 과속하면 타이어가 살짝 뜨는 현상을 뭐라고 하지?"

"하이드로레이닝 현상."

"역시. 하루 짱은 학과시험에 강해."

왠지 몰라도 강사는 운전면허 학과시험 문제를 몇 개나 질문했다. 그냥 지루해서인지, 아니면 강사 나름대로 일행을 배려해서 분위기를 띄워주려는 것인지는 알 수 없지만, 후자라면 이야기를 풀어나가는 솜씨는 그다지 뛰어난 것 같지 않다. 뒷좌석에 있는 히카루, 아키히토, 나나코의 표정을 백미러로 살펴보니 모두 어정쩡한 얼굴로 강사를 보고 있다.

나의 아둔한 뇌는 여전히 상황을 제대로 파악하지 못하고 있었다. 액셀에 발을 올려둔 채 생각에 잠겼다.

이쓰키는 왜 후쿠오카를 탈출하지 않았을까. 설마 세이고와 친구들이 후쿠오카에 남아 있다는 사실을 알고 살해 계획을 세우고 있었던 걸까? 그가 범인이라면 동기는 원한 말고는 생각할 수 없지만, 인류 멸망을 목전에 두고 살인을 저지르고 싶을까? 모두 죽게 되었기 때문에 더욱 더 자기 손으로 복수할 기회를 놓치고 싶지 않은 걸까.

"역시 나카노 군은 범인 같지 않아요."

나도 모르게 그렇게 말해버리자 잠시 후 강사가 물었다.

"하루 짱은 세이고 군이 범인이라고 생각하고 있지?"

"네."

"가족인데도?"

"가족이니까요."

"그래? 죄책감인가?"

그런 점도 있을지 모르겠지만, 나카노 이쓰키를 범인으로 단정하는 건 성급하다고 느꼈다.

"강사님도 세이고를 의심했잖아요?"

"처음에는 수상하다고 생각했지."

"지금은 그렇게 생각하지 않나요?"

"그래, 다만 한 가지 의문은 있어."

강사는 후우, 하고 숨을 길게 토하고 팔짱을 꼈다. 강사의 오른손은 한다 선생의 치료 덕분에 더 악화되지는 않았다. 꼼꼼하게 감은 붕대가 시야 한쪽에 들어왔다.

"하루 짱 말처럼 세이고 군이 범인이라고 해보자고. 그는 집에 있던 차를 몰고 하카타로 가서 첫 번째 피해자 다카나시 유이치를 차 안에서 살해했다. 이렇게 가정한다면, 세이고 군은 왜 다카나시를 운전석에 방치한 채 차를 버렸는가 하는 의문이 생겨."

첫 번째 사건은 순찰차로 움직이던 긴지마가 스미요시거리의 편의점 주차장에 서 있던 차량 속에서 사체를 발견함으로써 발각되었다. 그 상황에 무슨 의문이 있다는 걸까. 나는 잠자코 다음 말을 재촉했다.

"사망 추정 시각을 보면 살해된 순서는 하카타의 다카나시가 첫 번째, 다음이 이토시마의 다치나미, 마지막이 다자이후의 히즈미인 게 분명해. 즉 차를 하카타의 편의점에 놔두면 다치나미나 히즈미를 살해하러 갈 교통수단이 없어져버려. 이토시마나 다자이후까지는 거리가 꽤 되니까 두 번째 세 번째 사건의 현장까지는 차를 타고 가는 수밖에 없지. 그럼 세이고 군은 하카타에서 다카나시를 살해한 뒤 차도 없이 어떻게 이토시마나 다자이후까지 이동했을까."

"다른 곳에서 차를 빼앗았을 수도 있죠."

"잘 달리는 차를 버리고 굳이 새 차를 구한다고? 그 뒤에 또 다치나미나 히즈미를 죽일 예정이었는데?"

"다카나시는 운전석에 앉은 채 살해되었죠. 사람을 죽인 차를 계속 타기가 싫었던 게 아닐까요?"

"동생이 그렇게 예민한 사람인가?"

사람을 죽일 만한 인간이 운전석 시트에 묻은 피에 연연하리라고는 생각하기 힘들다. 과연 차를 버리는 것은 합리적인 행동이 아니다.

살펴보니 뒷좌석에 앉은 사람들도 진지한 얼굴로 우리의 대화에 집중하고 있었다. 강사의 주장을 지지하는 것처럼 아키히토가 입을 열었다.

"나도 이사가와 씨 지적이 타당하다고 봐. 게다가 세이고 군이 범인이라면 이동 경로도 자연스럽지 못해. 다자이후 집을 출발해서 하카타에서 다카나시 씨를 죽이고 이토시마에서 다치나미 씨를 죽이고, 다시 다자이후로 돌아와서 히즈미 씨를 죽인다? 다자이후에서 먼저 히즈미 씨를 죽이고 하카타 쪽으로 가는 게 이동거리도 짧지 않을까?"

격려해주려는 것인지 아키히토의 목소리는 부드러웠다. 히카루도 나나코도 윗몸을 내밀고 가세했다.

"맞아. 하루의 동생은 살인범일 수가 없어."

"하루 씨도 좀 믿어줘요."

듣고 보니 세이고를 연쇄살인범이라고 가정하면 정말 이동 경로에나 이동수단에나 모순이 나타난다. 그런데 나는 어떻게든 반론을 펴고 싶었다. '역시 세이고가 범인이다'라고 말하고 싶었다.

"하루 짱" 하고 아키히토가 온화하게 불렀다.

"하루 짱은 동생이 살아 있기를 바라는 거네."

나는 무의식중에 동생의 생존을 바라고 있었던 걸까?

이쓰키가 진범이라면 동생은 이미 살해되어 내가 모르는 곳에서 차갑게 식어 있을 것이다. 살해되는 것보다는 남의 생명을 빼앗아서라도 살아 있는 편이 낫다—속으로는 그렇게 생각하고 있는 걸까?

"살해된 게 차라리 나아."

고뇌를 끊어내려고 굳이 소리 내어 말했다.

"주동자가 될 만한 아이였다면 차라리 죽어버리는 게 나아. 차라리 어딘가에 죽어 있는 게 나아."

하카타 출입구로 들어가 하카타역을 지나서 기온역 방향으로 움직여 하카타 구청거리에 들어서자 몇 분만에 목적지에 다다랐다. 하카타 구청이나 메이소학원에 가장 가깝고 지금도 가동되는 무선기지국이다. 올려다보니 날카로운 창처럼 생긴 안테나가 꼭대기에 세워져 있었다. 아키히토는 주위에 선 헤아릴 수 없을 만큼 많은 고층아파트나 빌딩을 둘러보며 쓴웃음과 함께 말했다.

"생각보다 많네, 전파 터질 만한 장소가. 이사가와 씨, 설마 이 근방을 이 잡듯이 뒤질 생각이세요?"

"그건 최후 수단이야."

1시간 가까운 드라이브를 마친 우리는 바깥공기를 쐬려고 교습차량에서 내렸다. 히카루는 좌석에 실은 휠체어를 꺼내 펼치고 아키히토를 요령 있게 유도했다.

형제는 기지국이 있는 빌딩을 가리키거나 옥상 안테나를 올려다보며 둘이서 뭔가 이야기를 하고 있었다. 나는 기지국보다 눈앞 중앙분리대에 설치된 가드레일이 더 흥미로웠다.

4차선을 구획하는 하얀 도로용 가드레일. 그 일부가 크게 휘고 찌그러져 있었다. 나나코도 "뭐지, 저건?" 하고 엉뚱하게 큰 목소리로 말하고 중앙분리대를 향해 잰걸음으로 다가갔다. 주변에 차량이 한 대도 없어 도로 한복판을 마음대로 걸어도 위험하지는 않지만 혼자 가게 두는 게 내키지 않아 뒤를 따라갔다.

"사고가 있었나?"

쪼그리고 앉아 가드레일을 살펴보는 나나코. 나도 옆에서 상체를 구부리고 나나코의 시선을 따랐다.

"구월 초에 모두들 놀라서 규슈를 탈출하려고 했잖아. 그때 시내에서도 추돌사고가 수 천 건이나 있었대. 이것도 그때 흔적이 아닐까."

망가진 가드레일은 사고의 심각성을 전해주고 있었다. 가드레일은 보통 높이여서 교습차량을 옆에 세우면 차체 옆면에 프린트된 '다자이후 운전학원'이란 글자가 모두 가려진다. 튼튼해 보이기는 하지만 직각으로 심하게 구부러져 있고 사고 차량 것으로 짐작되는 검은 도장이 충돌 흔적으로 묻어 있었다. 차체가 격렬하게 스쳤을 것이다.

"이거, 핏자국 아냐?"

어느새 옆에 와 있던 히카루가 아키히토의 휠체어에서 손을 떼며 가드레일 한쪽을 가리켰다. 차량과 접촉한 자리에 남아 있는 검은 도막과는 별개로 검붉게 변색된 선이 그어져 있었다. 이사가와 강사도 다가와서 가드레일의 하얀 바탕에 튄 갈색 얼룩을 살펴보았다.

"히카루 군 말대로 혈흔이네."

이곳에서 사고가 일어나 누군가 피를 흘렸다. 하지만 가드레일은 찌그러진 채 방치되고 혈흔도 그대로 남아 있다. 아마 경찰이나 소방관도 피를 흘린 누군가를 구조하러 출동하지 않았을 것이다.

살을 에는 듯한 차가운 바람이 횡한 도로를 쓸고 지나갔다. 상의 옷깃을 그러모아도 추위는 전혀 가시지 않았다.

"아주 최근에 생긴 겁니다, 그거."

불쑥 뒤에서 낯선 목소리가 날아와 흠칫 놀랐다. 돌아다보니 교습차량 옆에 낯선 남자가 서 있었다.

후줄근한 다운코트를 입은 등이 구부정한 남자였다. 덥수룩한 머리에 백발이 섞였지만 전체적인 외모는 그리 늙어 보이지 않으니 새치가 많은 젊은 사람인가? 아무렇게나 기른 앞머리 틈새로 보이는 동그란 눈동자는 하품을 한 직후처럼 졸려 보이고 물기에 젖어 있었다. 요즘 같은 세상에서는 보기 힘든, 어딜 봐도 평범한 남자였다.

"그 가드레일."

남자가 계속 말했다. 그저께까지의 나였다면 후쿠오카 거리에서 누구와 마주친 것 자체에 감격했겠지만 이런 상황에도 조금씩 익숙해지고 있었다. 거리를 돌아다니며 알게 되었지만 후쿠오카에도 의외로 사람들이 있다.

"폭주 택시 짓입니다. 못 들어봤나요?"

이사가와 강사는 "폭주 택시?"라고 남자의 말을 되뇌었다.

"처음 듣네요. 느낌이 아주 안 좋은 말이군요."

남자를 경계하는지 강사는 나나코 앞에 버티고 섰다. 한편 새치머리 남자도 우리를 머리끝부터 발끝까지 수상하다는 듯 훑어보며 말했다.

"그러고 보니 처음 보는 얼굴들이군. 어디 잔류시민입니까?"

"잔류시민? 음, 지금은 후쿠오카에 있습니다만"이라고 대답하는 아키히토.

"물론 그러시겠지. 후쿠오카 잔류촌에 있는 분들은 아니죠?"

잔류시민. 잔류촌. 역시 낯선 단어들이다.

"도망칠 돈도 수단도 없고 체력도 없어서 어쩔 수 없이 남은 사람. 그게 잔류시민, 잔류자예요. 당신들도 그런 거죠?"

아무리 봐도 정체를 알 수 없는 우리들 모습에 남자는 곤혹스러운 듯했다.

"어디 잔류촌에서 왔어요? 기타큐슈? 설마 댁들, 겨우 다섯 명이서 남은 겁니까?"

"아뇨. 원래는 출신지가 제각각이에요."

남자는 눈에 띄게 안색이 변하더니 겁먹은 눈으로 주위를 둘러보았다.

"잠깐만. 댁들 대체 누구요? 지금까지 어떻게 살아온 거요?"

"그냥 살던 대로 지냈을 뿐이에요. 내가 보니까 댁은 후쿠오카 잔류촌이란 곳에 속한 분 같은데, 그 잔류촌인지 뭔지를 설명해 주시겠어요?"

"신분도 모르는 사람들과 얘기하는 건……."

"새삼스럽게 왜 이래요. 먼저 말을 건 사람은 당신이잖아."

강사는 한쪽 볼만 끌어올리며 웃었다.

"안심해요, 우리, 수상한 사람들 아닙니다. 현에서 발생한 어떤 사건을 조사하다 여기까지 흘러왔을 뿐이에요."

"경찰이라고? 그럼 수첩 좀 봅시다."

"아쉽게도 경찰은 아닙니다. 정의감과 호기심으로 수사하는 거예요."

"뭔 소리인지 모르겠네."

그렇게 말하자마자 남자가 뛰기 시작했다.

그를 세우려고 이사가와 강사가 남자의 어깨에 손을 뻗었다. 그러자 남자가 강사의 손목을 잡으며 등을 돌렸다. 업어치기를 하려는 것이다. 그러나 강사의 대응이 더 빨랐다. 몸을 확 돌려 오히려 남자를 아스팔트에 메다꽂았다.

남자는 "꿱!" 하고 개구리 짓밟히는 듯한 비명을 지르며 나가떨어졌다. 히카루가 재빨리 달려들어 남자를 제압했다.

"괜찮으세요, 강사님!"

하지만 걱정해줘야 할 대상은 낯선 남자일 터였다. 놀라서 달려갔다가 턱을 들고 괴롭게 헐떡이는 남자와 눈이 마주쳤다. 남자는 미소를 짓고 있었다.

"걸려들었네."

순간 등에 식은땀이 났다. 뒤에서 또 다른 기척을 느꼈던 것이다.

돌아다보니 세 명이었다. 모두 천으로 입을 가려 얼굴을 숨긴 모습으로 무기를 들고 있었다. 양쪽 두 명이 꼬나든 것은 야구방망이와 각목. 살상력은 그리 높아 보이지 않는다. 그런데 가운데 있는 자가 요란한 무기를 들고 있었다. 석궁이다.

그가 석궁으로 강사의 가슴을 정확히 겨냥하고 말했다.

"우리 얘기 좀 하지. 더 북적이는 곳에서."

높고 맑은 목소리. 여자였다.

"꼬마도 있네. 우리도 저 꼬마를 해치고 싶진 않아."

이사가와 강사는 두 팔을 쳐들었다.

"항복."

*

체크무늬 셔츠원피스를 입은 마네킹이 허리에 손을 받친 포즈를 취하고 있다. 쇼윈도에 진열된 옷은 모두 가을옷이었다. 구월 칠일 이후 시내에서는 계절이 멈추고 말았다.

가와바타거리 상가 근처에 있는 복합상가건물 1층에 있는 의류 점포가 복면한 자들의 아지트였다. 아니, 쇼핑몰 전체가 그들의 거처고 우리를 가둔 곳은 그 가운데 양복가게였을 것이다.

차를 빼앗긴 우리는 이 점포로 끌려와 짐까지 전부 빼앗겼다. 아키히토의 휠체어까지는 빼앗지 않았지만, 무기를 든 일당은 우리에게 바닥에 앉으라고 명령했다.

약탈, 집단린치, 여자사냥 등 부정적인 말만 머리를 스쳤다. 아마 지구가 끝날 때까지 감금된 채 식량을 빼앗기고 고문을 당할 것이다. 그렇게 지레짐작하고 겁에 질려 있는데 복면한 자들은 아무리 기다려도 손가락 하나 건드리지 않을 뿐 아니라 우리와 거리를 둔 채 멀거니 서 있기만 했다.

이사가와 강사가 코웃음을 쳤다.

"포로를 꽤 따뜻하게 대접하네."

석궁을 든 여자는 우리를 끌고 오는 길에 무리를 벗어나더니 그 뒤로 모습이 보이지 않았다. 점포 안에서 우리를 감시하는 자들은 처음 말을 걸었던 새치 남자와 복면한 두 명이었다.

"이렇게 죽는 건가."

무의식중에 흘린 나의 말이 방아쇠가 되었는지 나나코의 눈초리에서 눈물 한 방울이 도르르 굴러 내렸다. 일단 둑이 무너져버리면 불안과 절망이 감당할 수 없을 만큼 터져 나온다.

"……엄마. 아빠."

나나코는 결국 폭발하듯 울음을 터뜨렸다. 멎지 않는 딸꾹질 틈틈이 맥없는 목소리로 부모를 찾았다. 패닉에 빠진 나나코를 달래려고 아키히토가 애써 태연하게 말을 걸었다.

"괜찮아. 아무도 우릴 잡아먹진 않아."

"그럼 저 사람들은 왜 무기를 들고 있어?"

"뭔가 오해가 있겠지. 똑같은 인간이야, 잘 얘기하면 알아들을 거야."

"다 싫어. 그만 돌아갈래."

복면한 자들이 갑자기 시내에 나타나 무기를 들이대고 본거지로 끌고 왔다. 당연히 울고 싶을 것이다. 게다가 나나코는 아직 어린아이다. 좀 더 신중했어야 했다. 역시 나나코를 데려오는 게 아니었다.

"주, 죽고 싶어."

나나코가 눈물을 흘리며 쥐어짜낸 말은 너무나 슬픈 것이었다. 모두 입을 다물어 좁은 점포는 침묵에 갇히고 말았다.

"죽고 싶어. 역시 엄마랑 같이 죽었어야 했는데."

나나코의 부모는 죽었다. 예상은 하고 있었지만 직접 들으니 역시 가슴 아팠다. 부모를 여의고 지금까지 외톨이로 살아온 것일까.

"엄마 아빠, 죽었니?"

"몰라. 하지만 아마 죽었을 거야. 같이 죽자고 했는데 내가 무서워서 도망쳤어."

흐느껴 우는 나나코의 이야기를 들으니, 소행성 충돌 예고 때문에 불안장애로 고통 받던 나나코의 부모는 결국 십이월 중순 동반자살을 시도했다고 한다. 하지만 나나코는 죽는 게 무서워

수면제를 전부 삼킨 부모를 놔두고 집을 뛰쳐나왔다. 의지할 사람 없는 시내에서 돌아다니다가 세이고를 만나 우리 집으로 흘러들었다고 한다.

무서웠겠구나, 용케 살아왔네. 그렇게 말해주고 싶지만 입도 머리도 제대로 돌아가지 않아 말없이 나나코의 등을 쓸어주는 수밖에 없었다.

"죽는다는 말은 하지 마."

침묵을 깬 것은 히카루였다.

"……왜? 죽고 싶다는 말이 왜 나빠?"

"나쁘다는 말이 아니라, 슬프잖아."

히카루는 나나코 곁으로 기어가 그 작은 손을 잡았다.

"네가 진짜 죽고 싶은 거라면 어쩔 수 없지. 하지만 말이야, 외롭거나 괴롭다는 심정에 짓눌려서 죽었으면 좋겠다고 말하는 거라면, 나는 슬퍼."

"무슨 말이야? 못 알아듣겠어."

"그렇지? 무슨 소리를 하는지 나도 모르겠다. 하지만, 나는 나나코를 힘들게 하는 게 있다면 어떻게든 그걸 없애주고 싶어. 죽고 싶다는 말을 하지 않게 해주고 싶어. 나나코를 위해 우리가 뭘 해주면 좋겠니? 어떻게 하면 나나코가 죽고 싶지 않게 될까."

히카루는 확고한 태도로 나나코를 도와주려 하고 있었다. 히카루는 눈부시구나. 옆에서 두 사람 대화에 귀를 기울이는 아키히토가 숨을 죽이고 있었다.

나나코가 눈물을 흘리며 말했다.

"계속 같이 있어줘."

머릿속에서 문득 영상이 흘러나왔다. 주마등이라고 하기에는 너무나 희미한 단편적인 기억이었다.

나는 엄마와 소파에 나란히 앉아 영화를 보고 있다. 엄마는 케이트 윈슬렛의 열광적인 팬이고, 진부하지만 「타이타닉」을 몹시 좋아했다. 툭하면 DVD를 함께 보자고 했는데, 마지막으로 그 영화를 본 것이 내가 대학에 합격한 날 저녁이었던가.

그만해, 엄마. 나는 기억 속의 엄마에게 말했다. 소행성 충돌이 임박한 지금 그 영화를 보고 싶은 마음은 없어. 나는 타이타닉 같은 배를 타지 못했고, 엄마는 나를 두고 도망쳤잖아.

"미안해, 미안해, 정말 미안해!"

바로 뒤에서 날아온 커다란 목소리에 나나코가 움찔하며 어깨를 떨었다. 점포 구석에서 조용히 지켜보던 젊은 새치 남자가 소리치고 있었다. 울음을 터뜨린 나나코를 보고 안절부절못하게 되었는지 그는 함께 감시하던 복면 남자 두 명을 놔둔 채 이쪽으로 뛰어왔다.

"그만. 울지 마. 무섭게 해서 미안하다!"

"오지 마!"

나나코가 히카루 뒤에 숨으며 남자를 날카롭게 노려보았다. 거부당한 남자는 "미안해"라고 하며 다시 고개를 숙였다.

"미안하다. 아무 일 없을 테니까 울지 마."

말투가 사뭇 부드러웠다. 난폭한 자는 아닌 것 같았다. 히카루는 이때라는 듯 남자를 다그쳤다.

"사람을 이런 데 가두다니. 목적을 말해. 이 아이가 너희들 때문에 울잖아."

"당신들 이야기를 듣고 싶었을 뿐이야. 사실을 있는 그대로 말하면 돼."

"그럼 얼른 궁금한 걸 물어."

"지금은 선생을 기다리고 있는 거야."

"선생이라니, 그 석궁 들고 있던 여자 말인가? 어디로 간 거야?"

"선생은 바쁘셔."

"지금은 인류 전체가 백수나 마찬가지잖아. 뭣 때문에 바쁘지?"

"아, 이런저런 일이 있어서."

히카루와 남자의 대화를 말없이 듣고 있던 복면 하나가 새치 남자를 비난했다. "이봐, 구라마쓰 씨, 살인범을 상대로 섣불리 행동하지 마."

듣는 귀를 의심했다.

"누가 살인범이라는 거지?"

히카루가 노려보자 복면 두 명이 더 강하게 말했다.

"그렇잖아. 그 차로 사람을 몇 명이나 치어 죽였지? 아이까지 유괴하다니, 뭘 하려는 거지?"

복면들의 시선이 나나코로 향하고 있었다. 우리가 나나코를 유괴했다니. 무슨 말도 안 되는 소리를.

무엇 때문인지는 알 수 없지만, 살인범을 쫓고 있던 우리가 어느새 살인범으로 오해를 받고 있는 듯하다. 그래서 적개심을 노골적으로 드러냈던 것이다.

그러자 놀랍게도 젊은 새치 남자—복면이 구라마쓰라고 부른—가 우리를 비호해 주었다.

"아직은 이 사람들이 폭주택시를 몰던 자들이라고 단정할 수는 없잖아."

복면 두 명이 어이없다는 듯 고개를 살살 저었다.

"저러니까 농락당하는 거지. 구라마쓰 씨는 너무 물러서 탈이야."

"에이코 선생도 이 사람들과 충분히 얘기해 보고 처우를 결정하겠다고 했잖아."

에이코 선생은 또 누구지? 폭주택시는 또 뭐고?

구라마쓰와 동료들은 이 근방에서 '폭주택시'인지 뭔지가 일으킨 사건이나 사고를 추적하다가 우리를 용의자로 오해한 것이 아닐까?

도움을 청하며 이사가와 강사에게 눈길을 돌리자 '나한테 맡겨'라는 듯 가볍게 고개를 끄덕이며 윙크를 했다. 여유 만만한 모습이지만 그것은 또 그것대로 마음에 들지 않았다.

강사는 지극히 냉정한 투로 구라마쓰에게 물었다.

"에이코 선생은 누구죠?"

"국회의원 히야마 에이코 선생. 현역이 아니라 전 의원이죠. 이 잔류촌의 촌장입니다. 미처 피하지 못한 사람들을 이곳에 모은 사람."

"그 잔류촌이란 것이 뭔지 잘 이해가 안 가는데."

"후쿠오카 잔류촌은 에이코 선생이 후쿠오카시 근교의 잔류자들을 위해 만든 피난처, 아니 자치체라고 하는 게 정확하려나. 운석이 떨어질 때까지 두 달이 남았는데, 짧기는 해도 혼자서는 살아남을 수 없는 기간 아닙니까. 그래서 다들 모여서 상부상조하자는 거죠."

도망치지 못한 사람들을 모아 피난처를 만들다니, 후쿠오카, 아니 일본을 탈출할 시간과 수단을 스스로 버렸다는 것을 뜻한다. 그토록 헌신적인 정치인이 존재할까, 하고 고개를 갸웃거리고 싶어졌다.

"당신과 에이코 씨는 어떤 관계죠?"

"예전에 같은 반 친구. 초등학생 때."

석궁 여인, 즉 히야마 에이코는 그 뒤 10분쯤 지나서 나타났다. 여자치고는 드물게 내가 올려봐야 할 만큼 키가 커서, 입구에 매단 포스터를 피해 윗몸을 구부리며 들어왔다. 눈 아래를 가리던 천은 벗겨져 맨얼굴을 그대로 드러내고 있었다.

그 얼굴을 보니 기억이 났다. 굵은 눈썹과 인상적인 매부리코. 후쿠오카현 의원에 세 번이나 당선된 뒤 이천이십삼년 중의원 의원 총선거에서 처음 당선된 히야마 에이코다.

내 많지 않은 친구 가운데 한 명인 미즈키는 정치나 사회운동에 관심이 많아 '이런 법안이 가결되었다'느니 '이런 뉴스가 있다'느니 하며 나에게도 종종 가르쳐주었다. 18세가 되어서 처음으로 투표하러 갔을 때도 미즈키와 함께했다. 히야마 에이코는 선거구는 달랐지만 미즈키가 종종 언급하던 지지 정당의 후보자였고, 그래서 머리 한쪽에 기억이 남아 있었다.

뺨에 눈물 마른 자국이 남아 있는 나나코를 힐끗 본 에이코가 날카로운 눈초리로 물었다.

"구라마쓰, 무슨 일이지? 이 아이는 별실에 따로 피난시켜 두라고 부탁했을 텐데?"

에이코는 구라마쓰에게 성큼성큼 걸어갔다. 활동에 편해 보이는 오버올이 잘 어울렸다. 체구가 작은 구라마쓰 옆에 서니 어른과 아이 같았다.

"하지만 의원님, 혼자 두면 이 아이도 외롭지 않겠어요."

"용의자와 같이 두는 것보다는 낫지."

"아하, 이런. 그렇게 단정하는 건 좋지 않습니다."

"유괴당한 아이일 수도 있어. 혐의가 사라질 때까지는 따로 두어야지."

매우 날카로운 말투였지만 구라마쓰는 한 귀로 흘려듣는 눈치였다. 두 사람이 깊이 신뢰하는 관계라는 것이 느껴졌다.

"당신들과 노닥거릴 시간 없어. 이제 나가도 되지?"

히카루가 방금 전 말다툼 하던 두 남자에게 진저리를 내며 항의하듯 말했다.

"폭주택시라고 했나? 우리는 그게 뭔지 전혀 몰라."

"그럼 왜 현장을 기웃거렸지?"

에이코가 히카루를 날카롭게 노려보았다.

"차량과 연료는 어디서 구했지? 무슨 일로 거기 있었던 거지?"

에이코는 구라마쓰와 달리 제법 엄격한 듯해서 이쪽에서 상황을 설명하기 전에는 의심을 풀지 않을 것 같았다. 어떻게 오해를 풀까. 이사가와 강사가 가만히 손을 들었다.

"우리는 다른 사건을 추적하고 있었을 뿐입니다. 하카타 구청 옥상 무선기지국에 볼일이 있어요. 그 현장에서 무슨 일이 있었는지는 알지도 못합니다."

강사는 사실대로 전부 말했다.

이 지방에서 일어난 세 건의 살인사건. 경찰은 무차별적 연속 살인으로 보았지만, 독자적으로 수사를 계속해보니 한 소년이 과거에 저지른 이지메 사건에 관련된 사람들만 살해되었다는 사실이 드러났다. 소년은 현재 행방불명이며, 소년에게 이지메를 당한 피해자 학생 나카노 이쓰키를 찾아 하카타 기지국까지 찾아왔다.

강사가 숨을 돌리는 틈에 에이코가 의아하다는 듯이 끼어들었다.

"경찰도 아니군요. 그런데 왜 수사를 하죠?"

"어쩌다 보니 그렇게 된 점도 있고, 나의 개인적인 욕심도 있었을 뿐입니다."

"대체 뭐하는 사람입니까?"

"지금은 운전학원 강사입니다. 전에 형사였고."

"그래요? 그럼 그 차는 운전학원 차량인가요? 연료는 어떻게 구했죠?"

"차량이라면 학원에 많으니까요."

연료를 구한 경로를 밝히자 에이코와 구라마쓰는 표정을 누그러뜨리며 조금 안심한 표정이 되었다. 왜 이렇게 차량에 신경을 쓸까. 폭주택시인지 뭔지와 관계가 있을까?

"그럼, 저 젊은이들과는 어떤 관계입니까?"

료도 형제에 대해서는 사실대로 다 밝힐 수는 없어서, 다치나미 준야의 사체를 처음 발견한 사람이 히카루라는 사실만 설명했다. 강사는 나와 세이고가 오누이라는 사실도 어물쩍 넘기려고 했지만 나로서는 숨길 생각이 전혀 없었다.

"세이고의 누나입니다. 동생을 잡기 위해 강사님 수사에 동행하고 있어요."

에이코는 눈을 휘둥그레 뜬 채 굳어버렸다.

"그거…… 너무 딱하네."

"딱한 것은 세이고에게 이지메를 당한 아이들이죠."

다 터놓고 밝히지 않으면 믿어주지 않을 것이다. 나는 무릎에 힘을 주고 바닥에서 일어나 에이코를 올려다보았다.

"그럼 이제 그쪽 상황을 설명해주시겠어요?"

에이코는 품평이라도 하듯 내 눈을 똑바로 쳐다보았다. 이윽고 구라마쓰와 눈을 맞추며 고개를 살짝 끄덕이고 나서 입을 열었다.

"후쿠오카 잔류촌은 나와 구라마쓰 군이 만들었어요. 미처 대피하지 못한 사람이나 대피할 수단이 없는 사람들을 이 상업시설에 모아 식료품과 물자를 나누고 있어요. 지금 이 안에 쉰 명이 지내고 있어요."

"쉰 명이나?"

믿기지 않았다. 쉰 명이나 되는 사람이 여전히 후쿠오카에서 하루하루 생활하고 있었다니.

"세상의 종말까지 평화롭게 살 생각입니다. 바라는 것은 그게 전부입니다. 그런 우리가 지금 이렇게 무장한 것은 후쿠오카현에서 날뛰기 시작한 폭주택시 때문입니다."

에이코는 이곳저곳을 비스듬히 올려다보며 멋진 눈썹을 찡그렸다. 힘겨운 기억을 더듬는 표정이다.

"첫 번째 사건은 꼭 한 달 전—십이월 일일에 일어났어요. 후쿠오카 잔류촌 주민 가운데 한 사람인 시노다 후미에 씨라는 칠십대 여성이 행방불명되었어요. 후미에 씨는 탕코라는 개를 데리고 있었는데, 오랫동안 그 개와 함께 혼자 살아온 사람입니다. 후쿠오카 잔류촌에도 개를 데려와서 새벽이면 늘 탕코와 산책을 나갔는데, 십이월 일일 아침 후미에 씨와 탕코가 산책에서 돌아오지 않았어요. 후미에 씨가 뒤늦게 일본을 탈출한 거라고 생각하기는 힘들고, 잔류촌 근처에 쓰러져 있는 것은 아닐까 해서 다들 걱정했어요. 그래서 수색반을 꾸려서 근처를 찾아다녔는데, 발견된 것은 탕코뿐이었어요."

나나코의 목에서 꼴깍 소리가 났다. "탕코는 괜찮은가요?"

"아니, 죽어 있었어. 나카스 강변의 레이센공원 근처 도로 한가운데 피투성이로 쓰러져 있는 걸 찾았어요. 하지만 아스팔트에 흥건히 남아 있는 피를 보면 탕코만 당한 게 아니었어요. 아마 후미에 씨도 탕코도 함께 그 자리에서 피를 흘렸을 겁니다. 우리는 탕코의 사체를 조사해서 뺑소니 사고라고 판단했어요. 아마 후미에 씨는 탕코와 산책하다가 차에 치였을 겁니다. 하지만 노인의 시신이 보이질 않았어요."

이번에는 아키히토가 물었다.

"범인이 사체를 가져갔다는 건가요?"

"아마도. 어디에 버렸는지 묻었는지는 알 수 없어요. 처음 얼마 동안은 누군가 차를 운전하다가 실수로 후미에 씨를 치었고, 너무 당황해서 사체를 숨기려 한 거라고 여겼어요. 끔찍하지만 슬픈 사고라고 생각했던 거죠. 하지만 그 뒤 며칠 간격으로 행방불명되는 사람이 나왔어요."

후미에 씨와 마찬가지로 산책을 나갔다 돌아오지 않은 우에무라 씨, 식료품을 구하러 나갔다가 행방불명이 된 스가노 씨. 모두 70세가 넘은 고령자였다. 잔류촌 지도자들은 후쿠오카현의 다른 잔류촌과 정기적으로 연락하고 있다고 하는데—놀랍게도 잔류촌이 여러 곳이라고 한다—현재 기타큐슈나 치쿠고에 있는 잔류촌에서도 비슷하게 자취를 감춘 사람이 여럿이며, 현 내에 적어도 15명이 행방을 감추었다고 한다. 이는 사고가 아니라 고의적 연쇄 뺑소니 사건이다, 라고 에이코는 말했다.

이사가와 강사는 "잠깐만요" 하며 이야기를 끊었다.

"행방불명된 사람 전부가 뺑소니를 당했다고요? 마음이 바뀌어 잔류촌을 떠난 사람도 있겠죠. 돌발적인 자살도 생각해볼 수 있고."

"물론 그것도 일리 있는 의견이에요. 하지만 후쿠오카 잔류촌의 다섯 번째 피해자인 모치다 메이 씨는 폭주택시에 치여서 죽었어요. 이건 분명합니다. 나와 구라마쓰 군이 목격했으니까."

오한을 느끼고 온몸에 소름이 돋았다.

"일주일 전인 십이월 이십오일 저녁, 내가 후쿠오카 잔류촌의 건강한 사람 10명을 데리고 행방불명된 사람들—시노다 씨, 우에무라 씨, 스가노 씨, 가와카미 씨 등 4명을 찾아다니고 있었어요. 그때는 이게 연쇄 뺑소니 사건이라는 걸 알지 못해서 그냥 행방불명자들을 걱정하고 있었고, 찾아다니면 어딘가 있을 거라고 생각했죠. 우리는 세 팀으로 나누어 잔류촌 부근을 찾아보기로 했어요. 우리 그룹은 구라마쓰 군과 모치다 메이 씨와 나까지 3명이었어요. 모치다 씨는 현에 있는 대학에 다니던 여학생으로, 젊은 사람이지만 의지할 가족이 없어 잔류촌에서 지내고 있었죠. 주위가 캄캄해지는 6시까지 수색을 계속했지만 아무 단서도 찾지 못했어요. 날이 흐려 달빛도 없었고 랜턴의 배터리도 걱정돼서 그만 잔류촌으로 돌아갈까 할 때였어요. 모치다 씨가 화장실에 간다면서 잠깐 우리 곁을 떠났어요. 나와 구라마쓰 군은 모치다 씨를 다른 장소, 그러니까 당신들이 어슬렁거리던 기지국 근처에 남겨두고 조금 앞쪽에서 기다리고 있었어요. 그때 갑자기 굉장한 소리가 났어요.

돌아보니 택시 같은 차가 가드레일에 충돌하고 모든 게 엉망이 되었어요. 범퍼와 가드레일 사이에 모치다 씨가 끼어 있는데 운전자는 충돌한 뒤에도 계속 액셀을 밟고 있더군요. 놈은 일부러 모치다 씨를 치어 죽인 겁니다."

에이코의 눈동자에 얇은 물의 막이 생겼다. 불과 일주일 전 사건이라고 하니 당시의 정경은 마음에 생생하게 각인되어 있을 것이다. 슬픔과 안타까움, 후회. 말로는 형용하기 어려운 고통이 담긴 에이코의 눈을 똑바로 쳐다볼 수 없었다.

말을 잇지 못하는 에이코를 대신하듯 구라마쓰가 끼어들었다.

"나는 매사 무던한 사람이라 일단 모치다 씨에게 달려가려고 했죠. 그러자 에이코 선생이 말렸어요. 아마 그때 택시로 달려갔다면 나까지 치어 죽였을 겁니다."

모치다 씨가 즉사했다는 것은 바로 알 수 있었다고 구라마쓰는 말했다. 그만큼 현장이 처참했던 것이다.

"몸을 숨기고 바라보는데 운전석에서 누가 내리더군요. 놈은 트렁크를 열고 모치다 씨 사체를 집어넣고 그대로 달아났어요. 우리는 놈이 후쿠오카 잔류자들을 죽이고 다닌다고 생각하고 있어요. 후쿠오카 잔류촌뿐만 아니라 다른 잔류촌의 행방불명자들도 아마 폭주택시에 치여 죽었을 겁니다."

히카루가 의아한 표정으로 말했다.

"트렁크에 집어넣어? 택시 트렁크에?"

"우리가 가드레일에 숨어 있었기 때문에 하얀 차체만 조금 보여서 그게 정확히 택시인지 뭔지는 확신할 수 없지만."

"그래서 우리를 의심한 건가? 물론 우리가 몰고 다니던 교습차량이 택시처럼 생기긴 했지. 그 차에서 내린 놈이 우리 가운데 누구랑 비슷했나?"

구라마쓰는 입을 다물었다. 에이코가 난처한 표정으로 덧붙였다.

"아니, 그게…… 어두워서 잘 보이지 않았어요. 키가 커 보였으니 남자인 것 같다는 것 말고는."

"멀쩡하게 걸어 다니는 남자는 우리 중에 나밖에 없어. 그런데 나는 차를 운전할 줄 몰라. 면허가 없으니까."

아키히토가 거들었다.

"애초에 뺑소니 사건이 있었다고 말해주었으면 우리도 상황을 설명했을 텐데요."

에이코는 쑥스러운 듯 코를 긁적였다.

"강제로 끌고 온 것은 사과하죠. 하지만 당신들이 범인이 아니라는 증거도 전혀 없었어요. 가령 당신이 면허가 없어도 운전은 할 수 있었을지도 모르고."

"여전히 우리를 의심하는 겁니까?"

"아니, 얘기해 보니 알겠네요. 당신들은 아니에요. 우리도 사람 보는 눈은 있으니까."

미안했어요, 라고 에이코는 다시 사과했다.

에이코 일행의 태도가 부드러워지자 나나코도 그제야 차분해졌다. 콧물을 훌쩍이며 눈을 비비고 있다.

"사람을 치는 현장을 목격한 것은 딱 한 번뿐이군요. 그래도 잔류촌의 행방불명자가 모두 폭주택시한테 당한 거라고 생각하세요?"

이사가와 강사가 묻자 에이코는 고개를 힘차게 끄덕였다.

"모두 동일범 소행이 틀림없어요. 왜냐하면 그 사람들은 우리에게 말도 없이 어디로 떠날 사람이 아니니까."

에이코는 잔류촌 사람들을 믿고 있었다. 그것을 느낀 순간 왠지 가슴이 뜨거워져서 나는 살짝 울먹이게 될 것 같아 심호흡으로 가라앉혔다.

"범인의 동기가 뭔지 짚이는 게 있습니까?"

"솔직히 모르겠어요. 잔류촌의 식료품이나 연료를 노린 건 아닌 것 같습니다. 물품을 빼앗고 싶다면 직접 잔류촌을 공격하면 될 텐데, 공격당한 것은 늘 혼자 돌아다니는 잔류자였으니까."

"그렇군요. 그냥 죽이고 싶어서 죽인 건가."

경찰도 행정도 거의 멈춰버린 세상. 절도, 살인 등 무슨 짓을 해도 누구 하나 말리는 사람이 없다.

구월 칠일 이후 모든 사람들이 종말 전까지 평소 품었던 소원을 이루려고 필사적으로 움직이고 있다. 마지막으로 한번 만나고 싶었던 소중한 사람을 찾아 나선 사람도 있고 현실을 잊으려 술이나 약물이나 경범죄로 치닫는 사람도 있다. 물론 생존을 갈망하며 최후까지 발버둥치는 사람도 있다. 그리고 사람을 죽이고 싶어 근질거린다는 놈은 충동이 시키는 대로 사람을 공격하는 것이다.

강사는 혼잣말처럼 말했다.

"살인자에게는 낙원이지."

인류 멸망의 시한이 폭주택시를 움직이는 휘발유인 셈이다. 나는 견디지 못하고 나나코의 어깨를 끌어안았다.

대화의 주도권은 어느새 이사가와 강사에게 넘어가 있었다. 강사는 형사처럼 에이코 일행에게 목격 정보를 자세히 확인했다.

"그 차가 어느 쪽으로 떠났습니까?"

"하카타 역 쪽."

"그다음은요?"

"모르죠. 하지만 어디로든 도망칠 수 있었을 겁니다."

이사가와 강사는 턱을 손에 받치고 생각에 잠겼다. 머리가 완전히 수사 모드로 변환된 듯하다.

"후쿠오카 잔류촌의 행방불명자 정보를 주세요. 후쿠오카 잔류촌 이외의 행방불명자도 아시는 대로 가르쳐주시고요."

나나코는 강사를 우러러보며 신기한 듯 물었다.

"우리 사건과 무슨 관계가 있나요? 나카노 이쓰키란 사람이 폭주택시를 몰기라도 했나요?"

"글쎄. 뭔가 연관이 있을지 모르고 전혀 다른 살인마 두 명이 여기 후쿠오카에 있을 뿐인지도 모르지."

폭주택시 사건은 후쿠오카에서만 15명이나 되는 사람이 뺑소니로 죽은 이른바 무차별 연쇄살인 사건이다. 한편 우리가 쫓는 사건은 원한이 있는 사람들을 노린 동기가 분명한 살인이다. 전혀 별개로 보이지만 강사는 어느 사건에나 동등한 관심을 품은 듯했다.

"강사님, 설마 폭주택시 건까지 조사할 생각이세요?"

"물론이지."

능히 그럴 만한 사람이라고 마음속 어디에선가 생각하고 있었지만, 에이코와 구라마쓰에게는 뜻밖의 말이었다.

"너무 친절한 거 아닙니까? 우리는 방금 전까지 당신들을 범인으로 취급했는데."

"알고 난 다음에야 그냥 놔둘 수 없죠."

"경찰의 귀감이시네. 인류 멸망을 목전에 두고도 시민을 위해 발이 닳도록 뛰어다니다니."

"농담도 잘하시네."

금세 이 자리에 익숙해졌는지 이사가와 강사는 에이코 일행에게 제법 스스럼없는 투로 대꾸했다.

에이코에 따르면 후쿠오카 잔류촌의 행방불명자는 5명이었다. 시노다 후미에 씨 70세, 우에무라 시게루 씨 80세, 스가노 기요코 씨 72세, 가와카미 유키오 씨 74세, 모치다 메이 씨 19세. 기타큐슈 잔류촌에서는 7명, 지쿠고 잔류촌에서는 3명의 행방불명자가 있었다. 작년 십이월에 들어서 피해가 확산되기 시작했으며, 일주일에 5, 6명 꼴로 자취를 감추어 왔다고 한다.

모치다 메이 씨가 뺑소니로 죽은 뒤로는 잔류촌마다 경계를 강화해서 혼자 외출하는 것이 금지되었다. 식료품이나 물품을 보급하기 위해 외출해야 할 때는 최대한 무장하라고 요구했다. 경계가 효과를 발휘했는지 모치다 씨가 살해된 십이월 이십오일 이후 어느 잔류촌에서도 행방불명자가 나오지 않았다.

그러나 이야기를 다 들어봐도 단서가 너무 적었다. 범행 차량을 목격한 것은 에이코와 구라마쓰뿐이고 행방불명자 시신도 발견되지 않아 범인이 현장에서 증거를 인멸한 것으로 짐작되었다.

진지한 얼굴로 에이코의 이야기에 귀를 기울이던 이사가와 강사가 불쑥 고개를 들었다. 그 바람에 졸지에 나와 눈길이 마주쳤다.

"뭐 알아낸 게 있어요, 강사님?"

"그렇게 보여?"

"갑자기 저를 보셔서요."

"미안하지만 이 정도 정보로는 전혀. 어? 저것은."

강사의 시선 끝을 바라보니 점포 쇼윈도가 있었다. 유리에 들러붙듯이 두 아이가 이쪽을 들여다보고 있었다.

중학교에 막 입학한 정도로 보이는 여자아이와 초등학교 저학년으로 보이는 남자아이. 여자아이는 나나코 또래 정도일까. 땋아 내린 머리가 꼭 닮았고 멀리서 봐도 표정이 제법 풍부하다.

"아, 위험하니까 여기 오면 안 된다고 했는데!"

아이들을 발견한 감시역 복면들이 당황해서 쫓아내려고 했지만 에이코가 "괜찮아" 하며 그들을 말렸다.

"이 사람들은 괜찮아. 폭주택시 범인이 아니야."

그 말을 듣자 이쪽을 들여다보던 두 아이가 일제히 "예?" 하고 소리쳤다.

"범인을 잡았다고 해서 구경하러 왔는데!"

불만스럽게 입을 삐죽거린 것은 초등학생으로 보이는 남자아이였다. 볕에 타고 팔팔해 보여서 운동을 좋아하는 소년 같은 인상이다. 여자아이는 우리 얼굴을 차례대로 보더니 나나코에게 시선을 멈추고 작은 손을 수줍게 살살 흔들었다.

이 잔류촌에는 어린이도 있었나. 에이코는 점포 밖 아이들에게 손짓해서 안으로 불러들이고 나나코 앞에 나란히 세웠다.

"이쪽은 유리나 짱과 요시로 군이야. 두 아이 모두 잔류촌에서 지내고 있지. 나나코 짱은 중학생인가?"

나나코는 흠칫거리며 대답했다. "아, 예."

"그럼 유리나 짱 또래네."

나나코는 믿기지 않는다는 눈빛으로 또래 소년소녀를 번갈아 쳐다보았다. 아이들은 상대방 마음을 엿보는지 잠시 말이 없었지만 유리나가 먼저 나나코에게 말을 건넸다.

"중1?"

조금 긴장한 표정으로 고개를 끄덕이는 나나코.

"나도 중1. 잘 지내자."

유리나는 온순하게 말하는 아이였다. 웃는 얼굴도 부드럽고 따뜻하다. 건방진 구석이 있는 나나코와는 대조적인 유형이지만 나나코도 작은 소리로 "잘 지내자"라고 대답했다.

"요시로는 초등학교 3학년이야. 여기 잔류촌에서는 우리가 제일 어려."

"두 사람은 가족이야?"

"아냐. 우리는 다 외동이야."

"나도 외동."

상냥하게 질문하는 유리나와 주뼛주뼛 다가서려고 하는 나나코. 어색하나마 친구되기의 첫걸음을 떼려는 두 아이를 바라보며 나는 이제는 이승에 없는 세 친구를 생각하고 있었다.

미즈키, 아야, 나나코. 내게는 분에 넘칠 만큼 정이 많은 친구들이었다. 고지식하고 삐딱한 나에게는 몇 명 되지도 않는 아주 친한 친구였다.

요시로라는 소년은 동그란 눈을 더 크게 뜨고 나나코를 흥미롭게 쳐다보다가 둘의 대화에 끼고 싶었는지 "나는, 나는 말야" 하고 씩씩하게 말하기 시작했다. 바로 옆에 있는 어른들은 안중에도 없는지 또래끼리 이야기꽃을 피우기 시작했다.

이곳이라면 나나코도 잘 지내지 않을까 하는 생각이 들었다. 나나코가 마지막 시간을 보낼 곳은 바로 이곳이 아닐까.

"나나코 짱, 괜찮다면 이 아이들과 잔류촌을 둘러보지 않을래?"

에이코가 몸을 구부리고 나나코와 눈높이를 맞추었다. 구라마쓰도 "그게 좋겠다"라고 반갑게 동의했다.

"우리가 너를 울렸으니 사과하는 뜻에서 친절히 안내해주지. 유리나 짱과 요시로 군도 함께 말이야."

협의를 잠시 멈추고 후쿠오카 잔류촌을 견학하기로 했다. 3층짜리 복합상업건물 전체를 잔류촌으로 쓰고 있는데, 엘리베이터가 가동을 멈추어 계단을 이용해야 했다. 아키히토는 "나는 방해가 될 텐데" 하며 사양했지만 에이코가 사람들을 불러 휠체어째 번쩍 들어서 계단을 올려주었다.

50명이 넘는 잔류시민이 지내는 후쿠오카 잔류촌은 본관 1층을 식료품 및 비품 창고로 이용하고 있었다. 3층은 주로 침상 공간, 2층은 생활공간이라고 한다. 나는 돌아보며 궁금한 것을 에이코에게 계속 물어보았다.

"이 쇼핑몰에도 비상용 예비전원인지 뭔지가 있나요?"

"그건 오래 전에 끊겼어요. 카세트 봄베식 자가 발전기를 철물점에서 가져오거나 외부용 태양광 패널을 가져다가 태양광 발전을 할 때도 있어요. 다행히 여기에는 지열을 이용하는 히트펌프 시스템이라는 게 설비되어 있어요. 지하 깊이 지중열 교환기를 묻어둔 덕분에 난방 소비전력 효율이 좋습니다."

듣고 보니 조금 전까지 우리가 갇혀 있던 의류 점포도 정말 따뜻했던 것 같다.

"식료품은 어떻게 구하세요?"

"여기 점포 중에 과자점이나 토산품점처럼 식료품을 팔던 가게가 많아서, 여기서 찾아낸 보존성 좋은 식료품으로 버티고 있어요. 팀을 짜서 밖으로 식료품 구하러 나갈 때도 있고."

"호오."

"생활은 의외로 편합니다. 다만 이 근방에는 쓸 만한 차량이 거의 없어서 이동수단이 부족하죠."

후쿠오카 잔류촌 사람들은 차가 없어서 외출할 때는 주로 자전거를 이용하는 듯하다. 하카타에서는 구월 초 대혼란 당시 차를 타고 혼슈로 피난한 사람이 많았는지 쓸 만한 차량이 거의 남아 있지 않았다. 그런 연유로 교습차량을 타고 다니는 우리가 수상해 보였을 것이다.

"주유소도 문을 닫아서 연료도 없어요. 비상시를 대비해 옥상 주차장에 차 한 대를 숨겨두었지만, 연료가 아까워 아무도 사용하지 않아요. 키에 녹이 슬고 말겠어요."

쇼핑몰은 건물의 일부가 통층 구조로 되어 있었다. 외부 복도를 걸으니 내부 정원에 주차해둔 우리 교습차량이 보였다. 에이코는 미안한 듯이 말했다.

"당신들 차 키는 이사가와 씨에게 돌려주었어요."

2층 푸드코트로 들어서자 많은 사람이 모여 있었다. 그들은 나누던 대화를 멈추고 일제히 고개를 돌려 입구에 있는 우리를 쳐다보았다.

아키히토가 감탄하는 소리를 흘렸다.

"대단해, 정말 사람 많네."

얼핏 보니 대부분 고령자고 젊은이는 거의 없는 것 같았다. 중년의 에이코조차 젊은 축에 속할 것이다. 가족 단위로 모여 앉은 사람도 있고 혼자 있는 사람도 있었다.

어느새 오후 4시가 지나고 있다. 잔류촌 사람들은 푸드코트에 모여 이른 저녁을 먹는 중이다. 패스트푸드 매장 카운터를 이용하여 수프나 주먹밥 등을 나눠주고 있는지 사람들이 매장에 열을 지어 당번에게서 한 명씩 음식을 받았다. 구라마쓰가 줄 끝에 서라고 권했지만 나와 아키히토는 동시에 손을 저어 사양했다.

"음식은 우리가 알아서 해결할게요."

"사양할 거 없어요. 보세요, 일행은 벌써 줄을 섰잖아요."

이사가와 강사와 히카루는 이목을 의식하지 않고 줄 끝에 서서 우리 몫의 쟁반까지 들고 있었다. 우리는 십자형 다리가 달린 플라스틱 테이블에 모여 앉아 잔류촌 사람들 사이에서 식사를 하게 되었다. 나나코는 우리 일행과 조금 떨어진 곳에 유리나와 요시로와 함께 앉아 즐거운 목소리로 이야기하고 있었다.

"뭐? 나나코 짱도 브라스 밴드 했어? 나도 트럼펫 불었어."

"유리나 짱도? 난 플루트. 우리 브라스 밴드는 실력이 형편없었는데, 학교가 없어지는 바람에 일 년도 연습하지 못했어."

"나도 일 년도 연습하지 못했어. 근데 요시로는 이래봬도 피아노를 쳤는데, 엄청 잘 쳐."

"진짜?"

주위 사람들은 외부에서 찾아온—더구나 방금 전까지 살인 혐의를 받던—우리를 수상쩍게 여기며 거리를 두고 바라보았지만, 에이코가 "이 사람들은 괜찮아요" "다자이후 쪽에서 온 잔류시민이래요"라고 설명해주자 점차 경계심을 풀었다.

식사가 끝날 즈음 마침내 옆 테이블에 있던 노인이 말을 걸었다.

"당신들, 이 잔류촌에 새로 들어온 거요?"

이사가와 강사는 드물게 곤혹스런 표정이 되었다.

"아뇨. 우리는 어떤 사건을 조사하다 여기에 들렀을 뿐입니다."

"그래요? 어디 지낼 데는 있소? 먹을 것은?"

"괜찮습니다."

"외롭진 않소?"

강사는 더욱 곤혹스러워졌다.

이사가와 강사, 그리고 아키히토와 히카루는 외롭지 않을까. 모르겠다. 그럼 나나코는? 적어도 지금의 나나코는—유리나와 요시로와 이야기꽃을 피우는 나나코는 외로워 보이지 않는다.

"여기 머물러도 좋지 않아요?"

구라마쓰의 말에 다들 고개를 들었다. 구라마쓰는 옆에 있는 에이코에게 밝은 목소리로 물었다.

"안 그래요, 에이코 선생? 5명 늘었다고 새삼 곤란할 것도 없을 텐데."

"글쎄. 인원이 늘수록 관리도 힘들어지지."

에이코와 구라마쓰를 멍하니 쳐다보며 내가 말했다.

"나나코는 여기 남아야 한다고 생각해요."

"찬성" 하고 이사가와 강사도 즉시 동의했다. 나나코를 계속 데리고 다닐 수 없다는 생각은 다들 하고 있었고 히카루와 아키히토에게도 이론은 없는 듯했다.

"다른 분들은요?"

아키히토는 얼굴에 감긴 붕대 끝을 만지며 웃었다.

"저는 사양할게요. 도움도 안 될 테고."

"도움이 될지 어떨지는 상관없어요. 당신들이 여기 머물고 싶으면 머물면 돼요. 그 무슨 방주하고는 다르니까."

아키히토가 가볍게 웃어넘기는 말투인 데 반해 에이코의 말투에는 어딘지 슬픈 울림이 있었다. '그 무슨 방주'라는 것이 무엇을 가리키는지는 금방 알 수 있었다. 이제 곧 발사 예정이라는 지위 높은 사람들만 타는 우주선이다.

"마음만 고맙게 받겠습니다. 나는 여기 있을 수 있는 처지가 아니라서. 히카루는 어떡할래?"

"저도 괜찮습니다."

강사가 나에게 힐긋 시선을 던지며, '어떡할래?' 하는 눈빛으로 물었다. 나는 고개를 저었다. 세이고를 찾아내야 한다. 게다가 많은 사람들과 함께하는 공동생활은 역시 내키지 않았다.

이사가와 강사는 두 사람의 제안을 정중히 거절하며 덧붙이듯 말했다.

"한 가지 부탁이 있어요. 살인사건 수사가 끝나면 우치다 히토미라는 여성을 찾을 생각입니다. 가족을 잃고 행방을 감춘 사람입니다. 혹시 그 사람을 만나면 이 잔류촌에서 지낼 수 있게 해주셨으면 합니다."

이토시마에서 수사 중에 행방을 놓친 우치다 히토미. 그 뒤 한 번도 언급한 적이 없지만 강사는 내내 마음에 걸렸을 것이다.

"나는 잘 모르지만 남들을 너무 배려하는 거 아녜요?"

에이코는 허리에 손을 받치고 어이없다는 표정을 지었지만 부탁을 거절하지는 않았다.

"곧 해가 집니다. 밤에 움직이는 건 위험해요. 더 붙잡아둘 생각은 없지만 오늘 밤은 여기서 묵는 게 좋을 겁니다."

저녁을 먹은 뒤 빗물을 활용한 세면소와 화장실 등 생활 설비를 견학했다. 잔류촌의 분위기는 화목했고 외부인인 우리가 소외감을 느끼지 않도록 배려한다는 것을 느낄 수 있었다. 해가 지자 다른 잔류시민들과 함께 쇼핑몰 3층에 마련된 침상으로 향했다. 실내 북쪽은 남성, 남쪽은 여성을 위한 공간이었다.

잘 자요, 내일 봐요, 하는 인사를 나누며 각자 침상으로 걸어갔다. 헤어질 때 히카루가 목소리를 낮춰 말했다.

"이봐, 하루, 아이가 받아들일 것 같아?"

덩달아 작은 소리로 물었다. "나나코 말이야?"

"응. 여기 두고 떠나도 될까? 같이 간다고 떼쓰지 않을까? 우리랑 꽤 친해졌는데."

"하지만 여기가 나아. 또래 아이들도 있고 먹을 것도 있고. 의지할 사람도 많고."

"그건 그래. 그거야 알지."

남쪽 공간은 본래 스포츠용품점이었던 듯했다. 다른 점포에서 가져온 담요와 이불을 나란히 깔아서 나름대로 잠자리처럼 정돈해 놓았다. 여성은 에이코를 포함하여 26명이었다.

"그럼 내일은 몇 시 출발이지?"

그렇게 물은 것은 나나코였다. 유리나 옆 담요에 누웠던 나나코가 어느새 뒤에 서 있어서 나는 크게 당황했다.

"응? 출발이라니, 어디로요?"

"어디라니, 사건 수사하러 가야지."

옆에서 듣던 유리나도 놀랐다.

"뭐? 나나코 짱이 여기를 떠나?"

"안 떠나. 낮에는 수사하러 다니고 저녁 땐 돌아오니까. 그렇죠? 이사가와 씨도 하루 씨도 그렇게 할 거죠?"

나나코는 내일도 수사에 동행할 거라고 믿어 의심치 않는 모습이다. 그러나 나나코를 다시 위험에 빠뜨릴 수 없고, 안 그래도 폭주택시 사건으로 겁에 질려 있는 후쿠오카 잔류촌 사람들을 우리 사건에 휘말리게 할 수도 없었다.

명확하게 말해야 하는데 얼른 말이 나오지 않았다. 도움을 청하며 이사가와 강사를 돌아보자 강사가 빙긋이 웃었다.

"좋은 생각이네. 좋아, 그럼 내일도 이곳으로 돌아오기로 하자."

너무나 쉽게 거짓말을 하지만 드러내놓고 비난할 수도 없었다.

강사는 사전 설명도 없이 나나코를 여기 두고 떠날 생각이다. 그걸 깨달은 순간, 가슴에 차가운 바람이 지나갔다.

"내일은 7시 전에 출발할 거야. 일찍들 자."

"네에. 안녕히 주무세요!"

나나코는 한껏 흐뭇해져서 유리나와 뭐라고 즐겁게 이야기하며 이불 속으로 들어갔다. 촛불을 끄자 실내는 암흑에 싸였다.

"강사님, 주무세요?"

소등하고 1시간쯤 지났을까. 나는 소리 죽여 옆에 누운 강사를 불렀다. 이가사와 강사도 작은 소리로 대답했다.

"이미 한잠 잤어."

"깨어 있던 게 아니에요?"

형용할 수 없는 불안을 조금이라도 덜고 싶어서 나는 강사에게 물었다.

"나나코는 잔류촌에서 잘 지낼 수 있겠죠?"

"걱정할 거 없어. 나나코라면 여기서 행복한 최후를 맞을 수 있어."

"……그렇지만 역시, 아무래도 불쌍해요."

"뭐가?"

"나나코는 아직, 십 몇 년밖에 못 살았는데."

나나코가 몇 살인지에 관계없이 앞으로 두 달 뒤면 소행성이 지구에 떨어진다. 강사에게 말해봐야 어쩔 수 없는 일이지만, 그래도 이건 너무한 일이라고 소리치고 싶은 심정이었다.

"오래 사는 게 행복이라고 단정할 수는 없어."

조명도 창문도 없는 실내는 너무나 어두워 바로 옆에 있는 이사가와 강사조차 어둠에 묻혀 있었다. 강사 쪽으로 손을 뻗으려다 그만두었다. 이불 밖으로 팔을 꺼내면 너무 추웠기 때문이다.

"뭐, 내 눈에는 하루 짱도 아직 아이인걸. 아키히토 군과 히카루 군도 그렇고."

강사는 가만히 말하고 몸을 뒤척여 나에게 등을 돌렸다.

5
장
─

충
돌

한밤중에 눈을 뜬 것은 순전히 우연이었다.

눈을 껌뻑이며 베갯맡 손목시계의 바늘을 보니 오전 2시를 지나고 있었다. 손을 뻗어 왼쪽 잠자리를 더듬자 얇고 판판한 담요 감촉만 느껴질 뿐 아무도 없었다.

침상 공간에는 창문이 없어 바깥 상황을 내다볼 수 없다. 나는 당황해서 맨발로 외부 복도로 뛰어나갔다.

자는 동안 눈이나 비라도 내렸는지 바닥이 검게 젖어 있었다. 그리고 통층 구조의 아래층에 주차해둔 하얀 차—다자이후 운전학원 교습차량이 홀연히 자취를 감춘 상태였다.

"당했구나."

예감은 하고 있었다. 강사가 우리를 두고 이곳을 떠나지 않을까 하는. 침상으로 돌아온 나는 베갯맡에 늘어놓은 개인 물품들을 닥치는 대로 배낭에 넣었다. 양말은 나중에 신어도 된다.

랜턴을 켜고 깊이 잠든 사람들 얼굴을 하나하나 비추어보았다. 에이코의 잠든 얼굴을 발견하고 이불을 밟으며 뛰어가 어깨를 흔들었다.

"일어나요, 에이코 씨."

에이코는 바로 깨어나 벌떡 일어났다.

"무슨 일이에요?"

랜턴 불빛과 소음 때문에 깨어났는지 같은 실내에 있던 여성들도 무슨 일인가 하며 고개를 쳐들었다. 실내가 조금 소란스러워졌다. 나는 시트에 이마를 찧듯이 고개를 숙였다.

"차 좀 빌려주세요."

"왜?" 하며 에이코는 미간을 깊이 찡그렸다.

"이사가와 강사님을 찾으러 가야 합니다. 강사님이 혼자 살인범을 잡으려고 떠났어요."

강사가 자던 담요를 가리키며 나는 상황을 다급하게 설명했다. 강사를 추적하고 싶다. 강사가 혼자 교습차량을 타고 떠난 것 같으니 잔류촌에 한 대 있다는 차를 빌렸으면 한다.

"증거는?"

내 말의 진위를 헤아리려는 듯 에이코가 물었다.

"이사가와 씨가 살인범을 잡으러 갔다는 증거가 있나? 이런 말은 하고 싶지 않지만, 그냥 도망친 것뿐인지도 모르니까."

"그런 일은 있을 수 없어요. 강사님은 말없이 도망칠 사람이 아닙니다."

"당신은 이사가와 씨를 얼마나 알지? 일행을 거추장스럽게 생각했는지도 모르잖아."

그 주장은 타당했다. 실제로 아둔하고 눈치가 없어 내 한 몸 건사하기도 버거운 나는 언제나 짐일 뿐이었다.

"부탁합니다. 차는 반드시 돌려드리겠습니다. 제가 사용한 연료도 운전학원에 들러 채워놓겠습니다."

"그렇게 말하면 믿어줄 것 같아? 미안하지만 차는 못 빌려줘. 괜히 심술부리는 거 아냐. 이사가와 씨도 뭔가 생각이 있어서 일행을 놔두고 갔겠지."

이사가와 씨도 뭔가 생각이 있었으리라는 것은 나도 잘 안다.

분명히 에이코는 차 한 대를 쇼핑몰 옥상에 보관해 두었다고 했었다. 키도 에이코가 보관하고 있다고 들었다. 수단방법을 가리지 않는다면—가령 여기 있는 누군가를 공격해서 인질로 잡으면 키를 받아낼 수 있을까? 물론 그런 수단은 택할 수 없지만, 그래도 강사였다면 어떻게 했을까.

겁을 먹은 것도 같은 표정으로 나를 지그시 쳐다보는 에이코. 이불 밖으로 기어 나와 불안한 얼굴로 우리 두 사람을 지켜보는 여자들이 저마다 손 밑의 랜턴이나 촛불을 켜서 실내를 환하게 만들었다.

"죄송해요. 제 이야기는 잊어주세요, 전부."

나는 상의와 배낭을 움켜쥐고 담요를 뛰어넘어 달리기 시작했다.

"잠깐만!"

에이코의 날카로운 목소리가 쫓아왔다. 마지막으로 돌아보았을 때 나나코가 유리나에게 기대어 있는 모습이 시야 구석으로 들어왔다.

외부 복도를 힘껏 달렸다. 바닥을 비추는 랜턴 불빛이 어둠 속에서 획획 흔들려서 뛰기가 불안했다. 본관 중앙 안내센터에 다다랐을 때 누군지 두 사람이 나를 불러 세웠다. 히카루가 아키히토의 휠체어 손잡이를 밀며 천천히 걷고 있었다. 화장실에라도 가는지 두 사람 모두 스웨터 위에 코트를 걸치고 있었다.

"무슨 일이야?"

"우릴 따돌렸어! 교습차량이 없어졌어!"

대답도 기다리지 않고 두 사람 옆을 지나 계속 뛰었다. 잠에서 덜 깬 눈을 비비던 히카루는 내가 지나가고 난 뒤에야 "진짜?" 하고 소리쳤다.

"하루 짱, 어디로 가려고?"

뒤에서 아키히토의 목소리가 들렸다. 히카루는 아키히토의 휠체어를 밀면서 나를 따라 뛰기 시작했다.

"강사님 찾으러 가야지."

"그러니까 어디로 가려고? 어떻게 갈 건데?"

"모르겠어."

왜 계속 달리고 있는지 나도 알 수 없었다.

어디로 가야 하는지 아무런 단서가 없다. 차도 없다. 그래도 찾 겠다고?

쇼핑몰 자전거 주차장은 그대로 잔류촌 주차장으로 사용되고 있었다. 도난을 염려할 필요가 없어서인지 자물쇠로 잠가 둔 자 전거는 수십 대 중에 한 대도 없었다.

적당한 산악용 자전거 한 대를 골라 타자 히카루가 미간을 찡 그렸다.

"허락은 받았어?"

"훔치는 거야. 나도 쉽게 생각하는 건 아냐."

"기다려!"

차를 강탈할 생각은 차마 못했지만 저렴한 자전거여서인지 저 항감도 덜하다. 나의 도덕관념이란 것도 고작 그 정도이다.

여하튼 빨리 가고 싶은 마음에 페달을 힘껏 밟으며 잔류촌을 나섰다. 히카루도 주차장에서 적당한 자전거를 골랐는지 짐칸에 아키히토를 앉히고 나를 따라 달렸다. 휠체어는 주차장에 두고 온 것이다.

뒤를 돌아보며 외쳤다.

"왜 두 사람 다 따라오는 거야!"

체력에 자신이 있는 히카루는 온힘으로 페달을 밟는 나를 금방 따라잡았다. 그쪽은 두 명이 탔는데도.

"방해하진 않을게."

"그게 아니라, 두 사람도 잘 알잖아? 이건 살인사건이야."

"이 판국에 새삼스레 살인범이 무섭겠냐."

히카루가 울 것 같은 얼굴로 나를 노려보았다. 아키히토는 히카루 등에 매달린 채 잔잔하게 웃었다.

"맞아, 이런 판국에 뭐가 무섭겠어."

다시 페달을 밟는 발에 힘을 주었다. 귓가에 횡횡 울리는 바람 소리에 질세라 앞을 바라보며 외쳤다.

"근데 아키히토, 구청 근처에 가면 전화통화가 가능할까?"

아키히토도 질세라 큰소리로 외쳤다. "그건 왜 묻지?"

"전화통화를 하고 싶어. 구청 무선기지국 전파를 잡아서."

"글쎄. 가까이 갈수록 전파가 잘 잡히는 것도 아닐 텐데. 구청에 너무 가까이 가면 건물 표면이나 모서리에 반사되는 전파를 이용하게 되니까 도리어 전파가 약할지도 모르지."

"그럼 어디가 좋을까?"

"안테나가 잘 보이는 장소? 고층빌딩이나 고층아파트에 올라가야겠지."

"알았어. 높은 데로 가자."

큰소리로 대답하자 히카루가 "누구와 통화하려고?" 하고 물었다.

"아직 안 정했어!"

전속력으로 페달을 밟아서 구청과 적당히 가까운 고층아파트 앞에 도착했다. 기지국 주변 건물 중에서도 월등히 높고 방범 설비도 잘 되어 있었지만, 지구 종말 앞에서 방범 설비가 무슨 소용일까. 돌멩이를 몇 개 던지자 자동문 유리가 깨졌다.

엘리베이터는 가동되지 않으니 비상구를 통해 계단을 뛰어 올라갔다. 아무리 히카루라도 아키히토를 업고 계단을 뛰어오르기는 역시 힘겨운지 뒤쳐져 올라왔다.

최상층에 도착하자 비상구를 지나 외벽에 면한 집—다행히 주인이 문을 잠가두지 않았다—으로 신발을 신은 채 들어갔다. 거실에는 주인으로 보이는 사람이 천장에 목을 매고 죽어 있어서 악취가 가득했지만 그런 것에 신경 쓸 계제가 아니었다.

남쪽으로 낸 창문이 마침 구청 쪽을 향하고 있었다. 베란다로 나가 기도하는 심정으로 스마트폰을 부팅했다. 화면 우상단에 '통화권 이탈'이란 글자가 표시되었다. 배낭에서 셀카봉을 꺼내 스마트폰을 최대한 바깥으로 내밀고 전파가 잡히지 않는지 찾아보았지만, 안테나 표시는 전혀 뜨지 않았다. 베란다 밖으로 상체를 내밀어 봐도 '통화권 이탈' 표시는 그대로였다.

팔을 더 내밀어야 한다. 좀 더.

까치발을 해서 상체를 최대한 내밀었다. 좀 더.

"앗."

바닥에서 발이 붕 뜨는 바람에 등줄기에 오싹한 부유감이 스쳤다. 그리고 목이 조여지는 느낌과 함께 윗몸이 베란다 안쪽으로 끌려 돌아왔다. 돌아다보니 히카루가 상의 후드를 잡아당기고 있었다.

"멍청하긴, 조심해!"

큰소리로 타박하는 소리를 듣고서야 지상 수십 미터 높이에서 추락할 뻔했다는 걸 깨달았지만, 그래도 안도보다 초조가 가슴을 서서히 침식했다.

누군가에게 연락하고 싶다. 한다 정형외과에 연락해서 이사가와 강사가 사라졌다는 사실을 알리고 싶다. 하카타 북서의 긴지마에게 도움을 청하고 싶다. 무엇보다 이사가와 강사와 직접 통화해서 목소리를 듣고 싶다. 그런데도 스마트폰은 여전히 '통화권 이탈'이고, 애초에 나는 강사의 연락처를 알지 못한다.

"……강사님, 어디 계세요."

다시는 강사와 동행할 수 없다. 그 실감이 질량을 띠고 온몸을 짓눌러 나는 베란다에 주저앉았다. 누가 좀 도와줘. 아무나 좋으니까 도와줘.

"나를 버렸어."

북받치는 눈물을 참을 수 없었다. 아버지가 죽었을 때도 어머니가 사라졌을 때도 동생이 떠났을 때도 이렇게 비참하지는 않았다.

배낭을 거꾸로 쳐들어 내용물을 쏟았다. 충전기나 접이우산과 함께 배낭 바닥에 있던 이치무라가 준 위성전화도 떨어졌다. 아키히토는 소형 정밀기계를 발견하자 의아한 표정이 되었다.

"이건 뭐야?"

"강사님의 후배 경찰관이 줬어. 강사님이 엄청 싫어하는 경찰관."

"혹시 아침에 만났던 순찰차?"

아키히토의 물음을 무시하고 접이식 안테나를 세웠다. 전원 버튼을 누르자 위성전화는 바로 부팅되고 화면에 '이리듐 검색 중'이란 글자가 표시되었다. 이치무라는 지금도 다자이후 경찰서에 있을까? 가르쳐 준 번호를 누르자 귀를 찢을 듯한 요란한 호출음이 울렸다.

"제발, 이치무라 씨, 대답하세요."

내가 생각해도 이상할 만큼 동요하고 있었다. 마침내 호출음이 그치고 쏴아쏴아, 하는 불쾌한 잡음이 들렸다.

"여보세요, 여보세요? 이치무라 씨?"

〈……왜 그래요? 무슨 일 있습니까?〉

뜻밖의 대답에 또 눈물이 쏟아졌다. 약간의 시간 지체 현상이 있는 듯하지만 잡음과 함께 들려오는 것은 분명히 이치무라의 목소리였다. 나는 떨리는 손으로 전화기를 꼭 쥐었다.

"도와주세요."

〈그쪽 상황부터 말해 봐요. 아가씨 혼자 있어요?〉

이치무라의 부드러운 목소리가 고막에 기분 좋게 울리자 긴장도 점차 누그러졌다. 역시 이 사람도 경찰이구나, 하고 절절하게 느꼈다.

"이사가와 강사님이 사라졌어요."

그렇게 말하자 작은 아이를 달래듯이 이치무라가 친절한 목소리로 물었다.

〈천천히 말해도 좋으니까 자세히 말해 봐요.〉

"저도 뭐가 뭔지. 지금 하카타…… 잔류촌이라는 곳에 있어요. 후쿠오카에 남은 사람들이 모여서 지내는 곳입니다. 거기서 묵었는데, 아침에 눈을 떠 보니 강사님이 없어서…… 이제 어떡해야 좋을지 모르겠어요."

이치무라는 잠시 말이 없다가,

〈아마 선배가 뭔가 중대한 사실을 파악했을 겁니다. 더 이상 당신을 위험한 수사에 끌어들이고 싶지 않았겠죠. 안심하세요. 선배가 당신을 거추장스럽게 생각해서 그러는 건 아니니까.〉

지금 내가 가장 원하는 말이었다. 마음에도 없는 위로라고 해도 상관없다. 나도 모르게 매달리고 싶어졌다.

옆에서 위성전화를 들여다보던 히카루가 "이거, 오늘 아침 만난 재수 없는 짭새지?" 하고 투덜대자 아키히토가 검지를 입술 앞에 세워 동생을 말렸다.

이치무라가 물었다.

〈이사가와 선배 모습이 어딘지 이상했다거나 뭔가 알아낸 것 같다거나 하진 않았나요?〉

"음, 무슨 뜻이죠?"

〈말 그대로예요. 뭔가 이상한 점이 있었다면 말해주세요. 선배

가 간 곳을 알 수 있는 힌트가 될지 모르니까.〉

행동을 같이한 며칠간을 되짚어 보았지만 강사의 행방을 암시할 만한 것은 전혀 없었다. 다만 한 가지, 마음 한쪽에 걸리는 점은 있었다.

"강사님은 폭주택시를 많이 의식했는지도 몰라요."

〈……폭주택시라면?〉

"아, 폭주택시는 후쿠오카 잔류촌 사람들이 목격한 연쇄살인범을 말합니다. 택시처럼 생긴 하얀 차량인데 사람을 일부러 치어 죽여서 그렇게 부른다고 해요. 이 사건은 우리가 추적하는 살인 사건과는 무관하겠지만, 강사님은 흥미를 보였어요……."

생각을 정리하며 전하다 보니 문득 한 가지 의문이 떠올랐다. 폭주택시는 도로에서 친 피해자를 트렁크에 싣고 도주했다고 하는데, 그럼 그 피해자를 어떻게 처리했을까.

의식 한쪽을 스치는 것은 언젠가 한다 선생이 했던 말이었다.

—대부분의 상처에 광택이 있는 혈액이 들러붙어 있는데, 이것들은 살아 있을 때 생긴 상처라고 봐도 좋을 겁니다. 어깨에는 마치 사고라도 당한 것 같은 탈구 흔적이 있고, 손톱이 벗겨져 있고 화상도 있어요. 게다가 온몸에 타박상이 있고. 그러니까…….

—종아리의 찰과상은 아마 범인이 사체를 질질 끌고 다닌 흔적일 겁니다. 어딘가 다른 곳에서 살해된 후 트렁크에 실려 옮겨졌을 겁니다.

나는 위성전화를 떨어뜨렸다.

"학교로 가야 해."

강사는 학교에 있다. 동생이 다니던 그 학교에.

*

그 고층아파트에서 메이소학원 중등부까지는 자전거로 십여 분이 걸렸다. 이치무라와 통화하다가 다급하게 이곳에 달려와 보니 역시 교내 주차장에 다자이후 운전학원 로고가 박힌 교습 차량이 서 있었다. 멀리서 보니 교습차량은 과연 택시처럼 보이기도 했다. 에이코 일행이 착각한 것도 납득이 되었다.

틀림없다. 이사가와 강사는 이 학교에 있다.

"여기가 하루 짱 동생이 다니던 중학교?"

아키히토가 물었지만 나는 말없이 고개만 끄덕였다. 통용문 정면에 출입구가 있고, 그 안쪽에 현관문이 활짝 열려 있었다. 강사는 이미 건물 안으로 들어간 듯하다.

히카루는 아키히토를 자전거 짐칸에서 내려 등에 업고 걷기 시작했다.

"무겁지? 미안."

"시끄러우니까 가만히 있어."

히카루는 숨을 헐떡이며 쏘아붙였다. 피로를 드러내기 시작한 것이다.

시각은 2시 45분. 우리는 교실이 있는 건물로 들어갔다. 조명이 꺼진 건물은 몹시 기분 나쁜 분위기를 풍기고 있었다.

메이소학원은 일찌감치 구월부터 폐교했는지 학생들이 생활하는 흔적도 없고 학교로서의 기능은 이미 상실한 상태였다. 1층에는 1학년 1반 교실부터 10반 교실까지 있지만, 어느 교실에나 사람이 없었다.

"이사가와 씨가 정말 여기 있을까?" 하는 히카루.

"밖에 주차된 차를 봤잖아."

"하지만, 왠지……."

히카루가 무슨 말을 하고 싶은지 어쩐지 알 것 같았다. 이 학교는 분위기가 몹시 심상치 않다. 랜턴을 쥔 손에 힘을 주고 걸음을 서둘렀다.

1층의 서쪽 끝은 양호실이었다. 히카루는 양호실 침상이 보이자 아키히토를 거기 앉히고 거친 숨을 진정시켰다.

아키히토가 히카루 안색을 살피듯이 올려다보며 말했다.

"어서 둘이 이사가와 씨를 찾아봐."

히카루는 입술을 일그러뜨리며 반문했다. "응?"

"나는 계단을 올라갈 수 없으니까 여기서 기다릴게."

"내가 다시 업을게."

"힘들잖아."

안 힘들어, 라고는 말하지 않았다.

"멋대로 다른 데 가거나 하지 않을 테니까 어서 가봐."

아키히토가 재촉하자 히카루는 마지못해 받아들였다. 아키히토를 양호실 침상에 앉혀둔 채 우리는 2층 수색을 시작했다.

"이사가와 강사님, 여기 계세요?"

"어이—, 누구 있어요!"

교실마다 랜턴을 비추면서 돌아보았지만 먼지 쌓인 의자와 책상만 나란히 있을 뿐 2층에서는 아무런 이상도 발견할 수 없었다.

그런데 3층으로 가는 계단을 오를 때 심상치 않은 압박감이 느껴져 반사적으로 얼굴을 손으로 가렸다. 공기가 무겁게 가라앉아 있다는 느낌이었다. 곰팡이나 먼지 냄새와는 다른 냄새가 났다. 당황한 나는 복도 한복판에 널브러져 있던 소화기에 걸려 하마터면 넘어질 뻔했다.

요즘 여러 번 맡았던 냄새다. 냄새의 출처는 계단을 다 오르면 제일 먼저 만나는 3학년 10반 교실—세이고가 속했던 학급이다.

히카루가 조심스레 문을 열고 교실 안을 랜턴으로 비추었다. 그 순간 엄청난 충격이 온몸을 치달았다. 이 교실은 냄새가 지독했다. 녹슨 쇠 냄새와 사체 냄새로 숨이 턱 막혔다.

교실에 수십 명이 누워 있었다. 대부분 몸을 마구 찔려서, 깊고 넓은 상처를 통해 내장이 나와 있었다. 타살당한 사체들이 분명했다. 책상 사이를 누비듯이 가득 차 있는 사체들은 50명은 가볍게 넘을 것 같았다. 너무 많았다.

바닥 여기저기에 대량의 혈액이 뿌려진 흔적이 남아 있지만 어느 흔적이나 검게 변해 있어서 시간이 꽤 지난 상태임을 짐작할 수 있었다.

"다들 여기서 뭐해?"

돌아다보니 이사가와 강사가 어느새 발소리도 없이 복도에 와 있었다. 몇 시간 만에 재회했는데도 반가운 인사는 고사하고 불평 한 마디 없었다. 강사는 왠지 평소 걸치고 있던 검은 다운재킷을 입지 않아서, 보는 내가 다 춥네, 하는 공연한 생각을 하고 말았다. 이런 공연한 생각도 나 나름의 현실도피였는지 모른다.

"강사님을 찾아다녔어요. 하지만 이건……."

대체 어떻게 된 일일까. 온몸을 찔린 수십 구의 사체. 그들을 죽여서 이 교실에 모아놓은 자는 누구인가.

"여기에 온 걸 보니, 혹시 범인이 누구인지 알아냈나?"

나와 히카루가 동시에 고개를 저었다. 범인이 누구인지는 단연코 짐작도 못하고 있고 사건의 전모도 불분명한 상태였다.

"다만, 동생이 여기에 모아놓은 건 아닐까 생각하긴 했어요. 그래서 강사님도 이곳을 조사하려고 혼자 오신 건가 하고."

나는 놀란 눈으로 사체들을 바라보면서 혼란스러운 사고를 정리해보려고 입을 열었다.

"구라마쓰 씨가 그랬어요. '아마 그때 택시로 달려갔다면 나까지 치여 죽었을 겁니다'라고. 범인은 차를 무기로 삼고 있었으니까 여럿이 대항해도 당해낼 수 없어요. 당해내기는커녕 여러 명이 한꺼번에 치여 죽을 수도 있어요. 그런 생각을 하는데 문득 히즈미 미에코 씨 사체에 탈구 흔적이 있었던 것이 생각났어요."

히즈미뿐만 아니라 다카나시 유이치 사체에도 생활반응을 보이는 상처가 있었다고 들었다. 히즈미의 사체를 검시한 한다 선생은 그것을 마치 사고라도 당한 것 같은 흔적이라고 말했다.

"만약, 세 사람이 교통사고를 당했다면. 우연히 세 사람이 모여 있을 때 폭주택시가 달려든 거라면. 다카나시, 다치나미, 히즈미의 연쇄살인 사건은 피해자 세 사람과 전혀 면식이 없는 범인의 무차별 살인이었을 가능성이 부상하지 않나요. 그랬으면 좋겠다고 생각했어요. 후쿠오카에 연쇄살인범이 두 명이나 있다고 믿고 싶지는 않으니까요."

게다가 폭주택시가 세 사람을 살해한 범인이라면 세이고는 죄가 없다. 낯선 사람들을 차로 치어 죽이는 잔인함을 동생은 갖고 있지 않다고 마음속 어디선가 믿고 있었다.

"동생은 히즈미 씨나 다카나시와 연락하고 있었어요. 아마 다치나미하고도요. 동생은 뭔가 사정이 있어서 세 사람에게 연락을 했고, 세 사람이 후쿠오카에 남아 있다는 사실을 알자 직접 만나기로 약속했던 거라고 생각해요. 세이고는 약속 장소로 가려고 무면허 운전을 해서 집을 나섰어요. 그리고 네 사람이 모여 있을 때 폭주택시가 달려들었다면."

강사가 질문을 끼워 넣었다.

"그 네 사람이 모인 장소가 학교였다는 건가?"

"네. 목적은 모르지만, 그 네 사람이 모일 곳은 여기밖에 없다고 생각했어요. 사는 장소가 다 다르고 전차도 멈췄잖아요. 네 사람 모두 잘 아는 장소는 몇 군데 없겠죠."

"계속해봐."

"동생은 간신히 목숨을 건져 도망쳤지만 다른 세 명은 차에 치여 중상을 입었어요. 폭주택시 범인은 움직이지 못하게 된 세 사람을 차에 실어 옮긴 뒤 살해하고, 하카타, 이토시마, 다자이후 등 여기저기에 가져다 놓은 겁니다. 그렇게 하면 마치 이지메 사건에 관련된 사람들만 살해된 것처럼—동기가 분명한 살인사건처럼 보일 테니까요."

강사와 히카루는 입을 굳게 다문 채 나의 핵심이 불분명한 추리를 들어주었다. 사체가 잔뜩 방치된 교실이라는 기이한 공간에 익숙해지고 있는 자신이 스스로도 무서웠다.

이윽고 이사가와 강사가 턱을 만지며 무겁게 입을 열었다.

"네 사람이 학교에서 만났다는 부분에 대해서는 동의해. 다만……."

"다만?"

이사가와 강사답지 않게 말끝을 흐렸다.

"범인이 직접 사체를 여러 장소로 옮겼다는 이야기에는 반대야. 폭주택시가 히즈미, 다카나시, 다치나미 세 사람을 치어 죽였다고 치자. 하지만 사체를 굳이 이토시마, 다자이후로 옮겨서 동기가 분명한 연쇄살인 사건으로 꾸밀 필요는 없어. 지금까지 해온 것처럼 사체를 교묘하게 유기해서 증거를 없애버리면 되니까. 사체를 숨기고 아무 일도 없는 것처럼 만들어버리면 돼. 게다가 묻지마 살인을 저지른 자는 예전의 이지메 사건에 대해서 전혀 몰랐을 거야. 히즈미 미에코는 십이월 삼십일 살해될 때까지 자기 의지로 다자이후에 남아 있었을 가능성이 커."

"하지만 폭주택시가 그 사람들을 살해한 범인과 동일인물이라는 추리에는 찬성하시는 거죠?"

강사는 말없이 긍정의 뜻을 표했다. 그리고 무슨 생각인지 강사가 불쑥 내 어깨를 잡고 교실 밖으로 밀어냈다.

"미안하지만, 역시 너희들은 돌아가는 게 좋겠다."

"왜죠?"

항의하듯이 말하자 강사는 어딘지 작심한 표정으로 말했다.

"소중한 사람의 사체를 볼 각오가 돼 있어?"

사체들을 둘러보았지만 특별히 아는 사람의 얼굴은 보이지 않았다. 옷이나 머리모양을 보면 고령자가 많은 듯하고, 출입구 가까이에는 젊은 여자아이도 한 명 쓰러져 있었다. 혹시 모치다 메이 씨일까?

그제야 이 사체들이 폭주택시에 치여 죽은 사람들이라는 것을 알았다. 내가 들었던 행방불명자 수보다 훨씬 많았다. 폭주택시인지 뭔지는 잔류촌에 속하지 않은 사람들도 여러 명 죽이고 다녔던 것이다.

강사가 번뜩이는 눈빛으로 교실을 빙 둘러보았다.

"폭주택시 이야기를 처음 들었을 때부터 히즈미 미에코와 학생들의 연쇄살인사건 범인과 동일인일 가능성이 있다고 생각했었어. 트렁크에서 히즈미 씨 사체를 발견했을 때 내가 그랬지. 이 범인은 사건이 드러나는 것을 두려워한다, 경찰 수사가 자기에게 미칠까 두려워하고 있다고. 폭주택시 사건도 마찬가지야. 놈은 치어 죽인 피해자 사체를 반드시 회수했고 도로에 방치하는 일이 없었어. 이목을 두려워하는 거지. 주민들이 떠나서 도시 기능이 사라진 후쿠오카인데도 증거 인멸을 꾀할 만큼 겁 많은 범인이라면, 누군가 중대한 증거를 목격한 사람이 있다면 반드시 죽이려고 할 게 분명해. 다카나시, 다치나미, 히즈미 세 사람도 입막음을 위해 살해된 거라면 앞뒤가 맞아.”

히카루가 의아하다는 듯이 되뇌었다. “입막음?”

“하루 짱이 추측한 대로 세 피해자들은 최근 한 자리에 모이기로 했어. 세 사람을 불러 모은 것은 하루 짱의 동생 세이고 군. 즉 세이고 군을 포함한 네 명이 한 자리에 모인 거지. 그때 그들은 불행하게도 폭주택시 운전자에게 불리한 뭔가를 목격하는 바람에 살해되었어.”

기분이 아무래도 언짢았다. 초조한 마음을 못 견디고 묻고 말았다.

“살해되었다면, 세이고도요?”

강사는 내 질문에는 대답하지 않고 조용한 목소리로 해설을 계속했다.

“늘 마음에 걸렸어. 사체들을 어디에 보관했을까. 폭주택시는 피해자를 트렁크에 싣고 도주했다고 하는데, 결국 사체를 어딘가에 감추었겠지.”

"산속에라도 버린 게 아닐까?" 하는 히카루. 이사가와 강사를 대신해서 내가 말했다.

"산속은 아닐 거야. 오지 자살이 유행이니까."

산에 버려두면 오지 자살을 하려고 올라온 사람이 발견할지 모른다. 막 자살하려는 사람이 타살체를 발견했다고 굳이 경찰에 신고를 할지는 미지수이지만, 이 범인은 그만큼 신중한 것이다. 이목을 극도로 꺼리고 현장에서 집요하게 사체를 치우려고 하는 행동으로 보아 겁쟁이인 게 분명하다. 자살하려던 사람이 마지막 순간에 양심을 발휘할 가능성까지 고려할 만큼 겁이 많다.

"하루 짱 의견에는 대체로 동의해. 산속은 택하지 않을 거야. 아마 주택가나 아파트에 유기하는 것도 피하겠지. 주민이 거의 다 사라졌다고 하지만 어디에 누가 남아 있는지 알 수 없고, 시체 썩는 냄새 때문에 주위에 알려질 가능성이 있으니까."

히카루는 항복했다는 듯한 표정이 되었다.

"그럼 대체 어디란 말이야."

"어디보다도 빨리 사람들이 떠난 곳이지. 구월 칠일, 소행성 충돌이 공표된 직후에 폐쇄된 사립학교. 바로 여기야."

수십 구나 되는 사체가 유기된 여기 메이소학원 중등부의 3학년 10반 교실이야말로 폭주택시가 선택한 사체 보관소였다고 강사는 말했다. 믿기 어렵지만 이 광경을 보면 인정하지 않을 수 없었다.

강사는 왼손을 살살 흔들며 손에 쥔 뭔가를 우리에게 보여주었다. 납작하고 손바닥만 한 직사각형 물체. 네이비블루 케이스를 씌운 스마트폰이었다.

"이거, 이 복도에서 주웠어."

"갑자기 이건 뭡니까."

"누가 떨어뜨린 것 같아. 저길 봐봐. 소화기 상자 밑으로 미끄러져 들어간 거야."

복도를 바라보니 벽에 설비된 소화기 격납용 상자와 바닥 사이에 작은 틈이 있었다.

"누군가 덜렁대다가 떨어뜨렸거나 당황할 수밖에 없는 상황에 처했겠지. 자, 누구 스마트폰일 것 같아, 하루 짱?"

설마.

"다행히 배터리가 조금 남아 있더군. 잠금화면을 열면 네 자리 비밀번호를 입력하라고 나오지. 1, 5, 8, 3을 입력하니까 열렸어."

1583. 그 숫자라면 기억에 있다. 히즈미의 사물함 다이얼에 사용되었던 네 자리 숫자. 히즈미의 스마트폰이 틀림없다. 즉 히즈미는 나나 이사가와 강사보다 먼저 이 학교에 들어섰던 것이다.

"세이고 군, 다카나시, 다치나미, 히즈미 네 사람은 십이월 이십구일 밤, 이 학교에서 만나기로 하고 모였어. 그리고 불행하게도 폭주택시의 사체 보관소에 들어서는 바람에 살해된 거야. 아마 제일 먼저 살해된 것은 세이고 군이었을 거야. 세이고 군은 이 교실에서 살해되었고, 그 와중에 다카나시, 다치나미, 히즈미는 뿔뿔이 흩어져 도망쳤어."

세이고가 먼저 살해되었다고? 믿기지 않았다. 그럴 리가 없다.
동생은 바로 며칠 전까지 집에 있었는데. 2층에서 가끔 덜거덕거
리는 소리로 존재감을 비치며 함께 지내고 있었는데.

나는 강하게 반박했다.

"아니에요, 강사님. 여기에 세이고가 없잖아요."

교실에 가득한 사체들을 향해 다시 랜턴 불빛을 비추었다. 그
제야 알아차렸다. 교탁 근처에 이사가와 강사의 재킷이 떨어져
있었다. 강사의 검은 다운재킷은 생생한 상처를 가리듯이 어느
사체의 상반신을 덮고 있었다.

강사는 공연히 얼버무리거나 하지 않았다.

"세이고 군은 저기 있어."

나는 비칠거리는 걸음으로 검은 다운재킷 쪽으로 걸어갔다.

"하루, 잠깐만!"

히카루가 내 이름을 부르는 소리를 들었지만 걸음을 멈출 수
없었다. 모든 감각이 희미하게 마비되어 마치 물속에 있는 것 같
았다.

강사의 재킷을 들추자 거기에 세이고가 있었다. 똑바로 누워
있었다. 아마 이사가와 강사가 사체더미에 묻혀 있던 동생을 찾
아서 이 자리에 눕혀 놓았을 것이다.

경부를 다쳤는지 목덜미에 붉은 선이 한 가닥 그어져 있었다.
얼굴도 상처투성이. 특히 오른쪽 볼에서 콧잔등까지 깊게 째진

상처로 광대뼈가 들여다보였다. 가슴도 복부도 여러 군데 찔렸고 상처에는 응고된 혈액이 고여 있었다. 크게 변해버린 모습이지만 세이고가 틀림없었다. 귀에 잔뜩 박힌 피어스가 반짝거려 별이 총총한 하늘 같으니까. 이것은 내 동생이 맞다.

세이고의 뺨으로 손을 뻗었다. 이상하게도 눈물은 나오지 않았다.

이렇게 다치다니. 얼마나 아프고 무서웠을까.

누군가 등을 쓸어주었다. 아마 이사가와 강사일 것이다. 등 뒤로 기척은 있었지만 강사와 히카루는 입을 열지 않았다.

"어떻게 세이고인 줄 아셨어요?"

"피어스를 많이 했다고 들었으니까. 그리고 하루 짱을 꼭 닮아서."

닮았나? 나는 잘 모르겠다. 누구에게 닮았다는 소리를 들은 적이 없는데.

"강사님, 범인은 누구예요?"

말해주세요. 동생을 죽인 것이 누구인지.

*

"아마 하카타에 있던 다카나시 유이치를 제외한 다른 사람들은 약속장소인 학교까지 직접 차를 운전해서 왔을 거야. 세이고 군은 물론 무면허 운전이고 아마 다치나미 준야도 아버지 차를 운전했겠지. 면허가 있는 사람은 히즈미뿐이야.

다카나시는 어쩌면 이 교실에서 범인과 싸웠을지도 몰라. 그의 등과 왼쪽 대퇴에 생활반응을 보이는 피하출혈이 있거든. 세이고 군 이외의 세 사람은 세이고 군이 살해되는 것을 보고 범인과 대적할 수 없다는 걸 깨닫고 차를 몰고 도망쳤어. 다카나시는 세이고 군의 차를 몰고 하카타 방면으로, 다치나미는 집이 있는 이토시마 쪽으로, 히즈미는 지쿠시노—다자이후 쪽으로.

범인은 먼저 다카나시를 추적했어. 스미요시거리 편의점까지 도망친 다카나시를 쫓아가 유리창을 내리게 하고 차 안에서 살해. 이것이 십이월 이십구일 오후 8시부터 10시까지 일어난 일이야. 세이고 군이 운전하던 차의 운전석에 다카나시가 죽어 있던 것은 그 때문이겠지.

범인은 다카나시를 살해하고도 여전히 초조했어. 자기가 저지른 사악한 짓을 아는 사람이 더 있었으니까. 범인은 다카나시 사체를 편의점 주차장에 방치한 채 황급히 다음 사냥감을 추적한 거야."

질문을 던지지도 않고 나는 세이고의 피투성이 얼굴을 응시한 채 강사의 추리를 들었다. 다카나시 유이치가 살해된 첫 번째 사건 현장이 다른 경우에 비해 어지러웠던 것은 범인이 다른 목격자들을 추적하느라 서두르고 있었기 때문이라고 강사는 말했다.

"범인은 제일 먼저 죽인 세이고 군의 소지품을 뒤져서 스마트폰에 남은 메시지를 보고 다른 사람의 주소를 알아내려고 했어.

다치나미 준야의 스마트폰은 모친 가사기 마리코가 가져가서 자세한 것은 알 수 없지만, 아마 다치나미는 세이고 군과 메시지 앱으로 자세한 이야기를 많이 나누었겠지. 범인은 다치나미 주소를 알아내고 즉시 그 집으로 갔어. 이것이 이십구일 오후 11시부터 다음날 삼십일 오전 1시 사이에 일어난 일이야. 다치나미 집에 주차된 차에는 급하게 주차한 듯한 흔적이 있었는데, 이건 면허가 없는 다치나미가 사체 보관소에서 급하게 도망쳐 돌아온 탓이었을 거야.

범인의 최대 난제는 히즈미 미에코였어. 히즈미의 컴퓨터에 남아 있던 NARU와 나눈 대화를 보면 알 수 있듯이 세이고 무리와 히즈미의 관계는 그다지 긴밀하지 않았으니까. 세이고 군의 스마트폰을 아무리 조사해도 히즈미의 거처는 알 수 없었지. 범인은 체념하는 수밖에 없었을 거야."

"하지만, 히즈미 미에코도 살해되었잖아."

히카루는 눈물로 목이 멨다. 세이고의 사체를 앞에 두고 히카루는 혼란에 빠져 있었다. 다른 사람이 보면 그가 세이고의 죽음을 더 슬퍼한다고 생각했을 것이다.

"범인은 히즈미 미에코의 거처를 어떻게 알아냈을까. 히즈미의 행동방식을 생각해볼까. 만약 우연히 들어선 교실에서 수많은 사체를 발견했다면 어떻게 행동했을까? 그 교실에 사체들을 유기한 범인으로 짐작되는 사람에게, 자신과 함께 사체를 목격한 소년이 처참하게 살해되었다면? 간신히 목숨을 건져 도망친 변호사가 이튿날 아침 제일 먼저 할 행동은 무엇일까?"

사람이 살해되는 장면을 목격했다. 범인 얼굴도 보았다. 그렇다면 당장 취해야 할 행동은 무엇일까. 평소라면 당장 경찰에 신고하겠지만 지금은 세상의 종말이고 이곳은 그 세상의 끝 같은 곳이다.

나라면 어떻게 할까. 히즈미 미에코는 어떻게 했을까?

"히즈미 미에코는 경찰서에 직접 찾아갔어. 가장 가까운 다자이후 경찰서로. 히즈미가 운이 없었던 것은 다음날인 십이월 삼십일, 범인이 다자이후 경찰서에 종합조정관으로 부임해 있었다는 거야."

너무 놀라서 비명도 지를 수 없었다.

"폭주택시는 택시가 아니었어. 순찰차였어. 범인은 경찰관이었어."

하카타 구청 근처의 찌그러진 가드레일—모치다 메이 씨가 살해된 현장—에는 사고 차량의 것으로 보이는 검은 도료가 묻어 있었다. 그런데도 후쿠오카 잔류촌 사람들은 택시처럼 생긴 다자이후 운전학원의 하얀 교습차량을 폭주택시로 오해했다. 왜일까.

구라마쓰가 뭐라고 했었지?

—우리가 가드레일에 숨어 있었기 때문에 하얀 차체만 조금 보여서 그게 정확히 택시인지 뭔지는 확신할 수 없지만.

그래, 가드레일이다. 순찰차 차체의 아래 부분, 검게 칠한 부분이 가드레일에 가려져서 마치 하얀 택시처럼 보였던 것이다. 차체가 투톤컬러였다면 목격 증언과 현장에 남은 안료 컬러에 차이가 있다고 해도 이상할 것이 없다.

오해한 것도 무리가 아니다. 주민들이 떠나고 가로등도 꺼진 밤중인지라 헤드라이트를 끈 순찰차는 어렵지 않게 어둠에 숨을 수 있었을 것이다.

"추적하던 목격자가 제 발로 찾아왔으니 범인에게 그런 행운도 없었지. 그러나 사체를 유기할 장소를 정하지 못했는지 범인은 아무도 없다고 믿었던 근처 운전학원 교습차량 트렁크에 히즈미를 넣어둔 거야. 히즈미 등 세 사람의 사체가 각각 다른 장소에서 발견된 것은 범인이 열심히 실어 날라서가 아니라 범인의 악행을 목격한 피해자들이 뿔뿔이 흩어져 달아났기 때문이었던 거지. 이제 알겠지? 범인은 다자이후서 종합조정관 이치무라야."

가슴에 구멍이 뻥 뚫린 것 같았다. 이게 몇 번째인지 알 수 없지만, 누군가에게 배신당할 때 차가운 칼날이 목에 닿는 느낌은 아무리 시간이 지나도 익숙해지지 않을 것이다. 괴로워 견딜 수 없었다. 내 심정 때문인지, 이치무라를 몹시 싫어하던 강사도 분한 듯 입술을 일그러뜨리는 것처럼 보였다.

"아마 이치무라는 순찰차를 이용해서 살인을 거듭했을 거야. 경광등을 끄면 순찰차도 택시처럼 보이니까 목격 정보에 착오가 있었던 거지. 목격자는 물론이고 피해자도 범행 도구가 택시가 아닌 순찰차였다는 사실을 몰랐을 거야. 히즈미 미에코도 첫 번째 피해자 다카나시 유이치도. 다카나시는 제 손으로 유리창을 내렸다가 칼에 찔려 죽었으니까. 아마 이치무라는 다카나시의 차를 추적하다가 그 편의점 주차장에 서 있는 것을 확인한 뒤 경광등을 켜고 사이렌까지 울리며 다가갔을 거야. 그러자 다카나시는 경찰의 보호를 받을 수 있게 되었다고 안심하고 유리창을 내렸어. 순찰차를 무조건 신뢰한 거지. ……잔혹한 일이야."

히카루가 내뱉듯이 "더럽네" 하고 중얼거렸다.

"생각할 게 더 있어. 히즈미 미에코의 사체에는 다른 피해자에게는 없는 고문 흔적이 남아 있었어. 이치무라는 왜 히즈미를 집요하게 고문했을까. 어쩌면 목격자가 더 있었는지도 몰라. 가령 나카노 이쓰키라든가."

귀에 익은 이름이 튀어나오자 히카루가 "엉?" 하고 놀랐다.

"아까도 말했지만, 그들이 무엇 때문에 모교에 모였는지가 분명하지 않아. 여하튼 그들—세이고 군, 다카나시, 다치나미, 히즈미, 그리고 나카노 이쓰키 등 다섯 명이 이 중학교에 모였어.

나카노와 통화할 때를 기억해? 왠지 그 아이는 살해된 변호사가 히즈미 미에코라는 것을 알고 있었지. 아마 그 애는 현장에 함께 있다가 무사히 도망쳤을 거야. 그런데 이치무라는 나카노의 거처를 알아낼 수 없었어. 세이고 군, 다카나시, 다치나미 등 이지메 가해자 세 사람은 히즈미를 통해 나카노와 연락할 뿐 직접 연락처는 알고 있지는 못했던 것 같고, 히즈미는 고문을 당하면서도 그의 거처를 밝히지 않았으니까. 간신히 도망친 나카노는 지난 며칠 동안 숨어 있었을 거야. 죄책감과 공포심 때문인지 하루 짱이 전화했을 때는 '모른다' '만나지 않았다'고 버텼지만."

히즈미 미에코의 사체는 집요한 공격을 받았다. 범인은—이치무라는 자기 악행을 알고 있는 사람들을 한 명도 남김없이 죽이려고 기를 쓰던 터라 히즈미를 고문했을 것이다. 그래도 히즈미는 나카노 이쓰키의 거처를 발설하지 않았고, 덕분에 나카노 이쓰키는 무사히 살아 있었던 것이다.

"이치무라는 살해된 사람들과 나카노의 관계를 알아내서 그의 거처를 알아내고 싶었어. 그래서 우리에게는 어중간한 정보를 주고 하루 짱에게 수사 진척 상황을 보고해 달라고 부탁한 거야."

다 알고 있었나? 생각이 짧은 나는 전혀 눈치를 못 채고 있었다. 이치무라는 처음부터 이쓰키의 거처를 알아내기 위해 수사에 협조적인 척했던 것이다. 아마 우리까지 죽일 계획을 세워두고.

이해한 순간 누가 내 심장을 콱 움켜쥔 듯한 충격을 느꼈다.

"제가, 이치무라에게 연락했어요. 여기에 나타날지도 몰라요……."

갑자기 이사가와 강사가 검지를 입술 앞에 세워 말을 막았다.

"조용히."

귀를 쫑긋 세우니 교실 밖에서 무슨 소리가 들렸다. 그 소리가 규칙적인 리듬으로 10반 교실을 향해 다가왔다. 발소리였다.

누군가 계단을 올라온다. 우리 말고 침입자가 있다.

강사는 나와 히카루의 손목을 잡고 창가로 데려갔다. 베란다로 통하는 문을 열고 몸을 낮춰 숨으라고 지시했다.

히카루가 떨리는 목소리로 말했다.

"형을 1층에 두고 왔어. 역시 여기로 업고 왔어야 했는데. 내가 내려가서 상황을 살펴보고 올게."

"움직이면 안 돼!"

발소리가 점점 커졌다. 침입자는 계단을 다 올라 3층 복도로 들어선 듯했다. 창문으로 살펴보니 복도에서 흔들리는 랜턴 불빛이 보였다. 바로 저기까지 왔다.

이윽고 침입자가 3학년 10반 교실 문을 힘차게 열었다.

랜턴이 사체투성이 교실을 비추는 순간 침입자가 가느다란 비명을 질렀다. 어린 아이의 목소리. 이치무라가 아니다.

"나나코……?"

교실에 들어선 것은 나나코였다. 나나코는 랜턴을 떨어뜨리고 공포에 질려서 비명을 질렀다.

우리는 놀라서 베란다에서 교실로 들어갔다.

"여긴 어떻게 왔어!"

나나코를 사체들과 떼어놓으려고 얼른 복도로 나갔다. 나나코는 내 허리를 껴안고 변명하듯 빠르게 말했다.

"이사가와 씨가 없어졌다고 하루 씨가 놀라서 막 뛰어다녀서……."

"여기는 어떻게 왔니?"

"자전거 타고 따라왔어요. 다들 눈치도 못 채고."

"나나코, 너를 위해서 하는 말이니까 당장 돌아가. 잔류촌에 있으면 굶을 걱정도 없고 안전하고 친구도 있잖아."

말투가 그만 날카로워졌다. 나나코는 눈물을 글썽이며 외쳤다.

"날 버리지 마!"

나나코의 비통한 표정을 보니 가슴이 미어지는 것 같아 아무 말도 할 수 없었다. 히카루가 몸을 구부리고 "미안" 하며 나나코의 눈을 들여다보았다.

"누구라도 버림받는 건 싫겠지."

조심스레 나나코를 안아주자 나나코는 내 스웨터에 얼굴을 묻고 흐느껴 울었다.

문득 보니 이사가와 강사가 일행을 떠나 혼자 계단 층계참으로 걸어가고 있었다. 나는 그 뒷모습을 향해 말했다.

"강사님, 이치무라 씨를 죽일 거예요?"

묵비권을 행사하듯 이쪽을 돌아보려고 하지 않았다. 그 침묵이 대답이었다.

이치무라는 경찰이라는 지위를 이용해서 주민들이 거의 다 떠난 도시에서 대량 살육을 저질렀다. 계기가 무엇인지는 알 수 없지만 아마 대단한 동기가 있는 것도 아니리라. 게다가 유복한 환경에서 살아온 이치무라에게는 해외로 대피하는 선택지도 남아 있을 것이다. 미래의 생활이 있는 것이다. 하고 싶은 만큼 살인하고 튀어버리면 곧 소행성이 떨어져 모든 흔적을 지워준다. 그런 사악한 놈을 이사가와 강사가 용서할 리 없다.

강사가 이치무라를 찾아내서 죽일 작정이라면 말려야 한다고 생각했다. 왜일까. 상대는 살인마인데.

"긴지마 씨에게 연락할게요."

"이런 판국에 그런 얼간이에게 의지해서 뭘 하려고. 하카타 북서는 이미 폐쇄되었을지도 모르는데."

"그럼 다른 경찰서에 찾아가면 되죠. 경찰에 신고해서 체포하라고 할게요. 제대로 된 경찰에. 이제부터는 우리가 나설 상황이 아니에요."

배낭에서 셀카봉과 스마트폰을 꺼내 쳐들어 보였다.

"학교 옥상이라면 구청의 전파가 잡힐지 몰라요. 당장 긴지마 씨에게 연락할게요."

납득했는지 어떤지는 몰라도 강사는 우리를 놔두고 혼자 어디로 가려고 하지는 않았다.

우리는 3학년 10반 교실을 나와 옥상을 향해 올라갔다. 폐교 이후 학교는 전혀 관리가 안 되었는지 옥상 문도 잠겨 있지 않았다. 셀카봉을 든 손을 한껏 쳐들고 옥상을 돌아다니자 기대한 대로 전파가 잡히는 자리가 있었다.

긴지마에게 전화하려고 전화번호부를 누를 때였다. 갑자기 스마트폰이 진동해서 셀카봉을 놓칠 뻔했다. 오랫동안 듣지 못한 메신저 알림이었다. 화면에는 어딘지 낯익은 번호가 표시되었다.

"뭐지?"

모두들 스마트폰 화면을 들여다보았다.

"누가 SMS 메신저로 문자를 보냈나 봐요."

한나절 전에 통화한 상대였다. 발신자는 나카노 이쓰키. '안녕하세요'나 '별고 없으시죠'와 같은 상투적인 인사도 없는 간결한 문장이었다.

―할 이야기가 있습니다.

나는 잠깐 망설이다가 긴지마에게 연락하는 것을 뒤로 미루었다. 통화 이력을 열어 제일 위에 있는 휴대전화 번호를 눌렀다.

한밤중인데도 전화는 바로 연결되었다.

"여보세요, 나카노 군이에요?"

〈……예.〉

스피커폰으로 돌렸다. 나카노 이쓰키가 작은 소리로 말했다.

〈그쪽 동생, 죽었어요.〉

"네. 아까 봤어요. 중학교 교실에 있더군요."

최대한 평정을 가장하고 대답했다. 그런데 나카노 이쓰키가 갑자기 울기 시작했다. 우는 모습이 보이지는 않았지만 울고 있는 게 분명했다.

〈제 탓입니다.〉

나카노 이쓰키에 따르면 역시 그들을 한자리에 불러 모은 것은 세이고였다.

구월 중순, 이쓰키는 전에 담당 변호사였던 히즈미 미에코의 연락을 받았다. 세이고, 다카나시 유이치, 다치나미 준야 세 사람―즉 이지메 가해자들이 소행성이 충돌하기 전에 한 번 만나서 사죄하고 싶다는 말을 전했다.

처음에는 놀리는 거라고 생각해서 응하지 않았다. 반성하는 기미가 전혀 없던 놈들이 갑자기 사죄하겠다니. 자기 마음 하나 편해지는 거 아닌가. 중개 역할을 맡은 히즈미 미에코도 '싫으면 만날 필요 없다' '오히려 만나는 것을 권하지 않는다'라고 했다. 그러나 시간이 조금 지나자 가해자들을 만나고 나면 뭔가 변하지 않을까 생각하게 되었다고 한다.

이쓰키는 이지메 사건을 계기로 우울증과 공황장애를 앓아 사람이 많은 장소에 가지 못하게 되었다. 해외로 대피하려는 사람들이 대거 규슈를 떠날 때도 방에서 나가지 못했다. 이쓰키의 부모는 아들과 함께 후쿠오카에서 죽는 길을 택하고 대피하지 않았다. 그것이 너무 죄송하고 화가 나서 견딜 수 없었다고 한다. 가해자들 얼굴을 한 대씩 때려주면 나아질지도 모른다고 생각하고 만나자는 요구에 응하기로 했다.

그런데 몸이 뜻대로 따라주지 않아 약속 날짜를 십이월 이십구일로 미루었다.

장소는 이쓰키가 정했다고 한다. 집으로 부르기는 싫었다. 가해자 집으로 가는 것도 싫었다. 학교도 싫지만, 학교에서 생긴 트라우마를 극복하는 데 도움이 되지 않을까 기대했다.

〈만나는 시간은 저녁 9시, 장소는 교문으로 정했습니다. 제일 먼저 도착한 것은 저였어요. 히즈미 씨 일행을 기다리는 동안 문득 아무도 없는 학교에 들어가 보고 싶어서 교문 안으로 들어가

기로 한 겁니다.〉

현관을 확인해 보니 잠겨 있지 않았고, 어쩐지 느낌이 이상했지만 혼자 건물 안으로 들어갔다. 스마트폰 조명에 의지하여 1층과 2층을 돌아보았지만 특별히 이상한 점은 없었다. 그리고 3층 3학년 10반 교실에서 그것을 보고 말았다.

〈교실에 많은 사람이 죽어 있었어요. 그리고 안쪽에 사람 그림자가 있었어요. 쓰러진 사람을 계속 칼로 찔러대는 남자가. 나는 너무 무서워서…….〉

저도 모르게 비명을 질렀다가 범인에게 맞아 기절했다. 그때 비명을 듣고 세이고, 다카나시, 다치나미, 히즈미 네 사람이 교실로 올라왔다고 한다.

〈의식이 몽롱해서 잘 기억은 나지 않지만.〉

"네, 그래서요?"

〈맨 처음 나를 구하려고 한 것은…….〉

세이고는 복도에 비치되어 있던 소화기를 들고 살인마에게 달려들었다. 그 틈에 다른 세 사람—히즈미와 다카나시와 다치나미가 이쓰키를 들쳐 멨다고 한다.

그리고 세이고가 살해당했다.

〈세이고가 우리에게 도망치라고 외쳤어요. 그제야 정신을 차리고 도망친 겁니다. 걔가 공격당하고 있는데도 그냥 두고 도망쳤어요.〉

이쓰키가 흔들리는 목소리로 말했다.

〈믿지 않았었지만 정말로 나에게 사죄하려고 했던 거구나. 그때야 알았습니다.〉

범인은 주차장에 세워둔 차에 올라타고, 학교에서 도망쳐 나가는 그들을 치어 죽이려고 했다. 다카나시와 히즈미는 차에 한 번 받혀서 다쳤지만 각자 도망쳤다. 다카나시는 세이고의 차로, 다치나미는 자기 차로, 나카노는 히즈미의 차를 타고. 다카나시 유이치는 차가 없어서 학교에 올 때도 세이고가 모는 차를 함께 타고 왔었다고 했다.

〈히즈미 씨는 나를 집에 데려다주고 자기가 어떻게든 해볼 테니까 걱정하지 말라고 했습니다.〉

나는 회색 정장을 입고 트렁크에 누워 있던 히즈미 미에코와, 그 모습을 보고 강사가 이끌어낸 추리를 떠올리고 있었다.

정장은 누군가를 만날 때 입는다. 비즈니스를 위해서, 아니면 누구에게 사죄하러 갈 때.

히즈미 미에코는 아마 망설이면서도 세이고와 나카노 이쓰키를 연결해주었을 것이다. 이쓰키에게는 세이고라는 존재 자체가 트라우마였으므로, '사죄하고 싶다'는 세이고의 제의가 오만하게 느껴졌을 것이다. 하지만 히즈미는 연결해 주었다. 그 선택이 잘한 것인지 못한 것인지는 알 수 없지만, 아마도 히즈미는 지구의 종말을 앞두고 숙고를 거듭했으리라.

히즈미는 커다란 숄더백에 안경케이스를 넣고 다녔다. 일상생활에 지장이 있을 정도는 아니지만 시력이 나쁜 히즈미는 어둠

속에서 범인 차량이 순찰차라는 것을 알아채지 못했다. 그래서 다자이후 경찰서로 갔던 것이다.

나카노 이쓰키는 전말을 다 말하고 다시 사죄했다.

〈아무 행동도 하지 못해서 죄송합니다. 혼자서만 도망쳐서 죄송합니다.〉

이쓰키의 목소리가 귀로 흘러들어오지만 언어로 인식되기 전에 지워져버릴 것 같았다.

〈범인은 차를 몰고 다녀요. 키가 크고 마른 체형이고 주름 하나 없는 정장을 입고…… 부탁합니다, 부디 범인을 체포해주세요.〉

세이고의 사체를 보는 순간부터 뭐가 뭔지 알 수 없게 되고 말았다. 내가 지금 어떤 기분인지도, 이쓰키에게 뭐라고 해야 하는지도 알 수 없었다.

"고마워요."

안간힘으로 머리를 굴린 끝에 말했다.

"나라면 이렇게 전화하지 못했을 거예요. 이쓰키 군은 대단하다고 생각해요."

사실은 왜 세이고를 구하지 않았느냐고 질책하고 싶었다. 하지만 이쓰키는 어린 사람이고 피해자고 상대방은 머리가 이상한 살인마다. 이쓰키가 할 수 있는 일은 아무것도 없었던 것이다.

세이고의 누나로서 해야 할 말은 무엇일까.

"자기밖에 모르는 동생 때문에 미안합니다."

내가 그렇게 사죄하자 이쓰키는 곤혹스러운 듯이 〈네?〉 하고 물었다. 내 이야기가 잘 들리도록 천천히 말했다.

"소행성이 충돌할 거라고 하니까 그때서야 사죄하고 싶다고 하다니, 너무 이기적이었어요. 당연히 화가 났을 겁니다. 정말, 미안합니다."

형편없이 제멋대로였고 자기밖에 모르던 녀석이다. 내 동생이란 아이는. 한 아이의 인생을 엉망으로 망가뜨려놓고, 죽기 직전이 되어서야 사죄하고 싶었니? 그러다 멋대로 살해당했니?

"당신은 아무 책임이 없어요. 사람을 죽이는 놈이 나쁜 거죠. 게다가 당신을 한 번 구해주었다고 동생이 저지른 짓이 용서될 수도 없어요. 앞으로도 계속 동생과 그 아이들을 원망해도 괜찮아요."

전화 저쪽에서 불분명한 울음소리가 들린다.

이쓰키는 오늘도 혼자 자기 방에 틀어박혀 있다. 그 애를 방 안에 가둔 것이 내 동생이다.

"이 전화 덕분에 나는 살아갈 수 있을 겁니다. 얘기해줘서 고마워요. 당신이 무사해서 다행이에요."

목소리가 떨리려고 하는 것을 간신히 견디며 말했다.

"살아있어 줘서 고마워요."

*

전화를 끊은 순간 목소리를 낼 수 없게 되었다. 당장 긴지마 씨에게 연락해야 하는데 목이 메어 너무 고통스러웠다.

"죄송해요."

겨우 그 말만 하고 일행에게 등을 돌려 잰걸음으로 자리를 뜨려고 했다. 일단 자리를 옮겨서 마음을 가라앉히고 싶었다.

"하루 씨, 괜찮아요?"

나나코가 눈썹이 쳐진 표정으로 걱정하며 따라왔다.

"부탁이야, 혼자 있게 해줘."

나나코를 떼어놓으려고 건물로 들어가는 철문을 열었다. 그 순간 머리에 엄청난 충격을 느꼈다. 콘크리트 바닥에 손바닥을 짚을 때에야 얻어맞았음을 알아차렸다. 나나코가 "악!" 하는 비명을 지르며 위쪽을 올려다보았다. 한 남자가 소화기를 들고 서 있었다.

남자는 나나코와 나를 층계참으로 끌어다 두고 옥상 철문을 쾅 소리가 나게 닫았다. 옥상에 쏟아지던 별빛이 완전히 차단되어 빛이라고는 남자가 든 작은 랜턴뿐이었다. 남자가 양복 뒷주머니에서 차랑차랑 소리를 내며 열쇠꾸러미를 꺼내 그 가운데 하나를 문손잡이 열쇠구멍에 꽂았다.

이변을 알아채고 달려왔는지 문 너머에 강사와 히카루가 있다는 게 느껴졌다. 주먹으로 문을 두드리는 소리와 "열어!"라는 고함소리가 들렸다.

남자가—이치무라가 오싹할 정도로 차가운 눈으로 우리를 내려다보고 있었다.

"열어! 어이, 이치무라, 거기 있지!"

이사가와 강사가 철문을 사이에 두고 외쳤다. 이치무라는 열쇠를 주머니에 집어넣고 철문을 노려보며 말했다.

"이렇게까지 일을 귀찮게 만들 줄이야. 역시 이사가와 선배답네요."

이치무라는 나의 두 팔을 만세 자세로 만들어 배낭을 벗겨냈다. 그대로 양손을 뒤로 돌려 손목을 케이블타이로 묶었다. 나나코의 뺨을 거칠게 후려쳐서 쓰러뜨리고 마찬가지로 손목을 뒤로 묶었다.

"이러지 말아요!"

소리치는 나에게 이치무라가 씽긋 웃었다.

"수갑이 더 나을까요?"

이치무라가 내 멱살을 쥐고 강제로 일으켰다. 저항한 보람도 없이 우리는 계단을 질질 끌려 내려가 현관을 통해 밖으로 나갔다. 주차장에 차 두 대가 서 있었다. 교습차량 옆에 바짝 댄 순찰차는 어제 이치무라가 운전하던 차였다.

심하게 찌그러진 범퍼. "산길을 달리는데 나무에 목을 매달아 죽은 시체가 갑자기 툭 떨어져서"라고 말했지만, 실은 사람을 치면서 찌그러진 것이다. 이치무라는 뒷좌석에 우리를 던져 넣고 운전석 쪽으로 돌아가 올라탔다. 머리부터 처박히듯 시트에 던져진 나나코가 뭔가에 부딪혔다. 나나코는 윗몸을 일으키며 놀라는 얼굴이 되었다.

"아키히토 오빠!"

차에 갇혀 있던 사람은 아키히토였다. 뺨이 벌겋게 붓고 입술에서 피가 나고 있다. 그도 양호실에 있다가 끌려나왔을 것이다.

아키히토가 얼른 물었다.

"히카루는 어디 있어? 이사가와 씨는?"

"살아 있어. 살아 있지만……."

더 자세히 상황을 전하려고 할 때 시동이 켜졌다.

"감동스런 재회는 끝났습니까."

뒷좌석을 돌아보며 이치무라가 웃었다. 옥상에 강사와 히카루를 남겨둔 채 순찰차는 출발했다. 아키히토도 우리처럼 양 손목이 케이블타이로 묶여 있는 듯했다. 몸을 거의 움직일 수 없어서 차 도어를 열 수 없었다. 가령 도어를 연다고 해도 무서운 속도로 달리는 차에서 뛰어내려서 무사하기를 바랄 수는 없었다.

작은 소리로 아키히토에게 사과했다.

"미안. 내가 연락하는 바람에."

"하루 짱은 아무 잘못 없어. 모든 잘못은 살인자에게 있지."

아키히토는 사건의 범인이 눈앞에 있는 남자라는 것을 짐작하는 듯했다.

바닥에 누운 세이고를 보았을 때부터 머리가 멍해져서 물속에 들어가 있는 것 같은데도 온몸의 감각이 금세 예민해지는 기분이었다. 죽고 싶지 않다. 살해되고 싶지 않다. 나는 주위 풍경을 기억하려고 애써 창밖 어둠을 응시했다. 하카타 역 동쪽에서 도시

고속도로로 들어선 것까지는 알 수 있었지만 아무래도 다자이후로 돌아가는 길은 아닌 것 같았다.

조용하던 차에서 제일 먼저 입을 연 것은 아키히토였다.

"저어, 죄송한데요."

그렇게 말을 걸자 이치무라는 "뭡니까?"라고 밝은 목소리로 대답했다.

"여기 두 사람은 놓아주고 나만 죽이면 안 될까요?"

무슨 엉뚱한 소리를, 하며 나와 나나코가 얼굴을 마주보았다. 룸미러로 확인해보니 아키히토가 눈알을 반짝이고 있었다.

"오오, 희생정신을 발휘하시겠다? 혹시 평소 죽고 싶었습니까?"

"아뇨. 다만 이 두 사람과는 달리 나는 당장 살해되어도 어쩔 수 없는 인간이니까요."

"내가 당신 속죄를 위해 살인을 하고 있는 건 아닙니다. 나는 질보다 양을 중시하는 타입이에요. 가능하면 세 명 다 죽이고 싶군요."

아키히토는 입을 다물었다. 누가 묻지 않아도 이치무라는 흡족한 얼굴로 말했다.

"이런 세상에서는 도대체 사람을 얼마나 죽여야 체포되는지 시험해보는 중입니다. 규슈에서 주민들이 우르르 도망쳐나가는 와중에 문득 궁금해져서요. 몇 명을 죽여야 체포될까, 몇 명째 죽일 때야 내 행위를 가로막는 사람이 나타날까 하는. 그래서 후쿠오카에 남아 있는 불쌍한 사람들을 무작위로 선택해서 죽이기로 했지요."

이런 이야기를 나나코에게 들려주고 싶지 않았다. 그러나 귀를 막아줄 수도 없었다.

"스무 명쯤 죽였을 때야 별일 없다는 걸 알고 말았어요. 이놈의 세상, 매정한 인간들밖에 없어요. 내 생각에 형벌이라는 것은 법과 사회를 위해 시행되는 겁니다. 사회가 죽어버렸으니 이젠 속수무책이죠. 불쌍한 일입니다."

밖이 캄캄해서 어디를 달리고 있는지 알 수 없었다. 고속도로로 들어서서 그럭저럭 십여 분이 지났다. 헤드라이트로 희미하게 비쳐진 표식이 시야에 힐끗 스쳤는데, 아무래도 가스야선을 따라 이이즈카나 사사구리 방면으로 향하는 듯했다. 시가지를 벗어나 주변은 산속 풍경이 되었다. 그러나 현재 위치를 알아낸들 아무 소용이 없다. 손이 묶일 때 스마트폰을 떨어뜨려서 도움을 청할 수단도 없었다.

히즈미 미에코는 인터넷이 끊긴 상태에서도 세이고의 메일 주소로 메일을 작성하고 있었다. '정말 미안합니다'라고. 이제는 그 심정을 알 것 같았다. 히즈미 미에코의 눈앞에서 살해된 세이고. 메시지가 전해지지 않으리라는 것을 알면서도 못 견디게 마음이 아팠던 것이다.

콧노래라도 흥얼거리는 듯한 말투로 이치무라가 말했다.

"선배는 도와주러 오지 않아요. 옥상에서 뛰어내리면 죽을 테니까. 그 사람, 옥상에서 굶어죽을 겁니다."

살해당하고 싶지 않다. 절대로.

나는 운전석을 살피며 나나코 귓가에 입을 대고 "돌아누워"라고 요구했다. 나나코는 창백한 얼굴로 바들바들 떨고 있었지만 내 말에 고개를 살짝 끄덕이고 돌아누웠다. 나도 몸을 틀어 나나코와 등을 마주하고 뒤로 결박된 손으로 나나코의 케이블타이를 잡았다. 손가락으로 당겨도 쉽게 끊어지는 물건이 아니라는 것은 알고 있었다. 케이블타이의 요철 부분에 틈새를 벌려 조금이라도 헐겁게 할 수 있으면 된다. 나는 겁에 질려 아무 말도 못하는 표정을 꾸미며 손톱으로 꾹꾹 눌러 케이블타이의 체결 부분을 필사적으로 공략했다.

똑, 하는 언짢은 소리가 났다. 오른손 엄지손톱이 부러지는 소리였다. 놀라서 헛기침을 하며 얼버무리는 순간 정면 교차로에 설치된 간판이 시야에 들어왔다.

「전방 오른쪽에 휴게소 간유샤 히코산」

"히코산……?"

나도 모르게 중얼거리자,

"히코산은 좋은 곳입니다. 신령님이 계신 산에서 죽을 수 있다니, 부럽네요."

히코산은 후쿠오카현과 오이타현의 경계에 우뚝 솟은 **빼어난**

봉우리이다. 아마도 일본 3대 슈겐도장일본 고대종교에 불교, 도교 등이 혼합된 일본의 전통종교로서, 주로 깊은 산속에서 도를 닦는다의 하나여서 산허리에 신사가 있다는 이야기를 들었던 것 같다.

손가락 끝이 피로 미끄러웠지만 케이블타이 체결 부분을 헐겁게 만들려고 여전히 필사적으로 손을 움직였다. 하지만 구속은 전혀 헐거워지지 않았다. 이치무라는 나의 수상한 행동을 알아채지 못하고 태평하게 하품을 했다.

"목마르네. 뭐 좀 마실래요?"

그는 순찰차 속도를 서서히 줄여 갓길에 바짝 붙여 세웠다. 10미터쯤 앞에 양철지붕을 씌운 자판기가 한 대 보였다. 차량 헤드라이트를 반사하여 노랗게 빛나는 자판기. 누구 짓인지 제품을 넣는 문이 절반쯤 벌어져 있었다.

"저 자판기는 어떤 놈이 문을 망가뜨려 놔서 마음대로 꺼내먹을 수 있어요. 유통기한 같은 거 신경 쓰지 않는다면 뭘 좀 가져다 드리지."

"녹차로 부탁해요. 그리고 오렌지주스와 사이다도."

"곧 죽을 텐데 욕심도 많네. 재미있는 사람이군요, 아가씨는."

"그쪽에서 물어서 대답했을 뿐이에요."

이치무라는 기분 좋게 안전벨트를 풀고 자판기 쪽으로 걷기 시작했다. 엔진은 그대로 켜져 있고 우리만 차 안에 남았다.

나는 손목을 결박당한 상태로 운전석과 조수석 사이의 콘솔을 힘겹게 넘어가 핸들 앞으로 이동했다. 핸들 옆에 비디오카메라와 무선기, 속도 측정기 등이 복잡하게 설치되어 있지만, 구조는 교습차량과 비슷했다. 이 정도라면 나도 운전할 수 있겠다. 이빨로 핸들을 물고라도 운전을 해주마.

아키히토는 불안해했다.

"뭐해? 그러다 죽어, 하루 짱."

"얌전히 있어도 죽어."

뒤로 결박된 내 손목을 돌아보며 사이드브레이크를 붙잡아 내리려고 했지만 케이블타이가 손목을 깊이 파고들어 사이드브레이크 노치를 제대로 밀 수 없었다. 차량 앞을 바라보니 이치무라가 자판기를 발로 차서 문을 더 벌리려 하고 있었다.

빨리. 빨리 해야 한다.

"물러나주시겠어요?"

관자놀이에 차가운 감촉이 느껴지고 식은땀이 흘러내렸다. 조심스레 곁눈으로 보니 거뭇한 쇳덩어리가 머리에 딱 붙어 있었다.

이치무라가 권총을 겨누고 운전석을 들여다보고 있었다.

그래, 그는 경찰관이었지.

이치무라는 나를 발로 차서 조수석으로 옮기고 시트에 깊숙이 앉았다.

"이런 꼴 당하게 되니까, 여러분, 이상한 생각 품지 마세요."

순찰차가 다시 달리기 시작했다. 나는 유리창에 연방 박치기를 하며 있는 힘껏 소리쳤다.

"살려줘요, 사람 살려요!"

이치무라의 메마른 웃음소리가 차 안에 울리고 속도는 더 높아졌다. 순찰차는 휴게소 안내판을 그대로 지나쳐 깊은 산속을 향해 달렸다.

오른쪽으로 얼핏 잿빛 도리이가 보인 것을 마지막으로 주택이나 건조물은 전혀 보이지 않게 되었다. 도로는 포장되어 있지만 외계의 침입을 거부하듯 도로 양쪽에 나뭇잎이 울창했다.

나나코가 쥐어짜는 목소리로 중얼거렸다. "왜 산속으로……?"

이치무라가 흡족한 목소리로 대답했다.

"여기가 제일 손쉽다는 걸 이제야 알았습니다."

"오지 자살 하는 사람들에게 들키기 싫어서 산은 피할 줄 알았는데."

내가 끼어들자 이치무라가 코웃음을 쳤다.

"이제는 질릴 정도로 알았습니다. 요즘은 경찰에 뭘 신고할 만큼 착실한 사람이 거의 없습니다. 오지 자살을 하러 가는 인간이 타살체를 발견했다고 범인 색출을 도울 거라고 생각합니까? 이 세상에 선량한 사람은 없습니다. 인간은 다 추해서 다들 자기 생각밖에 안 해요. 산속에서 당신들을 죽여도 이제는 아무도 발견해주질 않습니다."

어느새 내가 충동적으로 반박했다.

"그렇지 않아!"

"정말 세상물정 모르시네. 귀엽네요. 인생 선배로서 충고 하나

하자면 너무 기대하지 않는 게 좋아요. 다들 나만 살겠다고 도망쳤어요. 서로 도우려는 마음이 전혀 없는 것들이라니까. 다카나시 유이치도 다치나미 준야도 그 여변호사도 먼저 한 명을 찌르니까 새끼거미들처럼 뿔뿔이 도망치더군요. 아직 살아 있던 그 아이를 제외하면."

먼 데를 보는 눈길로 이치무라가 가만히 말했다.

"그 점에서 그 아이는 훌륭했지. 죽는 순간에도 친구들에게 차키를 던져주며 도망치라고 외쳤으니까. 아무도 자기를 구하려고 하지 않는데도."

그 아이. 맨 처음 찔렀다는 한 명인 그 아이. 세이고다. 내 동생이다.

급우를 공격하고 괴롭히다가 매일 자기 방에만 틀어박혀 지내던 내 동생. 이치무라는 그 아이의 과거를 모른다.

"엉뚱한 오해를 하고 있네."

나는 이치무라는 노려보며 말했다.

"히즈미 씨를 모욕하지 마. 히즈미 씨는 당신한테 죽도록 고문을 당하면서도 최후의 목격자가 누구인지 밝히지 않았어."

히즈미의 사망 추정 시각은 21시에서 24시 사이였다. 아마 히즈미는 삼십일 아침에 다자이후 경찰서를 방문했다가 이치무라에게 잡혔을 것이다. 고문은 새벽까지 이어졌을 테고 끝내 숨이 끊어졌으리라.

"당신 악행을 다들 알게 되었어. 이 겁쟁이."

"누구 보고 겁쟁이라는 겁니까?"

"누구긴, 당신이지. '무작위로 선택해서 죽인다'고 거짓말했잖아. 당신이 죽인 사람들은 여자아이와 노인, 그리고 몸이 불편한 사람들뿐이야. 사실은 누구한테 들키는 게 못 견디게 무서웠던 주제에."

"……무섭지 않아."

"바보처럼 실실 웃기나 하고. 전혀 무섭지 않다면 당신이 죽인 사람들 사체는 자기 집 앞 도로에 버려도 됐잖아."

혀 차는 소리가 돌아왔다.

"너, 편하게 죽을 생각일랑 하지도 마."

도로는 이리저리 굽어지며 표고를 빠르게 높여갔다. 15분쯤 지났을 때 불쑥 오른쪽 나무그늘이 열리고 산허리 비탈에 마련된 공터 같은 장소가 나타났다. 등산용 안내판인지 공터에 세워진 하얀 표지판에 「부젠보 다카스미신사 무료주차장」이라는 글자가 보였다. 수십 대는 주차할 수 있는 넓은 주차장이었다. 이윽고 순찰차가 멈추었다.

"어둡네."

이치무라는 작은 소리로 투덜거리며 라이트 스위치를 오토 모드에서 수동 점등으로 바꾸고 키를 빼서 엔진을 끄고 헤드라이트를 켜둔 채 운전석에서 내렸다. 우리를 억지로 끌어내려 넓은 주차장 구석에 나란히 앉혀 놓은 뒤 빙글빙글 웃었다.

"총으로 죽이진 않아."

권총을 벨트 홀스터에 집어넣었다. 이치무라는 순찰차 대시보드에서 칼날이 20센티미터가 넘는 식칼을 꺼냈다. 저 칼일 것이다. 히즈미 미에코를, 다카나시 유이치를, 다치나미 준야를, 내 동생을 죽인 흉기.

"꼬마부터 시작해볼까."

이치무라는 나나코를 쳐다보며 의욕에 찬 목소리로 말했다.

"이렇게 작은 아이를 죽이는 건 처음이군. 불쌍하게도 부모한테 버림받았구나."

내가 흠칫 놀라 나나코를 돌아보니 손목을 결박한 케이블타이가 제법 헐거워져 있었다. 아키히토의 손가락 끝에 핏방울이 매달려 있다. 나를 따라 나나코의 결박을 풀어주려고 분투했던 것이다.

나는 다리를 질질 끌며 움직여 나나코 앞에 엎어졌다.

"겁에 질린 주제에 누굴 지키겠다고. 모성본능 같은 건가?"

"본능이 아니라 이성이야. 불쾌하니까 이딴 짓 그만하시지?"

너무 무서워서인지 가늘게 떨리는 자신의 목소리가 내 귀에도 잘 들리지 않았다.

소행성에 깔려죽기 전에 이자에게 살해된다. 단 두 달 죽음이 앞당겨진다—결코 받아들일 수 없다. 나나코도 아키히토도, 그리고 물론 나도 살해되어서는 안 된다.

어디선가 귀청을 찢는 날카로운 비명이 들린 것 같았다. 여기에는 우리 말고 아무도 없을 텐데.

소리의 정체는 길고 날카로운 경적이었다.

언덕에 차 한 대가 무서운 속도로 나타났다. 그 차는 순찰차 정면 30미터쯤 떨어진 곳에서 급정거했다. 하얗고 각진 도요타 콤포트—차체에는 낯익은 '다자이후 운전학원' 로고. 차에서 내린 것은 이사가와 강사와 히카루였다.

히카루가 아키히토를 부르는 소리가 들렸다. "형!"

두 사람이 어떻게 여기 있을까. 이치무라가 학교 옥상에 가두어두었는데.

강사는 운전석 도어를 활짝 연 채 이치무라를 노려보았다.

"그 아이들한테서 물러서!"

"내가 시키는 대로 순순히 따를 것 같습니까?"

이치무라가 내 어깨를 발로 차서 쓰러뜨리고 식칼을 꼬나들며 나나코를 공격하려고 했다.

"멈춰!" 누군가 그렇게 외쳤다.

이치무라가 나나코에게 칼을 휘두르려는 순간 히카루가 땅을 박차며 팔을 크게 휘둘러 뒤에 감추고 있던 뭔가를 이치무라에게 던졌다. 눈부신 빨간 빛을 발하는 기다란 원통 막대. 교습차량 조수석에 쌓아둔 발염통이었다. 발염통 끝에서 힘차게 뿜어져 나오는 불길이 머리를 아슬아슬 스치자 이치무라가 몇 걸음 비틀거렸다. 그 틈에 나나코에게 뛰어가는 히카루.

모든 동작이 슬로우모션처럼 보였다.

이치무라는 중심을 잡으려고 했지만 뜻대로 되지 않았다. 아키히토가 기어가 식칼을 쥔 오른손목을 힘껏 깨물었던 것이다. 뿌리치려고 하지만 아키히토는 떨어지지 않았다. 이치무라의 손목 살점이 쭉 찢어지고 아키히토 입가에서 피가 뚝뚝 떨어졌다.

격분한 이치무라가 아키히토에게 돌아서며 식칼을 왼손으로 바꾸어 들었다.

"그만 둬!" 소리친 것은 히카루였다.

아키히토를 가로막으며 정면으로 뛰어든 히카루가 식칼을 휘두르는 이치무라를 무작정 붙들고 늘어졌다. 이치무라는 입가에 웃음을 지으며 팔을 크게 휘둘렀다.

그 순간 칼날이 히카루의 목을 스쳤다.

힘차게 솟구치는 많은 피. 혈액 한 방울 한 방울이 둥근 구슬이 되어 사방으로 튀었다. 아키히토는 입을 멍하니 벌리고 "아아" 하고 작은 소리를 흘렸다.

히카루가 천천히 드러눕는 것을 지켜보던 이치무라가 그의 몸에 식칼을 꽂았다. 몇 번을 연거푸.

나는 숨도 쉬지 못하고 그 장면을 지켜보고 있었다. 뿜어져 나오는 피의 커튼 너머로 아연실색해서 우두커니 선 이사가와 강사의 모습이 보였다.

*

분수처럼 뿜어져 나오던 피가 서서히 기세를 잃어갔다. 그러나 완전히 멎지는 않아서 혈액은 여전히 경부의 찢어진 상처에서 울 컥울컥 솟아나고 있었다.

14번을 찌른 뒤에야 이치무라의 손이 멈추었다.

히카루는 이미 숨이 끊어져 있었다.

"용서 못해."

이사가와 강사가 낮은 소리로 으르렁거리고 이치무라에게 달려들려고 했다.

강사는 맨손이었다. 칼과 권총으로 무장한 자를 대적하는 것은 너무 무모했다. 이치무라는 히카루 몸에서 식칼을 뽑아내고 재빨리 몸을 일으켜 벨트에 꽂아 넣었다. 매끄러운 동작으로 권총을 뽑아들고 발밑을 향해 위협사격으로 두 발 쏘았다.

강사는 순간적으로 반응하여 땅바닥을 데굴데굴 굴러 교습차량 뒤로 몸을 숨겼다. 이치무라는 우리에게는 눈길도 주지 않고 한 발을 더 쏘았다. 그리고 차량으로 다가갔다. 총탄이 교습차량 오른쪽 라이트에 맞았다. LED 헤드라이트 램프가 하나 깨지자 주위가 조금 더 어두워졌다.

내가 정신을 차리고 아키히토를 불렀다.

"아키히토, 다친 데 없어?"

대답이 없었다.

"응? 아키히토."

총성이 울려도 아키히토는 히카루의 사체 옆에 주저앉은 채 움직이려고 하지 않았다. 나는 두 다리에 힘을 주고 간신히 일어나 아키히토에게 비칠비칠 걸어갔다.

헤아릴 수 없는 슬픔에 가슴이 갈가리 찢긴 아키히토는 표정을 잃은 모습이었다.

입가를 보니 뭔가를 악물고 있었다. 자동차 키다. 조금 전 이치무라 손목을 물 때 주머니에서 순찰차 키를 빼낸 것이다. 아키히토는 키를 문 채 잘 돌아가지 않는 입으로 말했다.

"하루 짱, 뒤로 돌아."

시키는 대로 등을 돌리자 케이블타이에 묶인 내 손바닥에 뭔가 딱딱한 것이 툭 떨어졌다. 금속이 부딪히는 소리. 내 손에 순찰차 키를 떨어뜨리고 아키히토가 말했다.

"어서 도망쳐. 나나코 짱과 이사가와 씨가 죽어선 안 돼."

키를 꼭 쥐고 나나코를 돌아다보았다.

"나나코, 따라와!"

나나코가 내 목소리에 반응하지 않았다. 나나코는 땅바닥에 주저앉은 채 뒤로 물러나며 커다란 눈물을 뚝뚝 흘렸다. 그리고 언어를 이루지 못하는 소리로 히카루를 불렀다. 히카루 주위를 적신 피의 웅덩이가 금세 넓어지고 있었다.

나는 야생동물처럼 나나코의 체육복 목깃을 물고 거의 강제로 순찰차 옆으로 끌고 갔다.

"도어 열어, 나나코."

뒷좌석 도어 손잡이를 노려보며 다시 한 번 이름을 불렀다. 나나코가 고개를 저었다.

"못 해."

"나나코가 아니면 안돼. 손, 움직일 수 있지?"

나나코는 헐거워진 케이블타이에서 오른손 손목을 빼내어 울면서 도어를 열었다.

"따라와."

리어시트 바닥으로 기어들어가며 나나코를 불렀다. 나나코가 차 안으로 들어오자 일단 후우, 하고 숨을 토했지만, 차 안으로 도망쳐 들어온 것만으로는 아무것도 해결되지 않는다. 앞에 서 있는 교습차량 가까이에는 권총을 든 이치무라가 있었다. 이쪽으로 총을 쏘면 어떡하나. 공포심에 몸이 굳어 나는 고개를 숙인 채 움직이지 못하고 있었다.

도어 유리 밖을 내다보았다. 30미터쯤 앞에 이사가와 강사의 뒷모습이 보였다. 이치무라가 권총을 들고 강사를 쫓고 있었다. 교습차량을 방패삼아 쫓고 쫓기고 있지만 저 숨바꼭질이 끝나는 것도 시간 문제였다.

"숨지 말고 나오세요. 선배."

왼손에 식칼, 오른손에는 권총. 만면에 웃음을 짓는 이치무라가 느린 걸음으로 차 앞에서 조수석 쪽으로 돌아가려고 했다. 그때 몸을 웅크리고 사각지대에 숨어 있던 강사가 뒷좌석 쪽에서 뛰어나가며 조수석 도어를 힘차게 열었다. 도어에 부딪힌 이치무라가 균형을 잃고 엉뚱한 방향으로 발포했다.

"악, 이런 쌍년이!"

안색이 변해서 침을 튀기며 쌍욕을 했다.

강사를 구해야 한다. 오로지 그 마음으로 나는 순찰차 운전석으로 기어간 다음 뒷좌석에 웅크리고 있는 나나코를 불렀다.

"나나코, 앞으로 와."

"안 돼요. 무서워요."

"제발. 내가 틀림없이 지켜줄 테니까."

결사적인 설득 끝에 나나코가 용기를 짜내어 조수석으로 와주었다. 손목을 묶인 나 혼자서는 제대로 움직일 수 없다. 키를 꽂아 시동을 걸어 달라고 부탁하자 나나코가 눈을 동그랗게 떴다.

"아키히토 오빠와 이사가와 씨를 놔두고 도망치려고요?"

"도망치지 않아."

나나코는 조수석에서 상체를 기울여 아등바등 키를 비틀었다. 시트가 부르르 떨리고 미터기 바늘이 흔들린다. 엔진소리를 들은 이치무라가 뒤를 돌아다보면서 권총을 순찰차로 향했다.

"엎드려!"

발포. 핑음을 내며 앞 유리에 금이 갔다. 이치무라가 순찰차를 향해 고함을 질렀다. "도망쳐도 상관없어! 어차피 내 손에 죽을 거니까!"

나는 윗몸을 세우며 외쳤다. "나나코, 괜찮니!?"

총탄이 어디로 날아갔는지는 알 수 없지만 머리를 감싸고 웅크린 나나코는 분명히 무사했다.

깨진 앞 유리 틈새로 강사의 목소리가 바람을 타고 들어왔다.

"다섯 발을 썼네."

이사가와 강사가 자세를 낮추고 이치무라의 배를 향해 뛰어들었다. 이치무라는 움찔하며 몇 걸음 물러나 몸을 도사렸다. 그 순간의 동요를 놓치지 않았다. 강사가 눈 깜짝할 사이에 몸을 틀며 일어나 이치무라의 멱살을 잡았다. 달려드는 기세 그대로 자기보다 키가 큰 남자를 딱딱한 아스팔트에 가볍게 내다꽂았다.

뼈가 부딪히는 듯한 불온한 소리가 들렸다. 이치무라는 왼쪽 어깨부터 떨어져 어깨가 빠진 듯했다. 강사가 권총을 쥔 그의 오른손을 발로 걸어차자 검은 쇳덩어리가 교습차량과 순찰차 사이로 날아가 떨어졌다. 무기를 하나 잃은 이치무라가 즉각 식칼을 오른손에 고쳐 쥐고 벌떡 일어섰다.

"자, 선배, 일대일로 붙어볼까요?"

"그것부터 던져버리고 말해."

"나는 이렇게 팔이 빠졌는걸요."

칼날이 강사의 볼을 할퀴었다. 나는 다시 나나코에게 지시했다.

"사이드브레이크 내려. 그래, 그 옆에 있는 가느다란 레버."

나나코가 사이드브레이크를 쥐자 나는 머리를 풀가동시키며 다시 말했다.

"먼저 끝에 있는 버튼을 누른 채 살짝 당겨 올렸다가 단숨에 내려버려. 그래, 그래, 잘하네. 이번에는 시프트레버. 어, 그러니까, 권투장갑처럼 생긴 레버. 그거야. 버튼을 누르며 D에 맞춰."

손짓 몸짓으로는 제대로 설명할 수 없어서 애가 탄다. 그러나 나나코는 나의 서툰 설명을 이해하고 기어를 드라이브에 넣었다.

오토 차량의 클리프 현상인지 뭔지 때문에 순찰차가 천천히 앞으로 움직이기 시작했다. 나는 풋브레이크를 힘껏 밟아 차를 일단 멈추었다.

총을 놓친 이치무라는 점점 흉포해져서 이제는 침을 흘리며 식칼을 휘두르고 있었다. 거리가 너무 가까우면 불리하다. 강사는 재빨리 순찰차 쪽으로 후퇴하지만 이치무라가 주저 없이 뛰어들었다.

목을 노리는 칼날을 피하려고 강사가 상체를 바짝 숙였다. 그 순간 이치무라의 무릎이 안면을 강타했다. 비틀거리는 강사의 어깨에 식칼이 내리꽂혔다. 칼날은 옷을 찢고 살갗에 닿았다. 강사의 신음소리가 들렸다. 안 돼, 이제 그만둬.

"항복입니까?"

"닥쳐!"

이사가와 강사는 눈을 이글거리며 주먹을 휘둘렀다. 하지만 이치무라는 고개를 살짝 기울여 가볍게 피하고 강사의 아랫배를 힘껏 걷어찼다. 강사는 뒤로 나가떨어지며 우리가 탄 순찰차 범퍼에 등을 부딪쳤다. 차체가 흔들리자 나나코가 나에게 매달렸다.

승리를 확신한 이치무라가 소리 높여 웃었다. 권총을 주워 실린더에 총탄을 장전하고 다트 게임을 즐기는 것처럼 이사가와 강사의 머리를 조준했다.

살려야 해. 이사가와 강사가 살해된다.

"다 끝났어, 선배."

강사는 보닛에 기대어 얕은 숨을 쉬고 있었다. 20미터쯤 앞에 살인마가 있다. 해낼 수 있을까. 아니, 해내야 한다.

강사가 죽는다. 모두 죽는다. 계속 죽을 것이다.

"나나코! 셋을 셀 테니까 셋에서 라이트를 하이빔으로 돌려!"

거의 고함치는 소리로 말했다. 나나코도 질세라 큰소리로 물었다.

"하이빔이 뭔데?"

"핸들 옆 레버, 저쪽으로 비틀면 돼!"

나나코가 왼쪽 레버를 만지려고 했다.

"아냐, 그쪽은 와이퍼야!"

핸들 왼쪽 레버는 와이퍼, 라이트 조절은 오른쪽 레버. 나는 문득 엉뚱한 생각이 나서 웃고 말았다.

"왜 웃어요?"

"아무것도 아냐. 라이트가 라이트란 말로 기억하면 돼."

나나코가 내 무릎에 몸을 기대고 오른쪽 레버를 잡는 것을 확인하자 나는 핸들에 앞니를 대고 말 그대로 꽉 물었다.

"꼭 잡아."

하나, 둘, 셋. 셋을 헤아릴 때 나나코가 레버를 틀어 순찰차의 라이트가 하이빔으로 바뀌었다. 헤드라이트가 정면으로 날아들자 이치무라가 얼굴을 돌려버렸다.

천금 같은 그 순간을 놓치지 않고 이사가와 강사가 보닛에서 굴러 떨어지며 이치무라의 조준을 벗어났다.

온 체중을 오른발에 실어 액셀을 밟았다.

급가속 때문에 몸이 등받이에 밀착되었다. 지구 인력에 끌려오는 저 소행성 테로스처럼 순찰차는 이치무라를 향해 일직선으로 달려갔다.

왼쪽 앞 타이어가 뭔가에 올라탔다. 순간 굵은 나뭇가지가 부러지는 듯한 언짢은 소리가 들렸지만 그래도 페달에서 발을 떼지 않았다.

급브레이크를 밟자 순찰차는 주차장 밖의 커다란 나무에 충돌하기 직전에 멈추었다. 순찰차는 이치무라를 친 지점에서 족히 30미터는 떨어져 있었다.

나나코에게 도어를 열게 하고 운전석에서 내렸다. 아키히토는 히카루 옆에 웅크린 채 멍하니 한곳을 응시하고 있었다. 그 시선 끝에 이치무라가 엎드려 있었다. 왼쪽 다리가 엉뚱한 방향으로 비틀려 꺾이고 핏방울이 바닥에 산산히 튀어 있었다.

수세에 몰렸던 이사가와 강사는 벌떡 일어나 이치무라에게 걸어갔다. 그의 배를 힘껏 걷어차고 몸을 뒤집어 똑바로 눕혔다. 그리고 몸뚱이를 타고앉아 머리를 주먹으로 때리려고 했다.

강사가 오른손에 쥔 것은 이치무라가 놓친 권총이었다. 강사는 그 총신으로 이치무라의 안면을 연거푸 내리쳤다.

"그만하세요!"

내가 소리치며 강사에게 뛰어갔다. 뒤따라 온 나나코는 떨어져 있는 식칼을 주워서 나와 아키히토의 손목을 묶은 케이블타이를 끊어주었다.

자유로워진 손으로 이사가와 강사의 어깨를 흔들었다.

"이제 그만해요. 이 사람을 죽이지 마세요."

"그렇게 당하고도 그런 말을 해?"

강사는 이쪽을 돌아보지도 않고 이치무라를 계속 때렸다. 이치무라의 얼굴이 붓고 뺨이 찢어졌다. 사체와 같은 끔찍한 몰골이었다. 그는 몽롱한 의식 속에서 의미 없는 소리를 중얼거렸다.

"하루 짱, 이놈이 히카루 군을 죽였어. 우리 눈앞에서. 이봐, 아키히토 군. 아키히토 군도 이런 놈한테 죽고 싶진 않겠지?"

멀리 있는 아키히토에게 큰소리로 말했다. 아키히토는 천천히 고개를 들었다.

"나는……."

그렇게 말하다가 말았다. 그러자 강사가 다시 나에게 말했다.

"하루 짱도 이런 놈은 죽길 바라겠지. 동생을 죽인 범인이야."

강사는 내 대답을 기대하는 듯했다. 내가 '이놈을 죽이세요'라고 말해주기를 간절히 바라는 것이다.

"하루 짱도 나를 살리려고 이놈을 치어 죽이려고 했잖아. 그치? 하루 짱은 착한 사람이야. 그러니까 이번에는 내가 하루 짱을 위해 이놈을 죽여줄게. 내가 알아서 할게."

"아니에요. 부탁이니까 그만두세요."

"왜 그래? 죽일 생각이었잖아. 지금 해치우자고."

부정하려고 하는데 말문이 막혔다. 목이 떨려 목소리가 나오지 않았다. 얼굴에서 피를 흘리는 이치무라와 시선이 얽힌다. 액셀을 밟은 순간에 느낀 폭력적 충동이 떠올라 새삼 공포와 후회로 온몸이 오그라드는 기분이었다.

실은 나도 이놈을 죽여주기를 바란다. 속으로 그렇게 대답하는 동안 현실의 나는 "하지만" 하며 말을 이었다.

"죽이지 말아주세요. 내 기분은 중요하지 않아요."

"중요하지! 왜 안 중요해."

"중요하지 않아요. 게다가 지금은 그냥 강사님이 죽이고 싶은 거잖아요."

강사가 발을 구르며 떼쓰는 아이처럼 물었다.

"왜 그래? 왜 그런 황당한 말을 하지?"

"아무리 썩어빠진 자라도 인간이잖아요."

"이런 놈은 인간이 아냐!"

"인간이에요."

이사가와 강사를 말려야 한다. 만약 강사가 이 사람을 죽인다면 나의 일상은 토대로부터 무너져 다시는 회복하지 못할 것 같았다.

"왜 그래? 도저히 이해할 수 없군. 통 모르겠다고."

이사가와 강사는 총신으로 때리기를 그치고 방아쇠에 손가락을 걸었다. 느린 동작으로 이치무라의 이마에 총구를 갖다댔다.

강사는 얼굴 절반을 아수라처럼 일그러뜨리고 있지만 이제 거반은 미아나 다름없어진 소녀 같았다. 말 한 마디 한 마디에서 나는 강사의 고독을 낱낱이 느낄 수 있었다. 왠지 강사의 머리를 쓰다듬어주고 꼭 안아주고 싶었다.

문득 떠오른 것은 트렁크 속의 히즈미 미에코를 발견하던 장면이다. 히즈미의 크게 열린 눈꺼풀을 닫아주던 이사가와 강사의 옆얼굴이 왠지 뇌리에 들러붙어 가시지 않았다.

나는 나나코를 이치무라로부터 보호하려고 했을 때처럼 쓰러져 있는 이치무라에게 다가갔다. 주뼛주뼛 손을 뻗어 강사가 꽉 쥔 총과 함께 그 손을 감싸 쥐었다. 총구에 내 이마를 대고 총구를 막았다.

"그렇게 죽이고 싶으면 먼저 나를 쏘세요."

이 사람을 막기 위해서라면 머리통이 날아가도 상관없었다.

＊

걷어차 보고 밀어 봐도 철문은 꼼짝하지 않았다. 옥상 철문은 이치무라가 잠갔고 하루와 나나코는 끌려갔다. 1층에서 기다리던 아키히토도 입막음을 위해 살해되었을 것이다.

이사가와는 콘크리트 바닥에 무릎을 꿇고 고개를 떨어뜨렸다.

"다 끝났어."

유일한 출구가 막혔으니 이 옥상을 탈출할 길은 없다. 결국 굶어 죽거나 얼어 죽을 것이다.

분노보다 먼저 기력을 잃고 말았다. 온몸의 근육이 다 이완되어 뜻대로 움직여주지 않았다. 하루와 나나코를 구할 방법이 없다. 모두 죽을 것이다. 살해될 것이다.

그때 가벼운 발소리가 이사가와의 고막을 흔들었다. 고개를 드니 콘크리트를 밟는 리듬에 맞춰 랜턴 불빛이 크게 흔들리고 있었다. 히카루가 어둠에 개의치 않고 팔을 크게 휘두르며 옥상을 달렸다.

설마 뛰어내리려고 하나? 얼른 담을 확인해봤지만 높이는 3미터가 넘었다. 뛰어넘기는 어려울 것이다.

히카루가 달려간 곳은 옥상 중앙에 설치된 저수조였다. 컨테이너 위로 뛰어 올라가려는 걸까? 도움닫기를 해서 뛰면서 오른손을 한껏 뻗어 컨테이너 테두리를 잡으려고 하지만 30센티미터 정도가 부족했다.

"……뭘 하려고?"

"더 높은 곳이라면 전화통화가 될지 몰라. 셀카봉을 하루가 가져가버렸잖아."

히카루는 다시 컨테이너에서 멀리 물러났다가 도움닫기를 시작했다.

"전화해서 뭘 하려고? 도와줄 사람이라도 있어?"

"해보기 전에는 모르지. 왜 그래, 이사가와 씨답지 않게."

히카루는 어둠 속에서 하얀 이를 보이며 웃었다.

"하루와 나나코는 아직 죽지 않았어. 형도. 절대로 죽지 않아."

자기 자신을 타이르는 듯한 말투였다. 다시 컨테이너 테두리에 매달리려다 실패했다. 두 다리가 허공을 버둥거리다 얼굴을 바닥에 찧으며 떨어졌다.

그래도 히카루는 무릎에 묻은 흙먼지를 털어내고 다시 일어섰다.

"초등학생 때 학교에 가기 싫어서 아침마다 난리를 쳤지."

"누구 얘기?"

"누구긴, 내 얘기지. 나는 말보다 주먹이 먼저 나가고 단체행동이 딱 질색이어서 반 아이들과 섞이지 못하는 아이였어. 그래서 내가 학교에 가기 싫다고 떼를 쓰면 형이 늘 이상한 말을 했지."

지금 형이 마법을 걸 거야. 셋, 둘, 하나를 헤아려서 타임슬립을 하는 주문이야. 봐, 이제 괜찮지? 순식간에 방과 후가 되었잖아.

아키히토의 말투를 흉내 내는지 히카루가 상냥한 목소리로 말했다.

"그러니까, 꾹 참고 학교에 가보라는 거지, 형 얘기는. 몇 시간쯤은 눈 깜짝할 새에 지나가니까, 아침의 나는 단숨에 방과 후로 타임슬립을 한 거니까 지루한 시간은 없었던 것으로 치면 된다는 거야. 많이 힘들 때면 형도 늘 그런 식으로 기분을 푼다고 했지."

"그런데?"

"좀 슬픈 얘기잖아. 형은 그런 식으로밖에 기운을 낼 수 없었던 거지."

그러니까 반드시 살려낸다. 살해당하게 놔둘 것 같은가. 아무런 맥락도 없는 선언처럼 들렸지만, 히카루 내부에서는 그런 것들이 다 밀접하게 연결되어 있는 듯했다.

며칠 전 하루와 나눈 대화가 문득 뇌리를 스쳤다.

—엄마는 도망쳤어요.

흐음. 널 버린 거야?

—아마, 그런 것 같아요. 혼자 나가버린 거예요.

이사가와는 일어나 저수 컨테이너 바로 밑까지 잰걸음으로 걸어가 바닥에 무릎을 꿇고 양 손을 바닥에 짚었다. 히카루가 타박했다.

"방해 되잖아요."

웃음을 머금은 목소리로 말했다.

"날 받침대로 삼으라는 거야."

"엄청 세게 밟을 텐데?"

"얼마든지 밟아 봐."

히카루가 담장까지 물러나 호흡을 골랐다. 먼 밤하늘을 바라보며 달려오기 시작했다. 앞으로 2미터. 컨테이너 바로 앞에서 있는 힘껏 바닥을 박찬다. 더욱 빨라진 속도로 이사가와의 등을 박차며 뛰어올랐다.

테두리에 손가락이 걸렸다. 이사가와가 재빨리 일어나 발을 받쳐주어 히카루는 간신히 저수조로 기어오를 수 있었다.

히카루는 스마트폰을 꺼내 높이 쳐들었다. 화면 우상단에 안테나 표시가 나타났다. 전파가 잡힌 것이다.

"그럼, 누구한테 걸려고?"

"일단 110번에 걸어봐야지."

이사가와는 그건 시간 낭비일 뿐이라고 동의하지 않았다. 안 그래도 경찰서들이 잇달아 폐쇄되고 있는데 본부 통신지령실이 가동되고 있을 리가 없다.

그래도 히카루의 손가락은 세 자리 숫자를 입력했다.

"해 보기 전에는 몰라."

"소용없다니까."

"이사가와 씨는 세상이 이렇게 변하고 나서 110번에 연락해본 적 있어? 없지? 어차피 소용없다고 생각하겠지만 의외로 연결될지도 몰라. 안 되면 그때 가서 다시 생각하면 되고."

호출음은 한참 계속되었다. 안 되나보다. 경찰에 의지해봐야 어차피 도와주지도 않는다. 소용없어. 우리 힘으로 어떻게든 해봐야지.

그때 문득 호출음이 그쳤다. 전화 저쪽에서 귀에 익은 목소리가 들렸다.

〈네, 경찰입니다. 사건입니까 사고입니까?〉

6 장

가능성을
좁혀 온 소녀

엔진브레이크를 잡을 때마다 간이 조마조마했다. 달리는 차 안에서 흔들리는 동안 이자가 죽어버리지 않을까. 그러나 법정속도를 크게 위반한 덕분인지 한다 정형외과에 도착했을 때 이치무라는 여전히 숨이 붙어 있었다.

이치무라를 순찰차로 들이받고 난 뒤 나는 교습차량 뒷좌석에 이치무라를 뉘고 산을 내려왔다. 뒤를 따르는 것은 강사가 운전하는 순찰차. 그 순찰차에 아키히토, 나나코, 그리고 히카루가 타고 있었다. 나는 한다 정형외과로 곧장 달렸고, 선생 일행은 도중에 다른 도로를 타고 메이소학원에 들러 교실에 방치된 세이고의 사체를 거두어 한다 정형외과로 왔다.

정형외과에 도착한 것은 6시 조금 전. 새벽에 일어났는데도 불구하고 한다 선생은 활발하게 움직이며 이치무라를 치료했다. 용태가 매우 심각해서 재활실을 수술실로 삼아서 긴급 수술을 감행했다.

수술 결과를 기다리는 동안 이사가와 강사는 우리 위치를 어떻게 알아냈는지 이야기해주었다.

옥상에 갇혔을 때 이사가와 강사는 거의 포기했었다. 하지만 히카루는 높은 곳에 올라가 전화로 구조를 요청하겠다고 했다. 덕분에 110번이 연결되었다. 현경은 각 경찰서에 종합조정관을 파견하여 조직을 축소하고 있지만, 본부에 설치된 통신지령실만은 어떻게든 살려두려고 얼마 안 되는 인원을 긁어모아 현재까지 힘겹게 꾸려왔다고 한다. 그래서 부근을 순찰 중이던 하카타 북서의 경관 긴지마에게 연락이 닿아 옥상에서 구조될 수 있었다.

게다가 110번에 신고한 사람은 히카루뿐만이 아니었다. 긴지마에 따르면 바로 직전에도 별개의 전화 신고가 있었다고 통신지령실에서 알려주었다. 신고자는 다가와군 소에다마치에 혼자 살던 삼십대 남성. 그는 거리의 자판기들을 부수고 다니며 음료수를 확보해서 버티고 있다는데, 자기가 부쉈던 어느 자판기 근처에 범퍼가 크게 찌그러진 순찰차가 서 있고, 그 안에서 권총 같은 것을 든 남자가 내리는 현장을 목격했다고 한다. 처음에는 순찰도는 경찰관인가보다 했는데 아무래도 모습이 이상했다. 잠시 후

순찰차에서 여자 비명소리가 들려서 사실 확인을 위해 110번에 신고했다는 것이다.

성실한 신고 덕분에 이치무라의 이동 경로를 파악할 수 있었다. 옥상에서 내려온 강사와 히카루는 긴지마가 말리는 것을 뿌리치고 우리를 찾아 나섰다. 근처 경찰서에서도 경관이 여러 명 출동해서 수색했지만 우리가 있던 산에 처음으로 올라온 것은 두 사람이었다.

오전 6시 40분경, 정형외과 밖에서 순찰차 사이렌 소리가 들렸다. 통신지령실의 연락을 받은 하카타 북서의 긴지마가 찾아온 것이다. 긴지마는 우리 일행 한 사람 한 사람에게 형식적인 사정 청취를 하고 재활실 밖에서 수술이 끝나기를 함께 기다렸다.

오전 7시, 한다 선생이 재활실에서 나왔다. 이치무라는 양 다리가 골절되고 갈비뼈 두 대가 부러졌지만 다행히 장기는 손상되지 않았다고 한다. 전치 3개월. 지구가 끝나기 전에 자유롭게 돌아다닐 가능성은 거의 없었다.

안도와 회한이 교차하는 형용하기 힘든 심정에 나는 가만히 한숨을 지었다.

강사가 말했다.

"그럼, 저놈을 어떻게 하지?"

앞일에 대해서는 아무 생각이 없었다. 중상이어서 병원 밖으로 내보낼 수 없다고 한다 선생은 말하지만, 살인마를 이 피난소에 두는 것도 꺼림칙하다.

긴지마가 손을 들었다.

"나도 여기에 남겠습니다."

하카타 북서는 일월 사일자로 폐쇄될 예정이라고 한다. 내일모레면 긴지마도 경찰직을 잃겠지만 그래도 이치무라 감시역을 맡겠다고 한 것이다.

"경찰다운 일은 뭐 하나 하지 못했으니까요. 제 아버지도 여기로 모셔서 마지막 시간을 함께 보낼 겁니다. 아마 그게 최선일 것 같습니다."

이치무라는 소행성이 떨어지기 전에 죽을지 모른다. 설사 회복되더라도 지구 반대편으로 도망칠 수는 없을 것이다. 이 결과에 이사가와 강사가 만족했는지 어떤지는 알 수 없지만, 의식 없는 이치무라를 때리려고 하지는 않았다.

한다 선생은 어느새 새로운 우비—수술복 대용—로 갈아입고 우리 앞에 섰다.

"자, 다음 수술을 하러 갑시다."

무슨 말인지 이해할 수 없어서 "다음 수술?" 하고 물었다. 이사가와 강사도 어깨를 다쳤지만, 아까 한다 선생이 직접 치료해주었던 참이다. 그 외에도 다들 조금씩 다친 곳은 있지만, 수술을 받아야 할 만큼 중상을 입은 사람은 한 사람도 없었다.

한다 선생이 별일 아니라는 투로 말했다.

"그 아이들 상처를 꿰매줘야지."

대합실 소파에 뉘어놓은 세이고와 히카루의 시신을 손으로 가리켰다. 온몸을 식칼로 난자당해 끔찍한 상처를 입은 두 사람. 세이고와 히카루는 스트레처에 실려 재활실로 들어갔다.

오전 7시 23분. 동이 트고 대합실에 아침 햇살이 비껴들고 있었다. 아키히토가 말했다.

"내가 죽었어야 하는데."

무거운 침묵 뒤에 입을 연 것은 이사가와 강사였다.

"히카루 군은 형의 묘한 주문이 싫었던 것 같아."

아키히토가 흠칫 놀라며 얼굴을 들었다. 무슨 말인지 나는 전혀 이해할 수 없었지만, 아키히토는 그 말이면 충분했던 듯하다. 아침놀이 그의 눈동자에 비쳤다.

"그리고, 형을 구하겠다고 했어."

아키히토는 그제야 소리 내어 울었다. 얼굴에 감긴 붕대가 눈물을 빨아들여 회색으로 젖어들었다.

＊

"강사님. 세이고와 히카루 군을 묻어줘야 하는데, 도와주시겠어요?"

가족을 매장하는 작업을 도와달라는 부탁을 타인에게 해도 좋을까, 하고 한참을 주저하다 말했지만 강사는 두말없이 도와주었다.

아키히토와 상의해서 세이고와 히카루의 시신을 다자이후 운전학원 화단에 묻어주기로 했다. 근처 철물점에서 가져온 삽으로 두 사람을 눕힐 구덩이를 파고 시신을 뉘었다. 아키히토는 땅바닥에 주저앉아 흙을 골고루 뿌려주며 노래를 흥얼거렸다.

"잘 가세 그대, 북으로 북으로 돌아갑니다…… 저마다 떠나가는 하코다테혼센."

음정이 맞지 않는 노랫소리는 히카루 형제를 처음 만나던 날을 떠오르게 했다. 기분 좋게 가요를 부르는 히카루와 "음치네" 하고 놀리는 아키히토. 두 사람 웃음소리가 너무 행복하게 들려서 이곳이 세상의 종말이 예정된 자리라는 사실을 잊어버릴 것 같았다.

"그건 무슨 노래? 「아마기고에天城越え」에 그런 가사가 있었나?"

"없어요."

"그럼, 도바 이치로?"

"아뇨. 야마카와 유타카의 「하코다테혼센函館本線」."

"처음 들어. 아키히토 군은 노래에 소질이 없네."

"히카루보다는 낫잖아요."

나는 세이고가 어떤 노래를 좋아하는지 모른다. 마지막으로 대화를 나눈 게 언제였지?

설마 세이고가 자기가 괴롭히던 아이에게 사죄하고 싶어 할 줄은 생각도 해보지 않았다. 설마 길에서 우연히 만난 소녀에게 말을 걸고 도와주려고 하다니. 설마 칼을 든 살인범에 맞서다니.

나는 세이고에게만 들릴 법한 작은 목소리로 말하며 동생을 덮은 흙을 손바닥으로 두드려 다져주었다.

아키히토는 중국으로 가겠다고 말했다. 형무소에서 알게 된 사람을 통해 배를 타고 밀입국할 계획이라고 한다. 출발은 일월 오일로 예정되어 있다. 아키히토는 나나코도 함께 데려가기로 했다.

우리에게도 같이 가자고 말했지만 내가 거절했다. 달리 가고 싶은 곳이 있어서 중국에는 갈 수 없다. 나나코가 울상을 지으며 매달렸다.

"왜요? 하루 씨도 일본을 나가야죠. 여기 있다간 죽어버린다고요."

"나는 그저 망원경만 있으면 돼."

나의 목적지는 구마모토의 천문대. 늘 가고 싶었던 곳이다.

중학교 1학년 때 가족여행으로 갔던 구마모토 천문대에서 작은 망원경을 사고 싶었지만 뜻을 이루지 못했다. 엄마는 "거치적거린다니까"라며 말리고 아빠는 "천문학자가 될 것도 아니고" 하며 웃어넘겼다. 그 망원경이 지금 못 견디게 갖고 싶다. 그래서 다자 이후 운전학원에 찾아갔던 것이다.

"나나코 나이 때 보았던 망원경을 잊을 수가 없어."

"그거, 꼭 지금 가야 해요?"

"응. 이제 곧 다 사라질 테니까."

이사가와 강사도 "하루 짱이나 따라갈까" 하며 아키히토의 제안을 거절했다. 같이 가 달라고 부탁한 적도 없는데, 늘 제멋대로

라니까.

일월 오일, 아키히토와 나나코에게 식료품을 나눠주고 항구까지 바래다주었다. 집을 나선 김에 우리는 우치다 히토미 수색을 시작했지만, 찾는 데 일주일이나 걸렸다. 일월 십이일, 마침내 니시구 거리에서 뒹굴며 울부짖는 우치다를 발견했다. 우리는 그를 후쿠오카 잔류촌으로 데려다주었다.

그리고 잠시 후 우리도 목적지를 향해 출발했다. 번갈아가며 운전하기로 정하고 규슈종관 자동차도로를 달리면서 강사와는 이런저런 이야기를 나누었다.

"강사님, 저는 별 공부를 하고 싶었어요."

"그래? 하루 짱은 그런 걸 좋아하는구나."

어릴 때부터 별 관찰이 좋았다. 그다지 예쁘지도 않은 후쿠오카 밤하늘을 밤마다 올려다볼 만큼 좋아했다. 어릴 적 나는 천문학자가 무엇을 하는 사람인지도 모르면서 "천문학자가 될 거야"라고 말하곤 했다.

그러나 고등학교 입학과 동시에 그 꿈이 사라졌다.

아빠가 그랬다. 여자는 태생적으로 문과니까 너도 고등학생이 되면 수학이 어려워질 거다. 암시에 걸린 듯 고등학교에 입학하자 그렇게 잘하던 수학과 이과 과목이 어려워지고 결국 천문학을 포기했다.

애초에 막연한 꿈이어서 특별히 슬프거나 하진 않았을 것이다.

"나는 늘 나의 가능성을 좁혀왔어요."

그렇게 고백하자 이사가와 강사는 갑자기 화제가 바뀐 것에 놀랐는지 "뭐야, 갑자기?"라며 가볍게 웃었다.

"늘 도망쳤던 거예요. 이 여행도 그런 건가? 만약 아키히토 군과 나나코와 함께 바다를 건넜다면 조금은 더 오래 살 수 있었는지도 모르는데."

"이것도 괜찮지 않아? 하루 짱이 제일 가고 싶은 곳에 가는 건데."

"괜찮은 건가요?"

"마음 가는 대로 움직이면 돼. 마지막이니까."

나는 변함없이 운전이 서툴러서 이사가와 강사와 대화하며 운전하는 게 여전히 고역이었다. 다자이후 운전학원에서 가져온 28번 교습차량은 여기저기 부딪힌 탓에 폐차 직전의 고물차가 되었다.

"강사님은 왜 나를 따라오는 거예요?"

내내 궁금했던 것을 물어보자 강사는 쑥스러움을 감추려는지 딴청 피우듯 창밖 풍경을 바라보았다.

"하루 짱 운전하는 게 너무 위태로워서 차마 혼자 보낼 수가 있어야지."

이천이십오년 일월 삼십일일, 우리는 구마모토현 아소군 미나미아소무라에 도착했다. 이곳에도 의외로 많은 사람이 버티고 있었다. 원래 구마모토에 살던 사람도 있고 우리처럼 다른 현에서 이동해온 사람도 있었다.

이천이십오년 삼월 칠일 오전 1시 15분 직후. 나는 강사가 운전하는 교습차량 조수석에 앉아 있었다. 미나미아소무라 부근을 달리다가 때때로 정차하여 훔친 망원경으로 별을 관찰한다.

기대한 대로 이곳에서 보는 소행성 테로스는 각별하게 아름다웠다. 아직은 달보다 작고 밝기도 시원치 않지만 앞으로 몇 시간 뒤면 테로스는 찬란한 불덩이로 허공을 치달아 여기 세상 끝자리로 날아들 것이다.

이사가와 강사는 사이드브레이크를 당기고 나를 똑바로 보며 웃었다.

"인생 마지막 말은 무엇으로 할래?"

나는 궁리한 끝에 건방진 말투로 말했다.

"좀 더 생각해보고요."

지구가 끝날 때까지 앞으로 3시간 이상 남았다. 이사가와 강사와 수다를 끝내기에 아직은 너무 이른 것 같다.

편집자 후기

앞으로 두 달 뒤에 세계가 멸망한다는 걸 알게 되었다면 당신은 무엇을 하시겠습니까? 이런 질문은 얼핏 유치해 보이지만 꽤 쓸모가 있습니다. 당장 나에게 중요한 우선순위에 대해 생각해 볼 계기를 마련해 주니까요. 어느 인터뷰에서 왜 무서운 이야기를 쓰느냐는 기자의 물음에 작가 미야베 미유키는 이런 대답을 한 적이 있지요. "부모자식간의 애틋한 정을 소설에서 그대로 묘사하면 듣는 사람이 머쓱해질 수 있지만, 그걸 잃어버리거나 위협받는 상황을 그리면 얼마나 소중한가를 비로소 떠올릴 수 있"다고.

전체주의 정부가 시민을 억압적으로 통제하거나, 핵전쟁이 발발하여 인류가 멸망해 버렸다는 식의 암울한 상황을 의사체험하게 함으로써 일상의 빛남을 거꾸로 조명하는 디스토피아 소설이 끊임없이 출간되는 이유도 마찬가지일 겁니다. 팬데믹을 겪으며 '소소하고 평범한 하루의 소중함'을 뼈저리게 느낀 이후로 그걸 더욱 실감하게 되었지요.

자, 그럼 다시 질문. 곧 세계가 멸망한다면 무엇을 하시겠습니까? 영화 〈돈룩업〉의 마지막 장면처럼 가까운 사람들과의 화목한 식사자리, 사랑하는 이와의 섹스, 가족과 함께하는 기도, 내가 잘못을 저질렀던 사람과의 화해처럼 대체로 스테레오타입한 대답들을 하지 않을까, 하고 생각했는데 말이죠.

"운전학원에 등록해서 자동차 운전을 배우겠다"는 대답이 묘하게 눈길을 끌었습니다. 아니, 공권력의 부재로 무면허로 질주해도 얼마든지 무방할 판국에 웬 운전학원. 게다가 온 세상이 아수라장일 터인데 자동차로 어딜 가려고. 조금쯤 궁금하지 않습니까. 대관절 왜 그런 생각을 했을까. 궁금해지더군요. 그래서 조사해 보았습니다. 작가에 대해. 작품에 대해. 그중에서 흥미로운 대목 몇 가지만 얘기해 볼게요.

첫 번째 : 왜 운전학원인가

"대학을 졸업하기 직전에 자동차 면허를 따러 갔는데 저는 낮가림이 심해 운전 교습소에 가서 강사를 만나는 일이 항상 긴장되고 힘들었습니다. 한데 '이건 취재다, 운전을 배우기 위해서 가는 게 아니라 소설을 쓰기 위해서 가는 것'이라고 생각하니 마음가짐이 달라졌어요. 소설의 소재를 찾으려 노력하다 보니 강사와의 대화에도 적극적으로 임하게 되었습니다. 덕분에 운전도 열심히 배우게 되었고요(웃음)." _《소설 현대》 인터뷰 중

『세상 끝의 살인』을 출간한 직후의 인터뷰에서 털어놓은 작가 아라키 아카네의 얘기를 들으며 북스피어 출판사를 막 창업할 당시를 떠올렸습니다. 저도 이런저런 독자와의 만남이나 이벤트를 기획하며 고민이 깊었거든요. 아라키 작가와 마찬가지로 낯가림이 심했기 때문입니다. 며칠을 끙끙거린 끝에 '이건 (사람과 만나는 게 아니라) 책을 만드는 작업의 일환이다'라고 생각했더니 마음이 한결 가벼워지더군요. 이후의 전개는 제 몸 속에 숨어 있던 또 다른 '사회적 자아'가 맡아서 진행해 주었습니다. 무척 신기한 경험이었어요. 다만 제 경험이 시시한 에피소드로 장렬히 산화한 데 반해 아라키 아카네의 경험은 걸작의 구상으로 이어졌다는 것이 큰 차이네요.

이왕 취재라고 여긴 김에 정말 소설로 써볼까 마음먹자마자 자연스레 운전학원 강사+학생이라는 조합이 머리에 떠올랐겠지요. 이때 주인공을 '남+여'가 아니라 '여+여'로 하자고 결정한 까닭은 잡지 《문예》의 '각성하는 시스터후드' 특집에 실린 작가들의 작품이 강렬한 형태로 머릿속에 남아 있었기 때문입니다. 특히 오타

니 아키라 작가가 쓴 『바바야가의 밤』을 읽으며 "매력적인 여성 캐릭터들이 서로 연대하는 모습을 보니 기뻐서, 나도 저런 작품을 써보고 싶다"고 내내 생각했다네요.

두 번째 : 왜 지구 멸망인가

운전학원 강사와 학생이 살인사건에 휘말린다는 설정까지는 어렵지 않았습니다. 하지만 우리가 사는 세상에서 살인사건이 발생하면 경찰이 개입할 수밖에 없죠. 어떻게든 강사와 학생이 주체적으로 수사할 수 있는 상황을 만들어야겠다 싶었던 아라키 아카네는 인류를 멸망시키기로 합니다. 소행성과 지구의 충돌을 앞두고 경찰력이 작동하지 않는 세상이라면, 두 사람의 독자적인 수사도 개연성을 획득할 수 있지 않을까. 한편으로 별이나 천문학에 관심이 많아서 한 번쯤 다뤄보고 싶었던 이야기였는데 단순히 머릿속으로만 구상하진 않았습니다. 지구 멸망에 관한 픽션과 논픽션, 각종 자료를 구해 몇 달간 닥치는 대로 읽으며 공부를 거듭했지요.

"그중에서도 『세상 끝의 살인』이 영향을 받았다고 생각하는 것은 벤 H. 윈터스 작가의 소설입니다. 『라스트 폴리스맨』에 그려진 세계는 소행성 충돌로 지구의 멸망까지 남은 시간이 반 년 남짓. 그런 상황에서 신참 형사가 살인사건에 착수하는 이야기인데, 오로지 자기 자신만을 위해 여생을 보내는 사회 구성원들과 달리

주인공 형사는 임무를 완수하기 위해 분투하지요. 이 소설을 읽으며 '내가 쓸 소설은 어떤 식으로 전개해야 재미있을까'에 대한 아이디어를 얻었습니다."_《소설 마루》 인터뷰 중

아라키 작가가 영향을 받았다는 벤 H. 윈터스의 소설은 3부작으로 출간되었으며 제목은 다음과 같습니다. 『The Last Policeman(Last Policeman Trilogy Book 1)』, 『Countdown City(Last Policeman Trilogy 2)』, 『World of Trouble (Last Policeman Trilogy 3)』. 각각 에드거 상(추리소설 부문)과 필립 K. 딕 상(SF 부문), 사이드와이즈 상(대체역사 부문)을 비롯하여 다수의 상을 받았지요. 한국어판으로는 2013년에 『라스트 폴리스맨』(1, 2권)으로 한 번, 2015년에 『모두의 엔딩』(1, 2, 3권)이라는 제목으로 또 한 번 출간된 바 있는데 지금은 전부 절판된 상태입니다. 그래도 도서관이나 헌책방을 통해 구해서 읽어보시면 좋겠어요. 무척 재미있거든요.

지구 멸망을 앞두고 살인사건을 수사한다······. 사실 이런 설정은 '자신을 더 생각하고 다른 사람을 덜 배려하는 법을 알려주는 자기계발서'처럼 흔하죠. 노스트라다무스의 예언이 공개된 이후로 온갖 콘텐츠가 지구 종말에 대한 이야기를 과잉 생산해 왔고, 어느 순간부터는 마치 최악의 사태가 일어나기를 기다리는 것처럼 여러 블록버스터를 통해 과도하게 써먹히고 있습니다. 핵심은 디테일이겠지요. 아라키 작가는 '어차피 다 죽을 텐데 왜 살인을 저질렀을까'라는 의문을 붙잡고 미스터리를, '왜 그렇게까지 해서

사건을 해결하려는 걸까' 하는 의문을 붙잡고 캐릭터를, '휴대폰 전파가 끊기면 어떻게 될까' 하는 의문을 붙잡고 종말적 세계관을 구축해 나갑니다. 그중에서도 가장 신경을 쓴 테마는 '버림받는 쪽의 사람에 주목하고 싶다'는 것이었어요.

"만약 소행성 충돌과 같은 사건이 생긴다면 버림받는 사람이 나올 거라고 생각해요. 금전적인 문제나 건강상의 이유 등으로 도망치고 싶어도 도망칠 수 없는 사람들이 분명 나오겠지요. 그런 사람들의 존재를 없는 셈 치지 않고 세상의 종말을 그리기로 마음먹었어요. 이를테면 환자를 계속 진료하는 진료소, 도망치다 뒤처진 사람들이 서로를 돕는 마을 등의 묘사는 저 자신의 희망을 의탁하는 기분으로 썼습니다."_《소설 현대》 인터뷰 중

아무리 절망적인 상황이라도 살아가다 보면 웃을 일도 있고 즐거운 일도 있습니다. 어려운 사람이 있으면 반드시 손을 내미는 사람도 분명히 존재하지요. "그나마 지금의 세상을 지탱하고 있는 것은 타인에 대한 신뢰"라는 생각을 소설 속에 담고 싶었다고 하네요. 이런 부분이 심사위원들로부터 높은 점수를 받았겠지요.

세 번째 : 왜 에도가와 란포 상인가

아라키 아카네는 중학교 3학년 때 아리스가와 아리스, 아야츠지 유키토, 노리즈키 린타로의 신본격 미스터리를 읽으며 소설가가 되겠다는 꿈을 키웠다고 합니다. 그중에서도 난생 처음 접한

본격 미스터리인 「탐정, 청의 시대」를 맛보고는 머리가 띵 울릴 만큼 충격을 받았다네요. '나도 이런 글을 써보고 싶다'고 생각하는 데는 그리 오래 걸리지 않았습니다. 물론 중고생일 무렵에는 장편을 완성할 힘이 없으니 노트에 짤막하게 써내려가는 정도였지요. 겨우 장편을 완성할 수 있게 된 건 대학생이 되고 나서였습니다. 세상에 소설가라는 꿈을 가진 사람은 많지만 실제로 꾸준히 습작을 이어온 경우는 극히 드물죠.

직장에 들어가고 나서는 출퇴근 전철 안에서 스마트폰으로 글을 썼고 집에 돌아와 그날그날 쓴 내용을 정리하는 생활이 계속되었습니다. 잠들기 전까지 '다음에는 어떤 내용이 이어져야 할까', 이런 식으로 짬짬이 스토리를 구상하는 일이 즐거웠다네요. 『세상 끝의 살인』은 플롯을 짜는 데 3개월, 집필에 3개월, 대략 반년가량 걸렸다고 합니다. 새로운 수수께끼가 속속 등장해 지루할 틈이 없는 가운데 극한의 상황에서 살아가는 사람들의 모습이 마음을 움직이는 이 극강의 미스터리를 쓰는 데 겨우 6개월밖에 걸리지 않았다니 대단하지요. 이 정도면 어딘가 공모전에 응모해도 괜찮지 않을까. 고민 끝에 에도가와 란포 상에 도전한 까닭은,

"몇 년 전에 읽은 아라이 모토코 작가의 소설 『한 번 더 당신에게』가 저에게 큰 영향을 주었기 때문입니다. 곧 세상이 끝날 텐데 마음속에 간직하고만 있던 사람을 한 번이라도 더 만나기 위해 여행하는 여성 캐릭터에 완전히 반하고 말았어요. 지구 멸망이라는 설정을 떠올린 계기가 된 작품이기도 했지요. 그 아라이 선생

님이 심사위원이었기 때문에 주저 없이 란포 상에 작품을 보냈습니다."_《미모레》인터뷰 중

그러니까 「탐정, 청의 시대」를 읽고 습작을 시작, 『한 번 더 당신에게』를 읽고 작품을 구상, 『라스트 폴리스맨』을 읽고 플롯을 다듬었다, 는 정도로 정리할 수 있을 텐데, 적어도 한 가지는 확실합니다. 『라스트 폴리스맨』보다 훨씬 더 박진감 넘치고 재미있어요. 『세상 끝의 살인』은 신본격 미스터리라는 장르의 가장 나이브한 부분을 도려내고 그 안에 사회성이라는 요소를 가미하여 군더더기 없이 간결한 호흡으로 완성한 작품, 이라는 생각이 듭니다. 제 손으로 만든 책이라고 과장을 하려는 게 아니라 정말이지 데뷔작이라는 사실이 믿기지 않을 정도예요.

게다가 작가의 나이는 작품의 주인공 하루와 같은 23세. 단지 '잘' 쓰는 것만도 어려운데, 이야기를 구축하며 공을 들인 테마가 '버림받는 쪽의 사람'이라니. 아아 자기밖에 모르고 막무가내로 굴면서 뭐라도 얻어걸리라는 심보로 망나니처럼 살던 저의 23세 시절이 떠오르더군요(한숨).

이런 신인을 '발굴'한 에도가와 란포 상의 심사위원들(아야츠지 유키토, 아라이 모토코, 교고쿠 나츠히코, 시바타 요시키, 츠기무라 료에)이 얼마나 뿌듯해했을지 조금쯤 짐작이 됩니다. 그중에서도 아야츠지 유키토와 아라이 모토코 작가는 수상작을 발표하며 청출어람 같은 각별한 기분을 느끼지 않았을까요. 그러한 각별함이 "초신성의 등장", "역대 에도가와 란포 상 최고작"이라는

상찬으로 표현된 게 아닐까 싶어요. 저도 심사위원들에게 감사드리고 싶네요. 독자로서, 그리고 한국어판의 편집자로서.

읽어주셔서 고맙습니다. 이 작가의 다음 작품도 북스피어에서 한국어판으로 만들 수 있기를. 끝으로 작가 아라키 아카네가 이 책을 집어든 독자들에게 보내는 메시지를 전하며 마치겠습니다.

"소행성 충돌이라는 것은 언뜻 보면 비일상적인 설정 같지만, 이 소설은 현실 사회와 연결되어 있다는 것을 항상 의식하며 썼습니다. 멸망으로 향하는 세계 속에서 하루의 정의감이나 도덕관은 여러 번 흔들리지요. 어차피 다 죽을 테니까 무슨 일이 벌어지든 상관없지 않느냐고요. 하지만 어떤 상황에서도 소중히 여겨야 할 것이 있다고 저는 생각합니다. 하루 일행의 선택이 조금이라도 독자들의 마음을 움직일 수 있었으면 좋겠습니다."

종말 소설답지 않게 이토록 뒷맛이 산뜻한 소설을 쓴 작가가 23살이라는 게 아직도 믿기지 않은,

삼송 김 사장 드림.

세상 끝의 살인

초판 1쇄 발행 2023년 12월 15일
초판 3쇄 발행 2024년 1월 19일

지은이	아라키 아카네
옮긴이	이규원

발행편집인	김홍민 · 최내현
책임편집	조미희
편집	김하나
표지디자인	이혜경디자인
마케터	마리
용지	한승
출력(CTP)	블루엔
인쇄 제본	대원문화사

펴낸곳	도서출판 북스피어
출판등록	2005년 6월 18일 제105-90-91700호
주소	(10595) 경기도 고양시 덕양구 동송로 23-28 305동 2201호
전화	02) 518-0427
팩스	02) 701-0428
홈페이지	https://blog.naver.com/hongminkkk
전자우편	editor@booksfear.com

ISBN 979-11-92313-45-0 (04080)
      979-11-92313-08-5 (세트)

책값은 뒤표지에 있습니다.
파본은 구입하신 곳에서 교환해 드립니다